高等职业教育教材

高速铁路线路

刘建国　主　编

郭占月　马浩雄　副主编

赵文芳　主　审

中国铁道出版社

2014年·北京

内 容 简 介

本书由具有高速铁路线路施工、养护、维修和管理实践经验的生产一线工程技术人员和具有丰富课堂教学实践的"双师型"教师组成的校企合作团队共同编写。全面、系统地介绍了高速铁路线路的基本概念、基本原理、基本知识及养护维修的基本技能。全书共分九章,主要内容包括绪论,高速铁路轨道、路基、桥梁、隧道、检测、防护技术及设备、线路检修设备以及线路故障应急处理等内容。

本书是轨道交通类高职高专的专业教材,也可作为从事高速铁路线路施工、养护、维修、管理工作的专业技术人员及现场技术工人的培训教材,以及对高速铁路线路有兴趣人士的阅读读物。

图书在版编目(CIP)数据

高速铁路线路/刘建国主编. —北京:中国铁道出版社,2014.9
高等职业教育教材
ISBN 978-7-113-18858-0

Ⅰ.①高… Ⅱ.①刘… Ⅲ.①高速铁路－铁路线路－高等职业教育－教材
Ⅳ.①U238

中国版本图书馆 CIP 数据核字(2014)第 140653 号

书　　名: 高速铁路线路
作　　者: 刘建国　主编

策　　划: 金　锋
责任编辑: 悦　彩　**编辑部电话:** 010-63589185-3093　**电子信箱:** yuecai@tqbooks.net
封面设计: 崔丽芳
责任校对: 龚长江
责任印制: 李　佳

出版发行: 中国铁道出版社(100054,北京市西城区右安门西街 8 号)
网　　址: http://www.51eds.com
印　　刷: 三河市宏盛印务有限公司
版　　次: 2014 年 9 月第 1 版　2014 年 9 月第 1 次印刷
开　　本: 787 mm×960 mm　1/16　印张:16.75　字数:428 千
印　　数: 1~3 000 册
书　　号: ISBN 978-7-113-18858-0
定　　价: 35.00 元

前　言

铁路线路（又称轨道）是列车运行中支承和引导列车车轮、直接承受其竖向、横向和纵向作用力的重要技术设备，是铁路运输有别于其他地面交通运输工具的最显著的特征之一。列车与线路之间的配合与联系在于列车是运输载体，线路是列车运行的基础，它们相互依存，相互适应，密不可分，共同构成了区别于其他地面交通工具且独有的轮轨关系。

铁路运输发展的历史是一部列车运行速度不断提高的历史。高速铁路是当代科学技术发展和交通运输业内多种运输方式相互竞争的共同产物和必然选择。速度快是高速铁路技术的核心，也是其比较优势所在。而高速铁路列车（现多为动车组）得以高速、安全、舒适地运行，是基于线路的高平顺性、高稳定性、高精度、小残变、少维修以及良好的环境保护基础之上的。因此，高速铁路线路是动车组实现高速度不可或缺的主要技术设备之一。

高速铁路线路的施工、养护、维修和管理技术，是集当今世界先进的计算机技术、工程建筑技术、新型材料技术、遥感与自控技术、机械工程技术、微电子技术及施工工艺技术等现代科学技术为一体的系统工程的产物，已经受到世界各国科技工作者的高度重视并得到快速发展。

近年来，随着我国国民经济的持续、快速增长，我国在高速铁路线路施工、养护、维修、管理及大型工程机械制造、检修等方面，在经历了引进吸收、学习消化、合作合资、自主研发、改进完善、创新发展等阶段后，进入了一个产业升级、产品换代、快速发展的全新时代，受国内外的普遍关注，并已经成为具备参与世界高速铁路建设市场竞争能力的产业，是我国现代工程建筑业中的一个极具发展前景的璀璨明珠。

截至2013年底，我国高速铁路营业里程已经达到11 028 km，约占世界高速铁路运营里程的45%，稳居世界高速铁路里程榜首。预计到“十二五”末，我国高速铁路里程将达到 1.8 万 km 左右，包括时速 200～250 km 的高速铁路 1.13 万 km，时速300～350 km 的高速铁路 0.67 万 km，基本覆盖我国 50 万以上人口的城市。

随着我国高速铁路投入运营数量的加大，其在国民经济及人们日常出行生活中的影响和作用日显突出，因此，其运行的安全性、稳定性和可靠性备受世人关注。与此同时，高速铁路的快速发展，也将对高速铁路线路的施工、养护、维修、管理等方面的专业技术人才的数量和质量提出了迫切的需求。如何尽快、高质量地培养一大批能够全面、系统地掌握高速铁路线路技术和管理知识的复合型合格人才，是施工、养护、维修、管理好高速铁路线路的基础和保证。

为满足高速铁路对线路施工、养护、维修、管理等方面高层次、高技能、专业化、复合型技术人才的需求，推广、传播高速铁路线路的专业知识，因此，我们组织具有高速铁路线路施工、养护、维修、管理实践经验的生产一线工程技术人员和具有丰富教学实践的“双师型”教师，组成教材编写团队，通过校企合作，共同编写了此教材。

本教材在教学内容的编排上，注重理论联系实际，突出基本概念、基本原理、基本知识及基本操作等内容，图文并茂地介绍了世界各国高速铁路线路的典型形势和发展动态，力求使满足教学需要与符合高职高专大学生的学习、认知规律相统一，以期达到教学内容的全面性、系统性、时代性、实用性及可操作性。

本教材由武汉铁路职业技术学院刘建国任主编，武汉铁路职业技术学院郭占月、马浩雄任副主编，武汉铁路局高级工程师赵文芳任主审，武汉铁路职业技术学院王瑷琳、夏阳、文妮、磨巧梅，武汉铁路局武汉桥工段薛跃、李超雄，信阳工务段张云峰等参编。各章编写的分工如下：第一章由刘建国、张云峰执笔，第二章由文妮执笔，第三章由王瑷琳执笔，第四章由磨巧梅执笔，第五章由郭占月执笔，第六章由夏阳执笔，第七章由薛跃执笔，第八章由马浩雄执笔，第九章由李超雄执笔。全书由刘建国教授策划并统稿。

本教材编写过程中得到了武汉铁路局，广州铁路（集团）公司，金鹰重工，武汉桥工段，武汉大修段，武汉大型养路机械运用检修段，武广、广深客运专线的有关专家、技术人员的大力支持和帮助，并参考、借鉴、吸收了相关文献及资料，在此一并表示深深的感谢。

由于编者水平有限，且编写时间仓促，教材中难免存在疏漏、不妥之处，诚恳希望各院校师生及相关读者提出批评及改进意见。

编　者

2014 年 5 月

CONTENTS

目　录

第一章
绪　　论

本章要点：主要介绍国内外高速铁路的发展历史及特征，重点分析高速铁路线路的发展、技术经济特征及主要技术标准。

第一节　高速铁路的产生与发展

当今世界，科技的发展、人口的迅速增长以及人们物质文化生活水平的不断提高带来的物质精神需求的变化，都对大众交通运输工具供应的数量和服务的质量提出了更高的要求，尤其是对速度提高的需求更为显著。为满足人们对现代化交通工具的需要，适应环境保护、节能降耗、市场竞争的需要，世界各发达国家，积极开展了新型交通运输工具的研究和开发。经过数十年的艰苦努力，高速铁路在对传统铁路进行全面技术改造升级的基础上应运而生并迅速推广使用，成为未来世界铁路发展的必然趋势。

一、国外高速铁路的发展

自 1825 年英国人修建了世界上第一条铁路后，因当时火车的运行速度大大高于轮船和马车，并有运量大、可靠性高、全天候等优点，从而使铁路这一新型交通工具，自 19 世纪后半叶到 20 世纪初，得以在世界各国迅速发展，很快成为交通运输的骨干，对当时工业化的迅速发展和社会经济文化的繁荣起到了极大的推动作用。

从 20 世纪 50 年代开始，世界交通运输工具进入了现代化、多样化、大众化时期。高速公路、汽车及民航的出现并快速发展，以其快速、灵活、便利、舒适的特点进入交通运输市场，使铁路这一传统运输方式逐步处于市场竞争的劣势。受到这些长短途运输工具快速发展的两面夹击。铁路面临了前所未有的严峻挑战，铁路在西方发达国家首先陷入“夕阳产业”的被动局面，一度处于停顿或撤除的状态，迫使铁路运输企业不得不思考如何通过提高列车运行速度来夺回失去的市场。

提高列车运行速度是铁路赖以生存发展的唯一出路。为此，从 20 世纪初至 20 世纪 50

年，德国、法国、日本、瑞典等国进行了大量的有关高速列车的理论研究和基础试验工作。1903年10月27日。德国人用电动车首创了试验速度达210 km/h的历史纪录；1955年3月28日，法国人用两台电力机车牵引三辆客车，使试验速度达到了331 km/h。但直到20世纪60年代，高速铁路技术才在日本首次投入商业运营。

日本从20世纪50年代末开始，为迎接第18届奥运会在东京召开，加快了研究和建设高速铁路的步伐。1964年10月1日，世界上第一条高速铁路——日本东海道新干线(Shinkansen)，赶在10月10日奥运会开幕前正式投入运营，列车最高运行速度达到210 km/h，打破了保持多年的铁路旅客列车运营速度的世界纪录，使东京至大阪的旅行速度较此前提高了一倍。

20世纪80年代，随着世界性的能源危机、环境污染、交通拥堵等问题的愈演愈烈，使各国政府重新认识铁路运输方式在环保、节能、大运量方面的比较优势。世界各发达国家根据本国经济发展、科技实力、国土幅员、工商业布局、人口分布等具体国情，从国民经济发展的需要出发，先后研发或采用了高速铁路这一现代客运交通工具。与此同时，随着与高速铁路有关的一系列新技术、新工艺、新设备、新产品的研究取得突破和发展以及各国铁路运输管理体制改革的不断深入，世界铁路进入了一个高速铁路大发展的新时期。

目前世界上运行时速在200 km及以上的新建高速铁路营业里程已超过15 000 km。这些线路虽仅占世界铁路总营业里程的1.3%左右，但却担负着各拥有国铁路较大一部分的客运量，且经济效益显著。如日本现有四条新干线约占日本铁路(JR)总营业里程的9%，却承担了铁路旅客周转量的1/3；法国现有三条高速新线和TGV列车通行网络分别占法国铁路网总营业里程的4%和18%，却承担了一半以上的旅客周转量；德国正在运营的高速铁路及时速达200 km的ICE列车通达里程只占德国铁路总营业里程的1%和10%，却担负着50%的旅客周转量。

随着高速铁路技术的不断发展，高速列车的运行速度不断提高，从20世纪60年代时速210 km，80年代时速250～300 km，90年代末或21世纪初时速已达350 km左右。部分既有线经改造后运行时速达到了200 km，个别线路甚至达到220～225 km。旅行时间的节约，旅行条件的改善，旅行费用的降低，再加上国际社会对人们赖以生存的地球的环保节能意识的增强，使得高速铁路在世界范围内呈现出蓬勃发展的强劲势头。欧洲、美洲、亚洲诸国和地区，正在计划进一步加快高速铁路的建设。21世纪的铁路运输将会出现一个高速铁路全面发展，全球性高速铁路网大建设的新时期。

纵观世界高速铁路建设和发展历程，大约可划分为三个阶段：

1. 20世纪60年代至80年代末期——高速铁路建设的第一次高潮

1964～1990年，建设并投入运营的高速铁路有：日本的上越、东北、山阳和东海道新干线；法国的大西洋TGV线，东南TGV线；德国的汉诺威－维尔茨堡高速新线；意大利的罗马－佛罗伦萨线。高速铁路总里程达3 198 km。此间，遍布全国的新干线网的主体结构在日本建

成。除北美外，世界上经济技术最发达的日本、法国、德国、意大利等，共同推动了高速铁路的快速发展，带来了高速铁路建设的第一次高潮。

2. 20 世纪 80 年代末至 90 年代中期——高速铁路网建设的第二次高潮

高速铁路建设在日本、德国和法国取得的成就，影响了其他很多国家。80 年代末，世界各国对高速铁路的高度关注和研究重视，酝酿了高速铁路的第二次建设高潮。第二次建设高峰形成于 90 年代的欧洲，涉及的国家主要有：英国、瑞典、荷兰、比利时、西班牙、意大利、德国、法国等。1991 年，瑞典开通了 X2000 型号的摆式列车；1992 年，西班牙引进德国、法国的技术，建成了 471 km 的马德里一塞维利亚高速铁路线；1994 年，英国和法国通过吉利海峡隧道连接在一起，建成了世界上第一条跨国高速铁路连接线；1997 年，从巴黎开出的“欧洲之星”，又将德国、荷兰、比利时、法国连接在一起。这一时期，意大利、德国、法国以及日本，对高速铁路的发展，进行了全面规划，推动了高速铁路建设的第二次高潮。

3. 20 世纪 90 年代中期至今——高速铁路建设的第三次高潮

20 世纪 90 年代中期，形成了高速铁路建设研究的第三次高潮。这次高潮波及大洋洲、北美、亚洲以及整个欧洲，形成了一场世界性的铁路运输复兴运动。自 1992 年以来，荷兰、英国、澳大利亚、韩国、俄罗斯等国家和地区，均先后开始建设高速铁路新干线。据不完全统计，为配合欧洲高速铁路网建设，东部和中部欧洲的罗马尼亚、希腊、捷克、奥地利、波兰以及匈牙利等国家，正在全面改造干线铁路，此间，修建高速铁路新线的国家和地区已经达到 12 个，修建新线里程达 3 509 km。高速铁路隧道实景图如图 1-1 所示。

图 1-1　高速铁路隧道实景图

二、我国高速铁路的发展

高速铁路代表了当代世界铁路发展的大趋势，是 20 世纪交通运输发展的重大成就，是人类智慧的结晶和共同财富。我国作为一个地域宽广、人口众多、能源资源相对匮乏、环境保护任务繁重的发展中国家，大力发展高速铁路，对于推动国民经济又好又快发展、解决长期困扰我们的铁路速度不快、运能不足、舒适度不高、难以满足人们出行需要等问题来说，可谓是一次难得的机遇和明智选择。

我国高速铁路较世界发达国家起步较晚，但自 21 世纪以来得到迅速发展。

20 世纪 80 年代末，我国科技工作者在跟踪、引进、消化国外高速铁路技术的基础上，开始了我国的高速铁路研究工作，当时京沪高速铁路正处于构思阶段。1990 年，原铁道部完成了《京沪高速铁路线路方案构想报告》并提交全国人大会议讨论，这是我国首次正式提出兴建高速铁路。在第八个五年计划期间，也开始着手进行高速铁路的前期研究，但由于众多原因，实质性进展不大。

1998 年 5 月，广深铁路电气化提速改造完成，最高设计时速为 200 km。为了研究通过摆式列车在中国铁路既有线实现提速至高速铁路的可行性，同年 8 月广深铁路股份有限公司率先引进并租赁瑞典 X2000 摆式高速动车组。由于全线采用了众多 20 世纪 90 年代国际先进水平的铁路技术和设备，因此，当时广深铁路被视为中国由既有线改造踏入高速铁路的开端。1998 年 6 月，韶山$_8$ 型电力机车在京广线区段试验中跑出了时速 240 km 的速度，创下了当时的“中国铁路第一速”，成为中国第一款高速铁路机车。

自 1997 年开始，我国铁路先后进行了六次客货列车大提速，并为发展高速铁路进行了各项技术准备。1999 年我国开始兴建秦皇岛至沈阳的秦沈客运专线，这是我国第一条高速铁路线，设计时速为 250 km。同时，它也是我国高速铁路的前期实验段。

2004 年，我国开始着手引进国外高速铁路相关技术。在对国外高速铁路进行引进、吸收、消化、改造、创新的基础上，仅用短短五年多的时间就走完了国外长达 30 年甚至半个世纪的发展历程。经过不断学习、研发、创新，到目前为止，我国已经系统掌握了时速 200～350 km 动车组制造、线路工程、供电设备及技术、综合检测检修、自动控制系统及运输组织的生产研发等成套技术和管理，从而使我国不仅全面掌握了高速铁路的最新技术，且高速铁路的建设、运用和管理技术达到国际领先水平。

“十一五”期间，在世界金融危机的形势下，我国加大了对发展高速铁路等基础设施建设的投入，不仅使我国宏观经济保持了稳步增长，且使我国高速铁路无论是技术发展还是在开工建设、投入运营的里程，都处于世界领先地位。尤其是 2010 年 10 月 26 日沪杭高速铁路运营线上，取得了时速达到 486.1 km 的试验速度，再次刷新了世界铁路运营线上最高运行时速的纪录。截至 2013 年底，我国高速铁路营业里程已经达到 11 028 km，位居世界第一位，在建规模

1.2 万 km，已成为世界上高速铁路发展最快、系统技术最全、集成能力最强、运营里程最长、运营速度最高、在建规模最大的国家。

2004 年 1 月，国务院通过了《中长期铁路网规划》(如图 1-2 所示)，确定了到 2020 年将建设客车速度目标值达到 200 km/h 及以上的高速铁路 1.2 万 km 以上。具体建设内容如下：

中长期铁路网规划（2008 年调整）

图 1-2　我国铁路中长期发展规划图

(1)“四纵”高速铁路：①北京—上海高速铁路，贯通京津至长江三角洲东部沿海经济发达地区；②北京—武汉—广州—深圳高速铁路，连接华北、华中和华南地区；③北京—沈阳—哈尔滨(大连)高速铁路，连接东北和关内地区；④杭州—宁波—福州—深圳高速铁路，连接长江、珠江三角洲和东南沿海地区。

(2)“四横”高速铁路：①徐州—郑州—兰州高速铁路，连接西北、中原和华东地区；②杭州—南昌—长沙高速铁路，连接华中和华东地区；③青岛—石家庄—太原高速铁路，连接华北和华东地区；④南京—武汉—重庆—成都高速铁路，连接西南、中原和华东地区。

(3)三个城际客运系统:环渤海地区、长江三角洲地区、珠江三角洲地区城际客运系统,覆盖区域内主要城镇。

届时,我国铁路运营里程将达到 12 万 km 以上。将建成"四纵四横"高速铁路网,遍布全国各主要经济区域和大中城市,其运营里程将超过目前世界各国高速铁路运营里程的总和。其中"四纵"共 18 条子线路,分别连接环渤海和长江三角洲、华北和华南地区、东北和关内地区、长江、珠江三角洲和东南沿海地区。"四横"共 15 条子线路,分别连接西北和华东地区、西南、华中和华东地区、华北和华东地区、西南和华东地区。

目前,京津唐地区、长江三角洲地区、珠江三角洲地区已经成为主导中国科技经济文化发展、参与国际竞争的大城市群。随着我国城镇化建设速度的加快,未来中国的科技、经济和文化发展的前沿将会越来越向各个大城市区进行集聚。三大城市群将在不久的将来成为具有巨大影响力的科技、经济和文化区域。

大城市区在国家和区域科技经济文化发展中具有非常重要的地位,是一个国家或地区科技经济文化发展的中心,具有强大的吸引力和凝聚力。据中新网 2014 年 3 月 19 日讯,中国现在 100 万人口以上的城市已达 142 个,其中 1 000 万人口以上的城市有 6 个,分别是上海、北京、重庆、武汉、天津、广州。从地理位置看武汉北距北京 1 225 km,南距广州 1 069 km,东距上海 951 km,西距重庆 1 016 km,位于全国路网中心位置,而且沿江经济带的中部,具有承东启西的桥梁作用。西安是我国西北地区的中心,成都是西南地区的中心。因此,我国高速铁路网将应以上述三大都市圈的北京、上海、广州为中心城市,再加上武汉、成都、西安等,这样有利于扩大上述中心城市的辐射和影响范围。

综上所述,我国高速铁路网的发展目标是:到 21 世纪中叶,建成以北京、上海、武汉、广州为中心,覆盖绝大部分目前人口在 50 万以上的城市和省会城市的高速铁路网。进一步拓展四大中心城市的"朝发夕至"和"一日到达圈",实现 1 000 km 以内朝发夕归,3 000 km 以内夕发朝至,5 000 km 以内一日到达,高速铁路相连的中心城市间均可实现夕发朝至,运输能力和运输质量全面适应我国 2050 年基本实现现代化经济和社会文明发展的需要。

第二节　高速铁路的主要技术经济特征

交通运输企业的最终产品是人或货物的"位移"。铁路运输要完成这一"位移",则要通过多种软硬件运输设施设备组成的"大联运机"协同作战来实现。铁路运输的软硬件设施设备包括机车车辆、线路桥隧、通信信号、牵引供电、运输组织及安全保障等系统。只有将这些系统有机地组织在一起,相互配合,相互协调,且技术、设备、能力上相互匹配,才能顺利进行并发挥较大效率。而高速铁路正是在这样一个传统的轮轨交通工具的基础之上,广泛运用现代科学技术、设备设施、新型材料和管理手段而发展起来的一种新型现代化交通运输工具。

高速铁路的诞生是上世纪继航天业之后，当今世界上最庞大、最复杂、最先进的系统工程。它涉及的学科之多、专业之广、门类之宽已充分反映了其系统的综合性、复杂性和先进性。作为现代科学技术标志的计算机及其应用，微电子技术、电力电子器件的实用化、微型化与遥控、自控技术的成熟，工程建设技术的现代化、新型复合材料等高新技术的推广运用，为高速铁路的蓬勃发展奠定了坚实的基础。

高速铁路技术除了具备传统铁路的基本特征外，还体现在其广泛吸收应用当今机械、化工、材料、工艺、电子、信息、控制、节能、建筑工程、卫星通信、空气动力学、环境保护等领域高新技术的一项多学科、多专业、多门类的综合技术。集中体现了铁路的运输组织、桥梁隧道、机车车辆、牵引供电、线路工程、通信信号等专业技术的巨大进步和发展。综合利用桥梁、盾构、电子计算机、信息传输、自动控制、机械制造、电力电子元件等多种新设备、新工艺、新技术、新材料、新产品等。它全面突破了常速铁路的理论、概念、技术以及控制手段和方式。例如，突破了前人关于轮轨极限速度理论的设想；通过交一直一交电传动方式的技术突破，解决了大功率牵引电机在有限空间和重量下实现的技术难题；通过采用新设计、新结构和新材料，实现了流线型的高速车体外形、动力性能优良的高速转向架的制造和有效减轻列车重量；航天航空技术的移植，机电一体化向更高程度的发展，列车高速运行轮轨黏着、弓网规律探索研究的提升，为研制牵引和制动功率大、运行阻力小、环境噪声低的高速动车组提供了条件；融现代计算机、通信技术、信号技术和遥感技术于一体的列车运行自动控制系统和行车调度指挥系统的变革以及桥梁线路、隧道工程、检测养护等技术的发展和进步，现代新型材料和成型技术的运用，使客室设施设备装饰技术大幅提升，旅客乘车环境大大改善等，为高速列车的安全、准时、舒适、快捷的运营创造了条件；高速铁路以其靠外部供电作为动力，可广泛利用各种新型能源，减少了对沿线环境的污染；它们与高效的运输组织与运营管理体系等综合集成，形成一种能与既有铁路路网兼容的新型快速交通运输系统。

高速铁路出现后，之所以在世界各国受到普遍欢迎并得以快速发展，绝非偶然。这不仅是由于高速铁路克服了普通铁路速度低、乘车环境差、对沿线环境影响大等缺点，还因为在与目前高速公路的汽车运输和中长途的航空运输相比较中，在下列技术经济指标中具有一定的比较优势。

（一）安全性好

安全始终是人们选择出行交通运输方式的首要因素。从事交通运输产业的现代企业无不把提高安全性能作为重中之重，以提高其在运输市场中的竞争地位。但即便如此，交通事故时有发生仍难杜绝。有资料表明，在各国交通运输中，铁路、公路、民航运输的事故率（每百万人公里的伤亡人数）之比大致为1∶24∶0.8。由于高速铁路普遍采用线路的全封闭和运行控制的自动化，且有一系列完善的安全保障体系，如先进的ATC列车速度控制系统，能自动控制列车运行速度、调整列车运行间隔，按照列车允许的行车速度，使列车自动减速或停车，故其安全可靠性大大高于其他交通工具；同时，高速铁路中与行车有关的固定设施和移动设备，都装有信息化程度很高的诊断与监测系统，并建立了科学的养护维修制度；对可能危及行车安全的自然灾害，在铁路沿线设立了自动报警装置，这一系统措施有效地防止了人为过失、设备故障及自然灾害等突发事件引起的各类事故。高速铁路在国外曾有连续45年安全运营无人身伤亡事故的记录。因此，相对于传统的铁路运输以及高速公路的汽车和民航运输等交通工具，高速铁路可称得上是当今世界上最为安全的现代高速交通运输方式之一。

(二)运能大

高速铁路保留了普通铁路大众运输工具的基本特征。有专家分析计算：高速铁路动车组的最小行车间隔可达 4 min，列车密度可达 20 列/h，若每列车载客人数按 800 人计算，扣除线路维修时间(4 h/d)，则每天可开行高速列车 400 列，输送旅客 32 万人，年均单向输送将达到 1.17 亿人。而四车道高速公路，单向每小时可通过汽车 1 250 辆，每天也按 20 h 计算，可通过 25 000 辆，如大轿车占 20%，每车平均乘坐 40 人，小轿车占 80%，每车乘坐 2 人，年均单向输送能力为 8 700 万人。航空运输主要受机场容量限制，如一条专用跑道的年起降能力为 12 万架次，采用大型客机的年单向输送能力只能达到 1 500 万～1 800 万人。可见，高速铁路的运能远远大于航空运输，且一般也大于高速公路，是名符其实的大众交通运输工具。

(三)速度快

速度快是高速铁路技术的核心，也是其主要技术经济优势所在。迄今，高速铁路是陆上运行距离最长、运行速度最高的交通运输方式之一。目前，我国高速铁路最高速度为 350 km/h，超过高速公路小汽车运行速度的三倍，达到喷气客机的 1/3 和短途飞机的 1/2，因而使高速铁路在运距 100～1 000 km 范围内均能显示其节约总旅行时间(总旅行时间是指旅客出门到到达旅行目的地所耗费全部时间的总和，它包括途中旅行、到离车站或机场、托运和领取行李、上下车或飞机的全过程以及小汽车驶入和驶出高速公路的总时间消费)的效果，而在 1 500～2 000 km 运距内也能发挥其利用列车夜间睡眠时间运行的有利条件。

(四)能耗低

我国是一个能源消费大国，又是一个能源相对短缺的国家之一。能源不足是困扰我国经济发展的重大问题之一。因此，节能降耗是我国经济发展当前和长远国策之一。能耗高低也是人们评价交通运输方式优劣的重要经济技术指标之一。据统计资料显示，各种交通运输工具平均每人公里的能耗为：飞机 2 998.8 J，小轿车 3 309.6 J，高速公路公共汽车 583.8 J，普通铁路 403.2 J，高速铁路 571.2 J。如果以普通铁路每人公里的能耗为 1.0，则高速铁路为 1.42，公共汽车为 1.45，小汽车为 8.2，飞机为 7.44。汽车、飞机均使用的是不可再生的一次能源——汽油或柴油(现代新型节能汽车尚未批量投入运用)，而高速铁路使用的是二次能源——电力。随着水电、太阳能、风能和核电等新型能源的推广和发展，高速铁路在能源消耗方面的优势还将更加突出。这也是在当今石油能源紧张的情况下，世界各国选择发展高速铁路的重要原因之一。

（五）污染轻

环境保护是当今关系人类生存发展的全球性紧迫问题。交通运输与生态环境密切相关。当前，交通运输对环境的污染主要是废气和噪声。据统计，在旅客运输中，各种交通运输工具一氧化碳等有害物质的换算排放量，公路为 0.902 kg/人，铁路为 0.109 kg/人，客机为 635 kg/h，有些有害物质在大气中要停留长达 2 年以上，是当今造成大面积酸雨，使植被生态遭到破坏和建筑物遭受侵蚀的主要原因。由于高速铁路实现了电气化和集便器等设施设备，使铁路基本消除了粉尘、油烟和其他废气（物）排放对环境的污染。另外，在噪声污染方面，日本曾以航空运输每千人公里产生的噪声为 1，则大轿车为 0.2，高速铁路仅为 0.1。从以上数据看，在现代交通运输中，航空和汽车运输造成的环境污染越来越大。而长期生活在噪声环境中，会使人的听觉器官受到损害，甚至耳聋。因此，德、意、法、日等国都在高速铁路两侧修建隔声墙来降低噪声。人们愈来愈认识到，为防止地球上臭氧层被破坏而造成的气候异常现象，应大力发展清洁能源的交通工具，减少飞机和汽车的排放废气，加大高速铁路和城市轨道交通发展的力度。

（六）占地少

我国是一个人口大国，人均耕地低于世界各国平均水平，因此，保护耕地和节约使用土地是我国走可持续发展道路的重要国策之一。交通运输尤其是陆上交通运输，由于要修建道路和停车场，需占用大量土地，而且大部分是耕地。一般情况，双线高速铁路路基面宽 3.6～14 m，而四车道的高速公路路基面宽达 26 m。双线铁路连同两侧排水沟用地在内，用地约 70 亩/km（1 公顷＝15 亩），而采用高架、隧道等工程，占用土地将还要大幅度减少；四车道的高速公路用地要 105 亩/km（1 公顷＝15 亩）。目前，我国高速铁路大多采取高架或隧道等形式（如武广高速铁路的桥隧占全线线路近 70%）（如图 1-3 所示），法国 TGV 500 km 的高速铁路仅占用相当于一个大型机场的用地，故可以大大减少对耕地的占用和环境的负面影响。一个大型飞机场，包括跑道、滑行道、停机坪、候机大楼及其设施，面积大，又多为市郊良田。

（七）造价低

工程造价的高低在一定程度上是制约某种交通运输方式能否得到迅速发展的重要因素之一。高速铁路的工程造价虽然大大高于普通铁路，但并不比修建一条高速公路或民航机场的建设费用高。据法国资料，法国高速铁路基础设施造价要比四车道的高速公路节约 17%。TGV 高速列车平均每座席的造价仅相当于短途飞机每座席造价的 1/10。

（八）舒适度高

随着人们物质文化生活水平的不断提高，出行舒适状况已成为人们选择出行交通方式的重要依据之一。高速铁路线路平顺、稳定、曲线半径大，列车运行平稳，振动和摆动幅度都很小，速度快。由于采用新型材料，使动车内宽敞明亮，设施先进，装备齐全，乘坐舒适，活动半径大等，旅客在途中占有的活动空间大大高于汽车和飞机。这些是飞机和汽车无法比拟的。

图 1-3　高速铁路高架桥线路

（九）效益好

交通堵塞、事故频发、环境污染等是当今发展中的世界性难题，给各国国民经济带来巨大经济损失，也严重影响了社会的和谐稳定。欧共体国家每年用于处理高速公路堵塞和公路交通事故的费用分别占国民生产总值的 2.9%和 2.5%。而修建高速铁路的直接经济效益却是非常明显。据统计，日本东海道新干线 1964 年投入运营，1966 年就开始盈利，1971 年就收回了全部投资。法国 TGV 东南线 1983 年全线通车，1984 年开始盈利，运营 10 年投资全部收回。这些都改变了传统铁路普遍存在的投资大，回收周期长，运营效益低的共性问题。我国高速铁路的建设主要集中在目前运能十分紧张、人口密度大、经济发展快的大中城市间，因此，其投资回收周期可望更短。

第三节　高速铁路线路的特征与标准

铁路线路（也称轨道结构或轨道）是连续的长大工程结构物，它直接承受动车组的各种荷载，轮轨之间构成一个十分复杂的庞大系统。动车组荷载对轨道结构的工作状态有决定性影响，而轨道结构自身的状态又直接影响动车组的运行品质，进而使轨道承受的荷载发生变化。

铁路线路是铁路运输的重要技术设备，也是铁路运输区别于其他地面交通运输工具的重要特征之一。它支承和引导动车组车轮，直接承受竖向、横向和纵向力的作用。它要确保动车组在规定的最大载重和最高速度下运行时，具有足够的强度、稳定性和合理的修理周期。与其他工程结构物不同，轨道具有荷载的随机性和重复性、结构的组合性和散体性（有砟轨道）、修

理工作的经常性和周期性。高速铁路线路要保证动车组按规定的最高速度，安全、平稳、准时和不间断地运行，因此，其线路不论就其整体来说，或者就其各个组成部分来说，都应当具有足够的坚固性和稳定性。

一、高速铁路与高速铁路线路

(一)高速铁路

一条铁路能否称为高速铁路，即高速铁路的定义，有一个产生、发展、形成的过程。

1970 年 5 月，日本在第 71 号法律《全国新干线铁路整备法》中规定："列车在主要区间能以 200 km/h 以上速度运行的干线铁道称为高速铁路。"这是世界上第一个以国家法律条文的形式给高速铁路下的定义。

1985 年 5 月，联合国欧洲经济委员会将高速铁路的列车最高运行速度规定为：客运专线 300 km/h，客货混线 250 km/h。

1986 年 1 月，国际铁路联盟秘书长勃莱认为，高速列车最高运行速度至少应达到 200 km/h。因此，目前国际上公认列车最高运行速度达到 200 km/h 及其以上的铁路为高速铁路。随着科学技术的发展和变化，有关高速铁路的定义将会不断更新。

高速铁路是一个具有国际性和时代性的概念。当今世界上，铁路速度的分档一般规定为：时速 100～120 km 称为常速；时速 120～160 km 称为中速；时速 160～200 km 称为准高速或快速；时速 200～400 km 称为高速；时速 400 km 以上称为特高速。当然。随着科学技术的发展，"高速"水平的不断提高，对"高速"的概念和定义也将发生变化。

(二)高速铁路线路

在铁路领域，广义的线路概念包括供电、接触网、通信信号等在内的所有基础设施和设备，而本书所指的线路是狭义的线路，即高速铁路线路，它主要包括线路平纵断面、路基、轨道、桥梁、隧道、相关建筑物和设施以及与之相对应的技术标准等。

与普通铁路相比较，高速铁路上高速运行的动车组，对其线路具有高平顺性、高稳定性、高精度、小残变、少维修以及良好的环境保护等高标准的要求。也只有这样的线路才能保证(或满足)高速运行的动车组能够高速、不间断地安全、平稳、舒适地运行。高速铁路要求其线路空间曲线平滑，即线路的平纵断面尽可能平缓；同时要求路基、轨道、桥梁、隧道具有高稳定性、高精度、较长的使用寿命和足够的运行空间、小残余变形且少维修，以保证高平顺性。正因为如此，高速铁路线路一改过去普通铁路对路基和桥隧以"强度"控制为设计与施工的重点，而以"变形"作为高速铁路线路路基设计与施工控制的重中之重；以"刚度"和"整体性与耐久性"控制桥隧的设计和施工；并要求给高速动车组提供一个宽大、独行的线路空间。同时，要求建立严格的线路状态检测科学管理系统，以确保轨道持久的高平顺。要求运营中实行严密的防灾安全监控。

二、高速铁路线路的主要特征与技术标准

高速铁路是在传统铁路的基础上，在市场激烈竞争的环境下，运用现代科学技术和成果，研究开发出来的一个全新的交通运输新型设备。它是20世纪交通运输领域的重大成果，是人类智慧的结晶和共同财富。经过50多年的运行和发展，其基础设施、运行设备、技术管理及运营指挥水平都日趋成熟。

(一)高速铁路线路的主要技术特征

就有砟线路而言，高速铁路在结构上与普通铁路的线路没有本质的差别，只是在部件性能、技术水平和养护维修等方面标准更高、要求更严。但对于采用无砟线路的轨道结构则有较大的不同，其主要技术特征有：

1. 高平顺性

所谓平顺，是指铁路线路的运行表面要满足列车运行时平滑顺畅的要求。铁路线路的不平顺从结构上大约可以分为三种类型：即结构不平顺、附加不平顺和动态不平顺；按波长区分则有长波、中波、短波不平顺。

所谓结构不平顺是指由于轨道结构及部件固有的平顺，如钢轨表面由两种不平顺只有在于轧制工艺造成的钢轨垂向弯曲、焊缝凸凹不平、轨道铺设和整道时形成的不平顺。所谓附加不平顺是指在列车运行过程中由于各种原因形成的不平顺，如钢轨表面不均匀磨耗、钢轨踏面剥离掉块、有砟轨道因道砟飞溅在轨面碾压形成的轨面伤损、钢轨弹性垫层破损等；所谓动态不平顺是指在列车运行中产生的不平顺。动态不平顺一般有两种情况：一种是轨道弹性不匀和荷载波动，轮轨接触点轨迹呈波浪形；另一种是存在暗坑掉板和道床不均匀的弹性下沉。这两种不平顺只有在动态情况下才会表现出来，但它的存在增大了列车运行中的冲击和振动。

轨道不平顺监测信号包含不同波长和幅值的谐波成分。按照波长划分轨道不平顺，通常可分为波长小于3 m的短波不平顺、波长在3～30 m之间的中波不平顺、波长大于30m的长波不平顺。轨道不平顺是引起动车组运行振动的主要激扰源，激扰源的激扰频率是由轨道不平顺波长和行车速度决定的。

高平顺性是高速铁路对线路设备的最基本要求。也就是说高速铁路的安全、高速、舒适是建立高平顺的线路、路基、桥隧基础之上的，它要从线形、路基、道床、钢轨、桥隧等各方面采取必要的技术措施来加以保证，达到高平顺性要求。因此，高平顺性是设计、建设高速铁路的控制条件，也是高速铁路有别于中低速铁路的最主要特点之一。

2. 高稳定性

轨道稳定性是指线路在高速运营条件下保持高平顺性与均衡弹性、维持部件有效性与完整性的能力，其内涵是少维修或免维修。

高稳定性的具体要求是：一是运用高精度和高可靠性的轨道部件，提高结构的系统性和耐久性，确保轨道长期高平顺性及轨道部件长期有效性和完整性；二是确定轨道合理刚度。轨道必须有合理的弹性，以满足吸收振动与噪声和减少冲击作用的需要，并保证钢轨轨底应力在允许范围内。同时，要保持沿线路纵向轨道弹性均匀性。研究表明，控制路基和结构物间过渡的不均匀沉降或弹性不均匀，保持轨道沿纵向的弹性均匀，是无砟轨道耐久性的重要保证。

稳定、沉降小且沉降均匀的平顺路基是高平顺性轨道的基础。稳定性好的路基，主要是靠控制路基工后沉降和不均匀沉降以及控制路基顶面的初始不平顺来保证。高稳定性特征反映在桥梁上，表现为对桥梁结构要求有足够大的刚度。为保证轨道的平顺性，限制桥梁预应力徐变上拱和不均匀温差引起的结构变形。

无缝线路钢轨在桥上的受力状态与在路基上不同，桥梁结构的温度变化、动车组制动、桥梁绕曲等，使桥梁在纵向产生一定的位移，引起桥上钢轨产生附加应力。因此，墩台基础要有足够的纵向刚度，减少回应力和梁轨间的相对位移。

3. 高精度

现代科技为高速铁路线路施工与维修的高精度定位、测量和部件的精密要求等提供了技术支持。严格控制轨道铺设精度是实现轨道初始高平顺的保证。轨道铺设的初始不平顺，是运营不平顺发生、发展、恶化的根源。初始状态好的轨道，维修周期长，可长期保持轨道的良好水平，而初期状态不好的轨道，不仅维修周期短，即使增加维修次数，也难改变“先天不良”的痼疾。

严格控制轨道的铺设精度，首先是提高线路的测量精度；其次是严格控制钢轨的平直度和焊接接头的平直度；三是在完成铺轨后，开通运营前，打磨钢轨，去掉钢轨在轧制和施工过程中造成的轨面微小不平顺，提高焊接接头平顺性。

由于铁路轨道是由多种部件组成，特别是有砟轨道，轨排位于碎石道砟散粒体之上，在高速动车组荷载的作用下，这些部件会发生变形，当变形的量值或其变形发展的速度超过一定限值时，将失去轨道的高平顺性，因此，对高速铁路轨道各部件的设计，不仅要保证强度、更要保证小的残余变形，这样才能既保证了高平顺性，又保证少维修的要求。这也是为什么当今世界各国在高速铁路建设中大量采用无砟线路轨道结构的重要原因。

4. 少维修

高速铁路从基础到轨道结构，铺设标准都比普通铁路要高，为长期安全、正常运营提供了基础，但是，轨道建设标准的提高，要求养护维修达到更高的标准，养护维修工作量和普通铁路相比，并没有根本的变化。要保证高平顺的要求，必须增加维修量，而线路维修的不利影响：一是干扰正常运输秩序，易构成新的安全隐患；二是作为网络化、高密度的高速铁路，需要线路具有较高的使用率，而线路维修是影响线路使用率最重要因素。日、法、德国家经过四十多年的探索和实践，开发出近百种无砟轨道结构并大量推广使用。

无砟轨道结构是用耐久性好、塑性变形小的材料代替道砟材料的一种轨道结构形式。由于取消了碎石道砟道床，轨道保持几何状态的能力大幅度提高，轨道稳定性、高平顺性和使用寿命随之增强，维修工作量也大幅度减少。因此，无砟轨道结构是高速铁路轨道结构的发展方向。

5. 宽线路空间

动车组高速运行时，将带动动车组周围的空气随之运动，形成一种特定的非定常流场，称为"列车绕流"，俗称"列车风"。这种列车风形成的列车气动力将威胁沿线工作人员和站台候车旅客的安全，对沿线建筑物也有破坏作用。列车风卷起的杂物也可能危及行车安全。相邻线路两动车组相向高速运行交会时，产生的空气压力冲击波易震碎车窗玻璃，使旅客感到不适，甚至影响动车组运行的平稳性。因此，高速铁路要求有一个宽大的行车空间，即增大两线间的距离和加宽站台上候车旅客的安全退避距离。

此外，由于高速动车组动能和惯性力都很大，一旦与其他物体发生碰撞，其后果是不堪设想的。故高速铁路线路要求有一个独行的空间，即采用全封闭形式，沿线路两侧设置防护栏。同时，在高速铁路与道路或既有铁路相交时，一律采用立体交叉。

6. 高标准环保

高速铁路作为重要的现代化交通运输工具，需要强调和重视现代化文明，各种设施应与周围环境协调，重视环境保护。尤其要注意防止噪声对高速铁路沿线的污染，采取增设隔声墙、沿线两旁的树木和植被、明洞或隔声土堆等方式，减少噪声污染。

7. 一次达标

长期以来，我国在线路施工中，都采取的先开通试运行一段时间后，经过沉降等维护后，才能达到设计运行速度。经验告诉我们，这种由于线路初始状态达不到设计标准而限速运行，列车虽以低速通过这些不合格地段，线路将产生"记忆"性病害或不平顺，其后果是此后花数倍的人力、物力去整修也难以达到动车组高速运行对线路的基本要求。而目前世界各发达国家在高速铁路建设中，均采取通车之日，动车组即按设计最高速度运营的模式，这已成为高速铁路与普通铁路在工程交验时的重要差别之一。

8. 严密监测

客观地说，高平顺的轨道在动车组荷载的不断作用下，是不可能不会发生变形和位移的。当轨道及其各部件的变形、位移量值或其变形、位移发展的速度超过一定限值时，将失去轨道的高平顺性。因此，对投入运营的高速线路，要实行严格的轨道状态检测和科学的轨道管理制度，及时掌握运营过程中轨道不平顺的量值及其发展速度，并予以校正，使其恢复到小残变或初始高平顺状态，以保证高速动车组运行的安全、平稳、舒适。我国高速铁路投入运营后，建立了一套严格的检测、监控标准和管理、作业制度，各工种各专业也建立了相应的技术作业标准，

以确保高速铁路线路始终处于高平顺性水平。

(二)高速铁路线路的主要技术标准

为统一我国高速铁路设计技术标准和确保高速铁路运营安全,2009 年以来,原铁道部先后下发了《高速铁路设计规范》(试行)和《高速铁路调度暂行规则》,对高速铁路的设计、运营等作出了明确的技术规定。从这些文件中可以看到,高速铁路为实现其高平顺性和高稳定性等要求,在设计上与普通铁路相比,其技术标准有明显的区别。

1. 曲线

铁路线路平面是由直线和曲线组成的。高速铁路的曲线同样包括圆曲线和缓和曲线。曲线一般能较好地适应地形的变化,减少工程量,但它也带来一些问题,一是会降低行车速度,这是因为曲线会给运行中的动车组造成一种附加阻力,称为曲线阻力。众所周知,曲线半径越小,曲线阻力越大,运营条件越差,在其他条件相同时,运行速度也就越低;二是增加轮轨磨耗,动车组通过曲线时,轮轨磨耗增加,曲线半径越小,磨耗增加越大。因此,高速铁路线路对曲线标准有严格的规定。

(1)曲线及夹直线

曲线一般由圆曲线和缓和曲线组成,其要素包括:缓和曲线长度、曲线半径、超高、圆曲线长度、超高顺坡率等。

我国高速铁路运输组织模式为高速与低速共线运行,其匹配关系一般高速铁路线为(350/250)km/h、(300/200)km/h、(250/160)km/h,客货共线为(200/80)km/h。考虑到我国路网尚未完整,部分高速铁路线初期需兼顾货运,且由于大部分货车限制速度仅为 80 km/h,故初期兼顾货运的高速铁路线也可暂时采用(250/80)km/h 的匹配关系。

最小曲线半径通常是指线路平面设计时允许选用的曲线半径最小值。铁路线路在选线时,当条件允许时,一般应尽可能选用较大的值,因为它有利于改善运营条件,节省运营费用。因此,最小曲线半径是线路设计的主要技术标准之一。它与铁路运输模式速度目标值、旅客乘坐舒适度和列车运行平衡度等有关。

圆曲线范围内,旅客乘坐舒适度的主要控制因素为未被平衡超高,分为欠超高和过超高。根据实验,未被平衡超高与舒适度的评判关系为:40 mm 为优秀,60 mm 为良好,90 mm 为一般。

高速铁路设计时,一般在速度目标值确定后,按舒适度条件“优秀”确定未平衡超高值,可确定最小曲线半径。

我国高速铁路最小曲线半径的规定见表 1-1。

最大曲线半径通常是指在小偏角情况下为保证圆曲线长度而采用的半径。最大曲线半径受线路的铺设、养护能达到的精度控制。当曲线半径达到一定程度后,管理波长范围内矢距值将很小,现有的检测精度难以保证其准确性,可能反而成为轨道不平顺的因素。因此,我国高速铁路规定的最大曲线半径一般为 12 000 m。

表 1-1　高速铁路最小曲线半径规定

设计运行速度(km/h)		最小曲线半径(m)		
有货物列车运行时的线路	200	新建	一般	3 500
			特殊困难	2 800
		既有线保留地段	特殊困难	2 500
	250	新建		4 500
		既有线保留地段	一般	3 500
			特殊困难	2 800
仅运行旅客列车的线路	200		一般	2 500
			特殊困难	2 200
	250/160 有砟、无砟轨道		一般	4 000
			特殊困难	3 500
	250/200	有砟轨道	一般	3 500
			特殊困难	3 000
		无砟轨道	一般	3 200
			特殊困难	2 800
	300	有砟轨道	一般	5 000
			特殊困难	4 500
		无砟轨道	一般	5 000
			特殊困难	4 000
	350	有砟轨道	一般	7 000
			特殊困难	6 000
		无砟轨道	一般	7 000
			特殊困难	5 500

(2)圆曲线及夹直线长度

圆曲线及夹直线最小长度的计算采用的是车辆振动不叠加理论。

圆曲线长度及曲线间夹直线长度：

$$\text{一般条件下}, L \geqslant 0.8v$$

$$\text{困难条件下}, L \geqslant 0.6v$$

缓和曲线与道岔间夹直线长度：

一般条件下，$L \geqslant 0.6v$

困难条件下，$L \geqslant 0.5v$

式中 L——曲线长度；

v——列车速度，km/h。

(3)超高

动车组在曲线上运行时，会产生离心力。为了平稳所产生的离心力，必须把曲线线路的外股钢轨加高，称为超高。

计算曲线外轨的理论超高(h)，一般都用下列公式：

$$h = 11.8 v_{平}/R \qquad (mm)$$

式中 $v_{平}$——通过曲线的各动车组的平均速度，km/h；

R——曲线半径。

可以看出，h 与 $v_{平}$ 关系密切。超高设置的是否合适，在很大程度上取决于平均速度选用的是否恰当。

最大超高的选择应保证在曲线上停车而又遇到大风时，也不致使动车组倾覆，并考虑不同速度动车组所产生的未被平衡的横向加速度不致过大。目前，除日本东海道新干线规定最大超高为 200 mm 外，其余各线及法国高速铁路线上的最大超高均为 180 mm。

因此，高速铁路线路实设超高最大值主要取决于动车组在曲线上停车安全、稳定和旅客舒适度的要求。根据实验结果和国外经验，我国设计规范规定有砟轨道最大超高设计值为 170 mm，无砟轨道最大超高一般为 175 mm。考虑到有砟轨道横向稳定性相对薄弱，我国双线铁路有砟轨道实设最大超高一般不大于 150 mm。高速铁路曲线超高设置应优先满足本线直通列车的旅客舒适度的要求，并兼顾低于本线运行速度的跨线动车组和中间站进出站动车组的旅客舒适度的要求。线路起终点车站或以进出站动车组为主的车站两端曲线，应满足未被平衡超高的一般要求。目前超高设置一般规则如下：

①欠超高一般不大于 40 mm，困难条件下不大于 60 mm，过超高应不大于 70 mm。

②进出站动车组欠超高按表 1-2 要求设置。

表 1-2 高速铁路进出站动车组欠超高要求设置

列车速度(km/h)	一般条件(mm)	困难条件(mm)
$v \leqslant 160$	90	110
$160 < v \leqslant 200$	70	90
$200 < v \leqslant 250$	60	80
$250 < v \leqslant 300$	60	70

在使用困难条件时，原则上先用足进出站动车组的困难条件，再使用通过动车组的困难条件，当进出站动车组使用过超高困难条件限值后，通过站动车组欠超高仍超出困难条件限值时，应适当降低通过站动车组的线路允许速度，直至欠超高符合要求。

2. 坡度及竖曲线

一般来说，坡度是指地表单元陡缓的程度，通常把坡面的垂直高度与水平宽度的比称为坡度。因此，坡度大小是根据地形和经济条件决定的。

(1)最大限制坡度

铁路线路设计时，限制坡度的大小对运营和工程影响很大。在运营方面，限制坡度增大，牵引重量将减少，动车组速度降低；而在工程方面，可以适应地形，减少建设线路的工程量并降低造价。如法国 TGV 东南线，沿线经过一连串高度在 500～900 m 之间的山岭，若采用巴黎—里昂相一致的限制坡度，即 8‰，就得建造很多高架桥和隧道，由于确定新线只开行动车组，决定采用 35‰的限坡，都是动力坡，共有四段。这样就使高速动车组在巴黎—里昂间的行程缩短了 86 km。不但节省了工程费用，且运营费用也大为节省。我国高速铁路线路的正线最大坡度一般不大于 20‰，特殊困难条件下不大于 30‰。

(2)竖曲线

竖曲线是指在线路纵断面上，以变坡点为交点，连接两相邻坡段的曲线称为竖曲线。竖曲线有凸形和凹形两种。

竖曲线一般采用圆曲线形的。竖曲线半径的大小，除应保证动车组经过变坡点时车轮不脱轨，车辆连接不发生问题外，还应考虑在竖曲线上产生竖向离心加速度和离心力对旅客舒适度的影响。通过理论分析认为，在一定的动车组构造条件下，竖曲线半径与动车组速度有关，动车组速度越高，竖曲线半径也应越大。

高速铁路从动车组运行平稳性的角度考虑，最小坡段长度除应满足两竖曲线不重叠外，还应满足车辆振动不叠加要求，两竖曲线间应有一定的夹坡段长度，确保动车组在前一个竖曲线上产生的振动在夹坡段长度范围内完成衰减，不与下一个竖曲线上产生的振动造成叠加。

新建高速铁路正线最小坡段长度规定见表 1-3。一般条件的最小坡度长度不宜连续采用，困难条件下的最小坡段长度不得连续采用。

表 1-3　新建高速铁路正线最小坡段长度

设计行车速度(km/h)	350	300	250
一般条件(m)	2 000	1 200	1 200
困难条件(m)	900	900	900

在高速铁路线上，一般正线相邻坡的坡度差大于或等于 1‰时，应采用圆曲线形竖曲线连接，最小竖曲线半径应根据所处区段设计行车速度按表 1-4 选用，最大竖曲线半径不应超过

30 000 m，最小竖曲线长度不得小于 25 m。

表 1-4　最小竖曲线半径

设计行车速度(km/h)	350	300	350
最小竖曲线半径(m)	25 000	25 000	20 000

竖曲线(或变坡点)与缓和曲线、道岔及钢轨伸缩调节器均不得重叠设置。竖曲线与平面圆曲线不宜设置重叠，困难条件下，要符合表 1-5 的规定。

表 1-5　竖曲线与平面圆曲线重叠设置的最小曲线半径

设计行车速度(km/h)		350	300	250
最小圆曲线半径(m)	有砟轨道	7 000	5 000	3 500
	无砟轨道	6 000	4 500	3 000
最小竖曲线半径(m)		25 000	25 000	20 000

动车组走行线相邻坡段坡度差大于 3‰ 时，设置圆曲线形竖曲线，竖曲线半径一般 5 000 m，困难条件 3 000 m。

3. 线路间距及站台限界

(1)线路间距

线路间距一般是指两条铁路线中心线间的距离。高速铁路区间线路间距标准，主要受动车组交会运行时的气动力作用控制。我国高速铁路区间正线线路间距规定见表 1-6。

表 1-6　高速铁路区间正线间距

设计行车速度(km/h)	350	300	250
正线线间距(m)	5.0	4.8	4.6

采用表 1-6 线路间距时，可不再考虑曲线地段线路间距的加宽。

位于车站两端加减速正线与联络线，可采用与设计行车速度相适应的较小线路间距。

正线与联络线、动车走行线及既有铁路并行地段的线路间距，设计的因素较多，就根据相邻一侧线路的行车速度及技术要求和相邻铁路路基高等关系，考虑电气化接触杆位，路基排水及桥涵等土建工程、通信及信号设备、电缆沟槽，必要的噪声防护设备等几何尺寸技术要求，对路肩人行道和中间走道还要考虑保障技术作业人员的安全要求等。

(2)站台限界

站台限界一般是指车站到发线站台边缘至线路中心线的安全距离。

为满足旅客乘降舒适性和安全性要求，我国高速铁路采用高度为 1 250 mm 的高站台，且规定站台边缘至线路中心线的距离为 1 750 mm，在正常风速下(环境风速不大于 15 m/s)，动车组通过站台的速度不大于 80 km/h，此速度和正线与到发线间连接通常采用 18 号道岔的侧向通过速度是匹配的。个别站场由于站坪用地等因素的限制，站台临靠正线，此时站台边缘至线路中心线的距离通常采用 1 800 mm。

本章小结：本章介绍了国内外高速铁路的发展历史、现状及主要技术经济特征，并对普通铁路线路与高速铁路线路线路进行了简要的比较分析，重点介绍了高速铁路线路的基本概念、主要特征及技术标准。

思考题

1. 高速铁路的定义是什么？
2. 高速铁路线路的组成有哪些？
3. 为什么高速铁路线路要达到高平顺性要求？
4. 为什么高速铁路线路要有高稳定性的要求？
5. 为什么高速铁路的线间距要大于普通铁路？

第二章 高速铁路轨道

本章要点：本章围绕高速铁路线路的技术特点，介绍了我国高速铁路采用不同类型轨道结构的特征和高速道岔的结构与安装要求，重点介绍了轨道监测与维护管理规程。要求学生了解轨道各部件的基本性能，熟悉构件的安装要求，掌握轨道监测维护规范。

第一节 轨道结构

高速铁路线路上轨道的主要作用是引动车组运行，直接承受来自动车组的荷载，且将荷载传至路基或者桥隧结构物。因此，轨道结构应具有足够的强度、稳定性和耐久性，并具有固定的几何尺寸，保证动车组安全、平稳、不间断地运行。可以说轨道结构的性质和状况决定了动车组的运行品质。

传统的有砟轨道结构采用碎石道砟作为道床，具有较好的弹性，在一定的维修条件下具有较好的轮轨接触效应，有利于减小轮轨间的冲击振动和轮轨冲击振动向路基和地面的传递；同时又具有较好的吸声性能，可降低轮轨的辐射噪声，并具有铺设方便、造价低、易于维修等优点，长期以来成为世界各国铁路的主要结构形式。但随着列车速度的提高，有砟轨道出现许多问题，使得道床形状难以保持。因此，近年来无砟轨道结构在世界范围内得到广泛的推广应用。

无砟轨道是以混凝土或沥青混合料取代散粒体道砟道床而组成的轨道结构形式，具有刚度均匀、轨道稳定性好，维修工作量少、可靠性高、轨道结构轻、建筑高度低、耐久性好、服务期长等优点，可提高列车运行的安全性和线路的利用率。从长远发展看，无砟轨道结构具有相当的优势，适用于高速、重载、高密度运输。但无砟轨道也具有初期投资费用高，轨道弹性差，施工精度要求高，对基础的稳定性要求严格，振动、噪声相对较大等特点。

我国对无砟轨道的研究始于 20 世纪 60 年代。初期曾试铺过支承块式、短木枕式、整体灌注式等整体道床以及框架式沥青道床等几种形式，正式推广应用的仅有支承块式整体道床。

在成昆线、京原线、京通线、南疆线等长度超过 1 km 的隧道内铺设，总铺设长度约 300 km。

进入 20 世纪 90 年代以来，我国开始了针对高速铁路无砟轨道技术的试验研究。首先，在秦沈客运专线进行试验研究，在几座桥上铺设了无砟轨道板。此后，在遂渝线上进行无砟轨道的综合试验研究，形成了我国的 CRTSⅠ型无砟轨道。在京津城际线上对无砟轨道作了进一步研究和试验，形成了 CRTSⅡ型无砟轨道。另外，在武广高速铁路上进行了无砟轨道创新研究和推广试验，在成灌线进行了 CRTSⅢ型无砟轨道结构的研究等。

一、CRTSⅠ型板式无砟轨道

CRTSⅠ型板式无砟轨道由底座板与凸型挡台、CA 砂浆层、单元轨道板、扣件系统、钢轨等组成，如图 2-1 所示。

图 2-1　CRTSⅠ型板式无砟轨道实物图

CRTSⅠ型板式轨道板结构的主要特点：

(1)轨道板下设 CA 砂浆调整层，厚度 50 mm；板下设橡胶垫层，其厚度为 40 mm。

(2)轨道板下橡胶垫层由两部分组成：改性橡塑微孔垫板和聚乙烯泡沫板。改性橡塑微孔垫板沿纵向分别铺设于轨道板的两边，聚乙烯泡沫板沿纵向铺设于轨道中部，改性橡塑微孔垫板分低刚度和高刚度两种，低刚度的铺设于轨道中部，高刚度的铺设于轨道端部，改性橡塑微孔垫板的宽度均为 290 mm，板端改性橡塑微孔垫板的长度分别为 800 mm 和 500 mm，板中改性橡塑微孔垫板的长度分别为 800 mm、762 mm、381 mm 和 323 mm。

(3)凸形挡台分圆形与半圆形两种形式，直径均为 520 mm，高度为 250 mm。桥上梁端部及路基上底座端部采用半圆形凸形挡台。除此以外，其他地方采用圆形凸形挡台。凸形挡台周围填充树脂材料，最薄处不得小于 30 mm(设计厚度 40 mm)。

(4)凸形挡台与底座采用 C40 钢筋混凝土结构，路基地段底座每隔 4 块标准板长度设置横向伸缩缝(20 mm)，在路基端部不能满足 4 块标准板长度时，每隔 3 块进行调整，横向伸缩缝将凸形挡台分割成两个半圆形的凸形挡台，桥上每单块轨道板长底座设置横向伸缩缝，伸缩

缝对应凸形挡台中心位置。

二、CRTSⅡ型板式无砟轨道

CRTSⅡ型板式无砟轨道的前身是一种预制板式无砟轨道。通过对其进行包括预应力结构、结构尺寸、纵向连接等方面的优化改进，采用先进的数控磨床来加工预制轨道板上的承轨槽，使用快速方便的测量系统，使其精度容易满足高速铁路对轨道几何尺寸的高要求。高性能沥青水泥砂浆垫层可以为轨道提供适当的刚度和弹性。

CRTSⅡ型板式无砟轨道构造如图 2-2 所示。其层次构成依次为：级配碎石构成的防冻层(FSS)、30 cm 厚的水硬性混凝土支承层(HGT)、3 cm 厚的沥青水泥砂浆层、20 cm 厚的轨道板，在轨道板上安装扣件。博格板式轨道系统轨顶至水硬性混凝土顶面的距离为 474 mm。

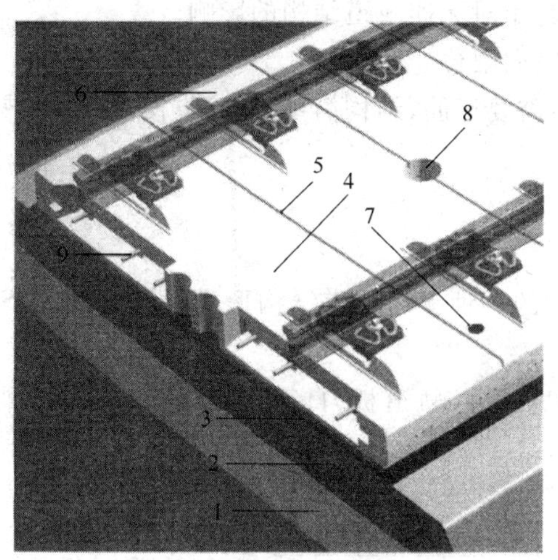

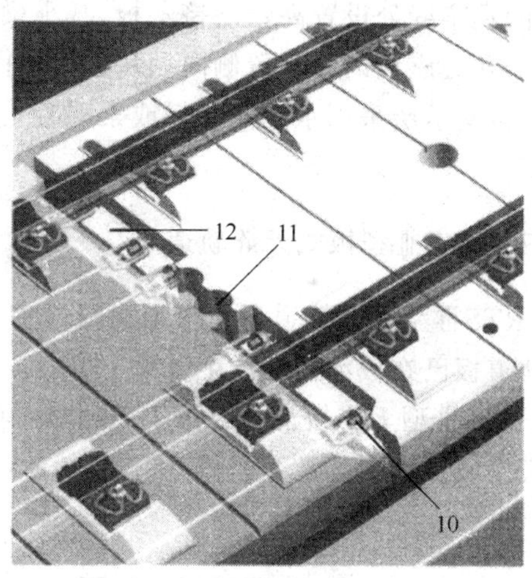

图 2-2　CRTSⅡ型板轨道结构图

1—防冻层(级配碎石层)；2—水硬性材料支承层厚度 $d=30$ cm；3—灌浆层；
4—预制轨道板；5—沟槽；6—承轨台；7—调高装置；8—灌浆孔；9—螺纹钢筋；
10—张拉锁件，螺母；11—窄接缝；12—宽接缝

CRTSⅡ型板式无砟轨道的主要特点：

(1)轨道板采用工厂化预制，通过布板软件计算出轨道板布设、制作、打磨、铺设等工序所需的全部轨道几何数据，实现了设计、制造和施工的数据共享。

(2)轨道板相互之间通过纵向精轧螺纹钢筋连接，较好地解决了板端变形问题，提高了行车舒适度。

(3)轨道板采用数控机床打磨工艺，打磨精度可达 0.1 mm，通过高精度的测量和精调系统，轨道板铺设后即可获得高精度的轨道几何尺寸，最大限度地降低铺轨精调工作，大幅度提

高综合施工进度。

(4)桥上底座板不受桥跨的限制,为跨越梁缝的纵向连续结构,桥上的轨道板与路基、隧道内的一致,均为标准轨道板,利于工厂化、标准化生产,便于质量控制,同时简化轨道板的安装和铺设。

(5)摩擦板、端刺结构是桥上 CRTSⅡ型板式无砟轨道系统的锚固体系,通过摩擦板和端刺将温度力和制动力传递到路基。

(6)梁面设置滑动层,隔离桥梁与轨道间的相互作用,以减小桥梁伸缩引起的钢轨和板内纵向附加力,实现大跨连续梁上取消伸缩调节器。

(7)一般情况下,在桥梁固定支座上方,桥梁和底座板间设置剪力齿槽、预埋件,将制动力和温度力及时向墩台上传递。

(8)在梁缝处设置高强度挤塑板,减小梁端转角对无砟轨道结构的影响。

(9)在底座板两侧设置侧向挡块进行横向、竖向限位。

(10)支承层采用水硬性材料或素混凝土,不需要配筋,结构简单,施工方便,同时可减少工程投资。

三、CRTSⅢ型板式无砟轨道

CRTSⅢ型无砟轨道板完全是我国自主研发的一种无砟轨道结构形式。目前,CRTSⅢ型无砟轨道板已在成灌铁路线上铺设。

CRTSⅢ型无砟轨道主要由钢轨、弹性有挡肩扣件、轨道板、自密实混凝土填充层、钢筋混凝土底座或支承层等部分组成,如图 2-3 所示。

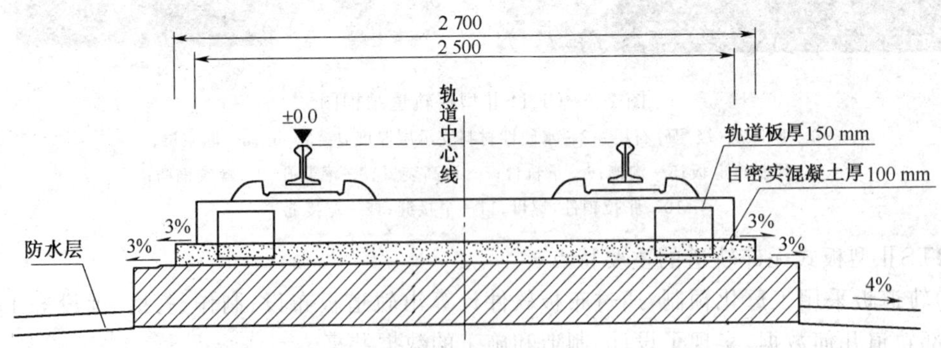

图 2-3　CRTSⅢ型无砟轨道结构示意图(单位:mm)

CRTSⅢ型无砟轨道主要特点:

(1)CRTSⅢ型无砟轨道采用"路基纵连,桥上单元"的设计思路;路基地段轨道板纵连,延

续了连续式无砟轨道结构整体性好、线路平顺、刚度均匀的优点；桥梁地段采用单元式结构，延续了桥上双块式轨道受力简单、施工方便、可维修性好、投资省的特点。

(2)CRTSⅢ型无砟轨道轨道板通过预埋钢筋将板下自密实混凝土与轨道板可靠连接成复合结构，结构整体性好，可以控制板下开裂及轨道板的翘曲；自密实混凝土性能稳定、耐久性好。

(3)CRTSⅢ型无砟轨道继承了CRTSⅠ型板式无砟轨道传力明确、易维修的优点，克服了其整体性差、精调工作量大的缺陷，取消了凸台，方便施工，降低造价。取消CA砂浆填充层，简化施工工艺，减少对环境的污染，降低工程投资。

(4)轨道板按照配套有挡肩扣件、双向预应力设计、制造和施工，配套扣件具备较好的施工性和轨距保持能力，外形美观。通过调整模型实现了曲线地段轨道板承轨槽空间调整，实现轨道板承轨槽与平竖曲线二维匹配。

(5)路基地段轨道板两端设置连接器，施工现场纵连，在现场定位后，解决轨道板纵向定位、传力等问题。轨道结构稳定性好，线路平顺性好，刚度均匀。延续了CRTSⅡ型板式无砟轨道整体性好、裂纹可控、制造精度高的优点，克服了其层间连接可靠性差、不易维修的缺点。

(6)路基地段采用干硬性混合料或低塑性水泥混凝土作为支承层，降低了无砟轨道的造价。

(7)桥梁地段自密实混凝土与底座之间设置了土工布隔离层，便于运营维修。桥梁上单元板式无砟轨道方便施工，可加快施工进度，投资降低，可维修性好。克服了CRTSⅡ型板式无砟轨道桥上结构复杂的缺点。

(8)轨道结构简单、通用性好，通过布板软件完成了全线轨道板布板和空间坐标计算，实现了轨道板制造、施工与养护维修测量定位一体化。

(9)施工工艺简单、可操作性强、绿色、环保，提高了工效。实现了“机械化、工厂化、专业化、信息化”的施工。

四、CRTSⅠ型双块式无砟轨道

CRTSⅠ型双块式现浇混凝土无砟道床，轨道铺设时以钢轨面作为基准面，使轨道铺设几何形位极为精确，使得铺设施工误差近似于“零”，如图2-4所示。

CRTSⅠ型双块式无砟轨道结构具有以下特点：

(1)系统施工简化，采用预制桁架式轨枕，省去了承轨槽制作浇筑工序；同时，采用专门机械设备及调整定位装置精确的铺设技术。

(2)对土质路基、桥梁、高架桥、隧道、道岔区以及减振区段，采用同一结构类型，技术要求、标准相对单一，施工质量容易控制，更适用于高速铁路。

(3)槽形板的取消，使得支承层混凝土的浇筑捣固作业质量更易于保证。

图 2-4　CRTSⅠ型双块式轨道板结构实物图

(4)桁架式轨枕采用自动操作铺设工艺，提高了作业效率，利于降低成本。

(5)桁架式轨枕与现浇道床混凝土共同形成道床板，提高了轨道结构的整体性，改善了结构受力。由于桁架式轨枕与现浇道床混凝土为非预应力混凝土，最大限度地降低了混凝土体积收缩和温度应力形成的变形。

(6)两轨枕块之间用钢筋桁梁连接，有利于轨距保持稳定。

(7)道床表面简洁、平整、美观漂亮。

五、CRTSⅡ型双块式无砟轨道

CRTSⅡ型双块式无砟轨道与CRTSⅠ型双块式无砟轨道相似，都是在水硬性混凝土承载层上铺设双块埋入式无砟轨道，但采用的施工工艺不同。其特点是先灌注轨道板混凝土，然后将双块式轨枕安装就位，通过振动法将轨枕嵌入压实的混凝土中，直至到达精确的位置。CRTSⅡ型双块式无砟轨道结构如图 2-5 所示。

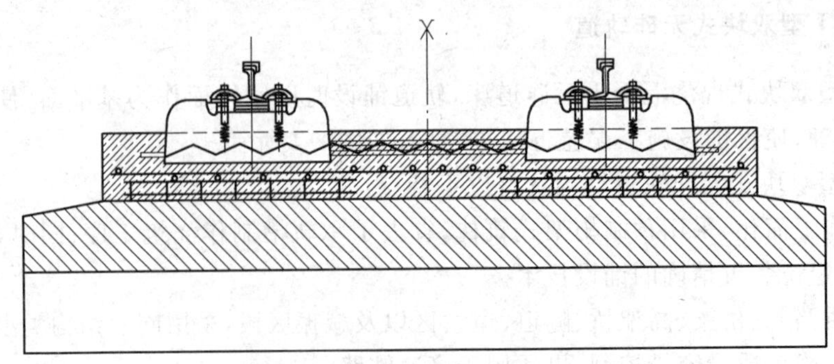

图 2-5　CRTSⅡ型双块式无砟轨道结构图

CRTSⅡ双块式无砟轨道结构特点如下：

(1)具有较明显的层状结构，为刚度逐层递减的结构体系。

(2)为加强与道床的联结，轨枕设计为钢筋桁架联结的双块式轨枕。

(3)路基和隧道地段无砟轨道连续浇筑。

(4)道床板采用单层配筋，纵向配筋率0.8%～0.9%。

(5)采用机械化施工，将轨枕振动嵌入现浇混凝土。

第二节　钢　　轨

钢轨是高速铁路线路的主要组成部件。其功用在于引导动车组车轮前进，承受车轮的巨大压力，并传递到轨枕上。钢轨必须为车轮提供连续、平顺和阻力最小的滚动表面。在电气化铁道或自动闭塞区段，钢轨还兼做轨道电路之用。

钢轨的工作条件十分复杂。车轮施加于钢轨上的作用力，其大小、方面和位置都具有很大的随机性。它们均和动车组与轨道的相互作用有关。除轮载外，气候及其他因素对钢轨受力也有影响。例如，轨温的变化可以使钢轨内部产生很大的温度力，特别是无缝线路上。钢轨是作为一根支承在连续弹性基础或点支承上的无限长梁进行工作的。它主要承受轮载作用下的弯曲应力，但是也必须有能力承担轮轨接触点上的接触应力，以及轨腰与轨头或轨底连接处可能产生的局部应力和温度变化作用下的温度应力。在轮载和温度力的作用下，钢轨产生复杂的变形：压缩、伸长、弯曲、扭转、压溃、磨耗等。

为使动车组能够安全、平稳和不间断地运行，钢轨除必须充分发挥上述诸功能外，还应保证在轮载和轨温变化作用下，应力和变形均不超过规定的限值。这就要求钢轨具有足够的强度、韧性和耐磨性能。

动车组动车依靠其动轮与钢轨顶面之间的摩擦作用牵引列车前进，这就要求钢轨顶面粗糙，使车轮与钢轨之间产生足够的摩擦力。但对动车组拖车辆来说，摩擦阻力太大会使行车阻力增加，这就又要求钢轨有一个光滑的滚动表面。从这一矛盾的主要方面出发，钢轨仍应维持其光滑的表面，必要时，可用向轨面撒砂的方法提高动轮与钢轨之间的黏着力。

钢轨依靠本身的刚度抵抗轮载作用下的弹性弯曲，但为了减轻车轮对钢轨的动力冲击作用，防止动车组步行部分及钢轨的折损，又要求钢轨具有必要的弹性。车轮与钢轨之间接触面积很小，而来自车轮的压力却十分巨大，为使钢轨不致被压陷或磨耗太快，钢轨应具有足够的硬度。但硬度太高，钢轨又容易受冲击而折损，因此，要求钢轨具有一定的韧性。

一、钢轨类型

世界铁路所用钢轨的类型通常按每延米质量来分，一般在轴重大、运量大和速度高的线路

上，采用质量大的钢轨；在次要线路上使用的钢轨质量相对要小一些。我国铁路所使用的钢轨重量有 38 kg/m、43 kg/m、50 kg/m、60 kg/m 和 75 kg/m 等几种类型。钢轨刚度的大小直接影响到轨道总刚度的大小。轨道总刚度越小，在列车动荷载作用下钢轨挠度就越大，对于低速列车来说，不影响行车的要求，但对于高速列车，则就会影响到列车的舒适度和运行速度的提高。

世界各国高速铁路基本上都采用了 60 kg/m 的钢轨，如日本新干线、法国 TGV 和德国 ICE 高速铁路所采用的钢轨均为 60 kg/m。我国 CHN60（实际重量为 60.64 kg/m）钢轨截面与 UIC60（实际重量为 60.34 kg/m）钢轨截面相似，特别是轨顶面为五段式弧线。经轮轨动力仿真计算，在轮轨几何接触、轮轨动力性能、轮轨磨耗及现场实际使用效果等方面，国产 CHN60 钢轨截面与 UIC60 钢轨截面没有明显的差异。高速铁路钢轨的重量没有随动车组运行速度的提高而增大，主要原因是高速铁路线路的半径较大，钢轨磨耗减轻；高速动车组的轴重相对较轻。从现场对钢轨的使用、管理、钢轨与接头扣件、中间扣件及道岔的配套方面，和工务部门维修备件的装备及钢厂生产工艺和设备的简化，以及生产短轨的利用方面考虑，为提高总体经济效益，我国高速铁路也倾向于采用 CHN60 钢轨。

随着铁路运输的发展，世界各国修建高速和重载铁路，对钢轨的性能提出了更高的要求。由于高速铁路和重载铁路都采用无缝线路，钢轨定尺长越短，钢轨焊接接头越多，所以，世界各国都大力发展长定尺钢轨，我国用于新建高速铁路的长定尺钢轨的长度为 100 m。

二、钢轨截面

作用于直线轨道钢轨上的力，主要是竖直力。其结果是使钢轨挠曲。因此，钢轨被视为支承在连续弹性基础上的无限长梁，而梁抵抗挠曲的最佳断面形状为工字形。因此，钢轨采用工字形断面，由轨头、轨腰和轨底三部分组成，如图 2-6 所示。

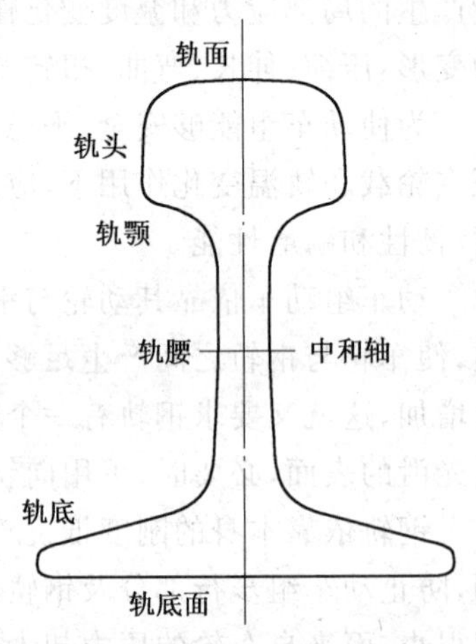

图 2-6　钢轨截面形状示意图

钢轨头部是直接和车轮接触的部分，应有抵抗压溃和耐磨的能力，故轨头宜大而厚，并应具有和车轮踏面相适应的外形。钢轨头部顶面应有足够的宽度，使在其上面滚动的车轮踏面和轨头顶面磨耗均匀。钢轨头部顶面应轧制成隆起的圆弧，使由车轮传来的压力更能集中于轨轴。钢轨被车轮长期滚压以后，顶面近似于 200～300 mm 半径的圆弧。因此，在我国铁路上，较轻型钢轨的项面，常轧制成一个半径为 300 mm 的圆弧，而较重型钢轨的顶面，则用三个半径分别为 80 mm、300 mm、80 mm 或 80 mm、500 mm、80 mm 的复合圆弧组成。

为使钢轨有较大的承载能力和抗弯能力，钢轨腰部必须有足够的厚度和高度。轨腰的两侧为曲线。轨腰与钢轨头部及底部的连接，必须保证夹板能有足够的支承面。

钢轨底部直接支承在轨枕顶面上。为保持钢轨稳定，轨底应有足够的宽度和厚度，并具有必要的刚度和抵抗锈蚀的能力。

钢轨的头部顶面宽(b)、轨腰厚(t)、轨身高(H)及轨底宽(B)是钢轨断面的四个主要参数。钢轨高度应尽可能大一些，以保证有足够的惯性矩及断面系数来承受竖直轮载的动力作用。但钢轨愈高，其在横向水平力作用下的稳定性愈差。轨身高与轨底宽之间应有一个适当的比例。一般要求轨高与轨底宽之比为1.15～1.20。为使钢轨轧制冷却均匀，要求轨头、轨腰及轨底的面积分配，有一个较合适的比例。

三、钢轨材质和机械性能

钢轨的材质和机械性能主要取决于钢轨的化学成分、物理力学性能、金属组织及热处理工艺。

钢轨钢的化学成分除含铁(Fe)外，还含有碳(C)、锰(Mn)、硅(Si)及磷(P)、硫(S)等元素。碳对钢的性质影响最大。提高钢的含碳量，其抗拉强度、耐磨性及硬度均迅速增加。例如，当含碳量从0.35%增加为0.65%，可使平炉钢轨的耐磨性能提高60%。但含碳量过高，也会使钢轨的伸长率、断面收缩率和冲击韧性显著下降。因此，一般含碳量不超过0.82%。

锰可以提高钢的强度和韧性，去除有害的氧化铁和硫夹杂物，其含量一般为0.6%～1.0%。锰含量超过1.2%者称中锰钢，其抗磨性能很高。

硅易与氧化合，故能去除钢中气泡，增加密度，使钢质密实细致。在碳素钢中，硅含量一般为0.15%～0.30%，提高钢的含硅量也能提高钢轨的耐磨性能。

磷与硫在钢中均属有害成分。磷过多(超过0.1%)，使钢轨具有冷脆性，在冬季严寒地区，易突然断裂。硫不溶于铁，不论含量多少均生成硫化铁，在985 ℃时，呈晶态结晶析出。这种晶体性脆易溶，使金属在800℃～1 200 ℃时发脆，在钢轨轧制或热加工过程中容易出现大量废品。所以磷、硫的含量必须严格加以控制。

钢轨的力学性能也是钢轨的主要特性，包括强度极限σ_b、屈服极限σ_s、疲劳极限σ_r、延伸率δ_s、断面收缩率ψ、冲击韧性a_k及布氏硬度指标HB等。这些指标对钢轨的承载能力、磨耗、压溃、断裂及其他伤损有很大的影响。高速铁路钢轨还对裂纹扩展速度、残余应力、落锤性能等提出了比常速铁路更高的要求。

近几年来，我国钢轨制造技术和工艺都有较大的进步。京沪高速铁路根据世界各国高速铁路对钢轨的力学性能要求，提出了相应的技术条件，各项指标值大体是参照UIC900A和EN标准制订的。

钢轨硬度是一项重要指标，高硬度的钢轨一般较耐磨(要与车轮的硬度相匹配)，其使用寿命也相应提高。对于普通的高碳钢钢轨，一般布氏硬度为280～300 HB，但低的也有260 HB。对于特殊要求的钢轨，如曲线钢轨，当钢轨在800 ℃以上时，采用水雾冷却，使钢轨的硬度达355～390 HB。目前，对钢轨的热处理分两种，一种是铁路工务部门对钢轨轨头淬火，一种是钢铁厂在钢轨出厂前根据技术标准对钢轨进行淬火等热处理，一般钢铁厂对钢轨淬火的质量较好。经工厂热处理的钢轨大大减小了钢体中珠光体薄片的间距，钢轨的最高硬度可达400 HB。

四、钢轨尺寸允许偏差及平直度要求

钢轨截面尺寸偏差和平直度也是钢轨质量的一个重要指标。如采用截面尺寸偏差过大，平直度不良的钢轨，则很难铺设高质量的轨道。为保证动车组运行的平稳性，要求轨道几何形位稳定，轨头的轮轨接触光带位置及宽度稳定，而要达到这一点，高精度的外形尺寸和高平直度的钢轨是必不可少的。

第三节　扣　　件

无砟轨道扣件系统，具体分类及适用范围见表2-1。

表2-1　常用扣件类型及适用范围

扣件类型	适用轨道类型
高速铁路用WJ－7型扣件	无砟轨道，无挡肩
高速铁路用WJ－8型扣件	无砟轨道，有挡肩
WJ-7B型扣件	CRTSⅠ型板式、CRTSⅡ型无挡肩板式
WJ-8B型扣件	CRTSⅡ型双块式
WJ-8C型扣件	CRTSⅡ型有挡肩板式
300-1型扣件	CRTSⅠ型双块式
VosslohSKL-12型扣件	长枕埋入式、板式道岔(国外进口)
高速铁路用弹条Ⅳ型扣件	有砟轨道，无挡肩
高速铁路用弹条Ⅴ型扣件	有砟轨道，有挡肩

一、高速铁路用WJ-7型扣件

WJ-7型扣件系统是为适应铺设各类无挡肩无砟轨道，满足高速铁路扣件系统技术要求而研发的一种无砟轨道扣件系统，是在原WJ-1型和WJ-2型无砟轨道扣件系统基础上优化而成的。该扣件系统在桥上、隧道内和路基上埋入式轨枕(双块式轨枕和长轨枕)和板式无砟轨道均可应用。针对高速铁路无砟轨道扣件系统需要解决的高弹性、高绝缘、结构通用性强、弹条扣压力衰减小和疲劳强度高、与基础可靠联结、钢轨高低和左右位置调整量大等关键技术问

题，本扣件系统研究中作了以下几方面的优化改进：①提高扣件结构的通用性；②提高扣件系统绝缘性能；③降低弹条扣压力衰减，提高其疲劳强度；④提高扣件系统与基础联结的可靠性；⑤降低扣件系统的刚度；⑥提高T形螺栓在铁垫板中固定的可靠性。

1. 系统组成

如图2-7所示，扣件系统由T形螺栓、螺母、平垫圈、弹条、绝缘块、铁垫板、绝缘缓冲垫板、轨下垫板、锚固螺栓、重型弹簧垫圈、平垫块和定位于混凝土轨枕或轨道板的预埋套管组成。钢轨高低调整时采用调高垫板（分轨下调高垫板和铁垫板下调高垫板）。

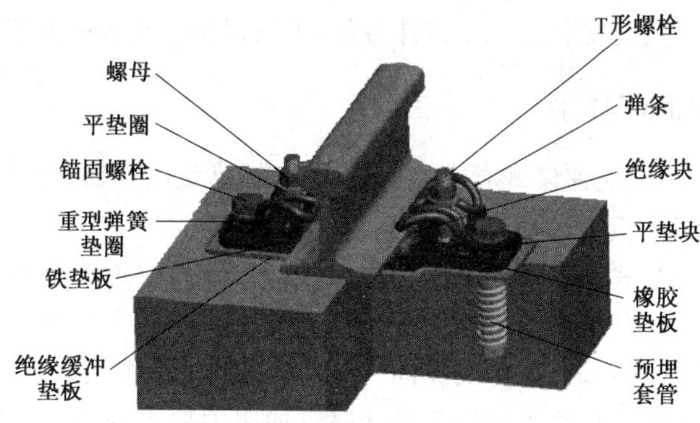

图2-7　WJ-7型扣件结构示意图

2. 结构特征

本扣件系统为带铁垫板的无挡肩弹性分开式结构，具有以下结构特征：

①混凝土轨枕或轨道板承轨槽不设混凝土挡肩，铁垫板上设置1∶40轨底坡，混凝土轨枕或轨道板承轨面为平坡，既可用于轨枕（双块轨枕、长枕）埋入式无砟轨道，又可用于轨道板无砟轨道，动车组传来的横向荷载主要由铁垫板的摩擦力克服。

②钢轨轨底与铁垫板间设橡胶垫板，实现系统的弹性。通过更换不同刚度的轨下垫板可分别适应350 km/h高速铁路和250 km/h高速铁路（兼顾货运）的运营条件。

③铁垫板上设有T形螺栓插入座和钢轨挡肩，通过拧紧T形螺栓的螺母紧固弹条。配套设计的弹条比既有线上的弹条弹程大（各种弹条弹程均为14 mm），疲劳强度高，在采用较低刚度轨下弹性垫层时弹条的扣压力衰减小。

④铁垫板上钢轨挡肩与钢轨间设有绝缘块，用以提高扣件系统的绝缘性能。

⑤铁垫板与混凝土枕或轨道板间设绝缘缓冲垫板，缓冲动车组荷载对混凝土枕或轨道板的冲击，同时提高系统的绝缘性能。绝缘缓冲垫板周边设凸肋并留有排水口，可有效地提高水膜电阻。

⑥同一铁垫板可安装多种弹条（常规扣压力弹条和小扣压力弹条），配合使用摩擦系数不同的轨下垫板（橡胶垫板或复合垫板）可获得不同的线路阻力，既可用于要求大阻力的地段，又可用于要求小阻力的地段，满足各种线路条件下铺设无缝线路的要求。

⑦铁垫板通过锚固螺栓与预埋于混凝土枕或轨道板中的绝缘套管配合紧固。预埋套管上设有螺旋筋定位孔，便于螺旋筋准确定位。混凝土枕或轨道板中的预埋套管中心对称布置，便于混凝土枕或轨道板的布筋设计。

⑧调整轨向和轨距时无需任何备件，通过移动带有长圆孔的铁垫板来实现，为连续无级调整，可精确设置轨向和轨距且作业简单方便。

⑨钢轨高低位置调整量大，满足无砟轨道的使用要求，在轨下垫入充填式垫板可实现高低的无级调整。

⑩本扣件在钢轨接头处安装时无需特殊备件，不妨碍接头夹板的安装。

二、高速铁路用 WJ-8 型扣件

WJ-8 型扣件就是为适应铺设既有有挡肩无砟轨道，满足高速铁路扣件系统的技术要求而研发的一种无砟轨道扣件系统。

该扣件系统是在原板式和双块式无砟轨道承轨槽尺寸和位置限定的条件下设计的，属带铁垫板的弹性不分开式扣件结构。本扣件的研发重点在以下几个方面：①确定扣件系统的基本结构，使结构稳定和合理；②研究解决在同一结构上既可安装常规扣压力弹条又可安装小扣压力弹条以满足路基、隧道、桥梁上铺设无缝线路纵向阻力要求的技术措施；③采取措施提高扣件系统的绝缘性能；④研究提高系统弹性的技术措施并配套研发长寿命高弹性减振垫层及与之相适应的高疲劳强度弹条。

1. 系统组成

如图 2-8 所示，扣件系统由螺旋道钉、平垫圈、弹条、绝缘块、轨距挡板、轨下垫板、铁垫板、铁垫板下弹性垫板和定位于混凝土轨枕或轨道板的预埋套管组成。钢轨高低调整时采用调高垫板（分轨下调高垫板和铁垫板下调高垫板）。

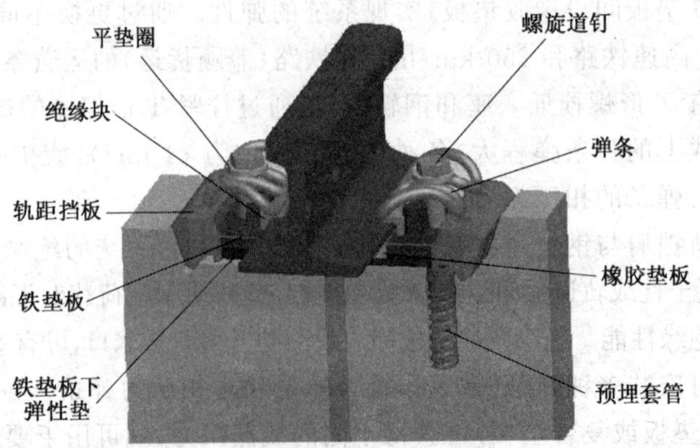

图 2-8　WJ-8 型扣件结构示意图

2. 结构特征

①扣件系统为带铁垫板的弹性不分开式扣件，混凝土轨枕或轨道板承轨槽设混凝土挡肩，由钢轨传递而来的列车横向荷载通过铁垫板和轨距挡板，最后传递至混凝土挡肩，降低了横向荷载的作用位置，使结构更加稳定。

②铁垫板上设挡肩，挡肩与钢轨之间设置工程塑料制成的绝缘块，不仅可以缓冲钢轨对铁垫板的冲击，而且大幅提高扣件系统的绝缘性能，尤其是提高系统在降雨时的绝缘电阻。

③铁垫板与混凝土挡肩间设置工程塑料制成的轨距挡板，用以保持和调整轨距，同时起绝缘作用。

④同一铁垫板可安装多种弹条(常规扣压力弹条和小扣压力弹条)，配合使用摩擦系数不同的轨下垫板(橡胶垫板或复合垫板)可获得不同的线路阻力，既可用于要求大阻力的地段，又可用于要求小阻力的地段，满足各种线路条件下铺设无缝线路的要求。

⑤扣件组装紧固螺旋道钉时，以弹条中肢前端接触轨底为准，避免了在钢轨与铁垫板间垫入调高垫板时弹条扣压力不足或弹条应力过大。

⑥采用与 WJ－7 型扣件相同的弹条，弹程大，疲劳强度高，在采用较低刚度弹性垫层时弹条的扣压力衰减小。

⑦铁垫板下设弹性垫层，扣件系统具有良好的弹性，垫层采用长寿命热塑性弹性体材料制成。

三、高速铁路用弹条Ⅳ型扣件

弹条Ⅳ型扣件系统是为满足高速铁路运营条件，针对铺设预应力混凝土无挡肩枕的有砟轨道的线路条件，并依据“扣件系统技术条件”而设计的一种无挡肩无螺栓扣件系统，是在原弹条Ⅲ型扣件系统的基础上经多年深入研究和大量试验优化改进而成的。弹条Ⅳ型扣件系统重点在以下几个方面优化完善：①对弹条的结构进一步优化，降低其工作应力，减小残余变形；②橡胶垫板物理性能采用 UIC 标准与国际接轨；③为实现轨距的精确调整，绝缘轨距块号码按1 mm 一级配置；④对零部件的制造验收提出更高要求。

1. 系统组成

扣件系统的连接组装如图 2-9 所示，扣件系统由 C4 型弹条、绝缘轨距块、橡胶垫板和定位于预应力混凝土无挡肩枕的预埋铁座组成。钢轨接头处采用 JA、JB 型弹条和接头绝缘轨距块。

2. 结构特征

弹条Ⅳ型扣件系统为无螺栓扣件系统，属轨枕不带混凝土挡肩的弹性不分开式扣件。具有零部件少，结构紧凑，扣压力大，保持轨距能力强，维修工作量少等优点，尤其适用于采用大型机械作业的线路。其主要结构特征如下：

①在制作混凝土轨枕时预先埋设预埋铁座，弹条通过插入预埋铁座扣压钢轨，无需螺栓紧固。

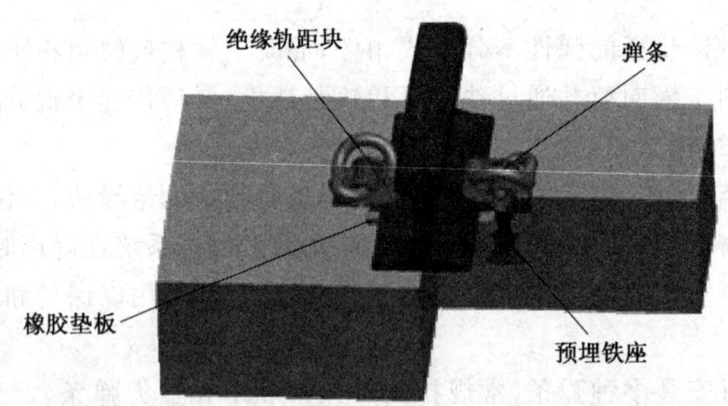

图 2-9　弹条Ⅳ型扣件系统结构示意图

②预埋铁座挡肩与钢轨间设置绝缘轨距块用以调整轨距并起绝缘作用，通过更换不同号码的绝缘轨距块可实现钢轨左右位置调整。

③钢轨与混凝土轨枕承轨面间设橡胶垫板起绝缘缓冲和减振作用。

④扣件系统与预应力混凝土无挡肩轨枕配套使用。弹条Ⅳ型扣件结构可以安装在原Ⅲb型预应力混凝土枕上。

四、高速铁路用弹条Ⅴ型扣件

弹条Ⅴ型扣件系统是为满足高速铁路运营条件，针对铺设预应力混凝土有挡肩枕的有砟轨道的线路条件，并依据"扣件系统技术条件"而设计的一种有挡肩有螺栓扣件系统。该扣件系统是在原弹条Ⅰ、Ⅱ型扣件、弹条Ⅰ型调高扣件以及小阻力扣件的基础上，保持现有轨枕承轨槽尺寸和位置不变的条件下改进而成的。

本扣件系统在原有扣件结构的基础上重点对以下几方面进行优化改进：①提高扣件系统的绝缘性能；②提高弹条的疲劳性能；③同时考虑可安装小扣压力弹条和摩擦系数小的复合垫板，具备小阻力扣件的功能。

1. 系统组成

扣件系统的连接组装如图 2-10 所示，扣件系统由弹条、螺旋道钉、平垫圈、轨距挡板、轨下垫板和定位于预应力混凝土有挡肩枕的预埋套管组成。钢轨高低调整时采用调高垫板。

2. 结构特征

本扣件为有螺栓扣件系统，属轨枕带混凝土挡肩的弹性不分开式扣件。扣件具有以下结构特征：

①采用螺旋道钉与套管配合紧固弹条，提高了扣件系统的绝缘性能。

②可安装多种弹条，既可安装大扣压力弹条也可安装小扣压力弹条。配合不同摩擦系数

的轨下垫板(橡胶垫板或复合垫板),满足不同线路阻力的要求。

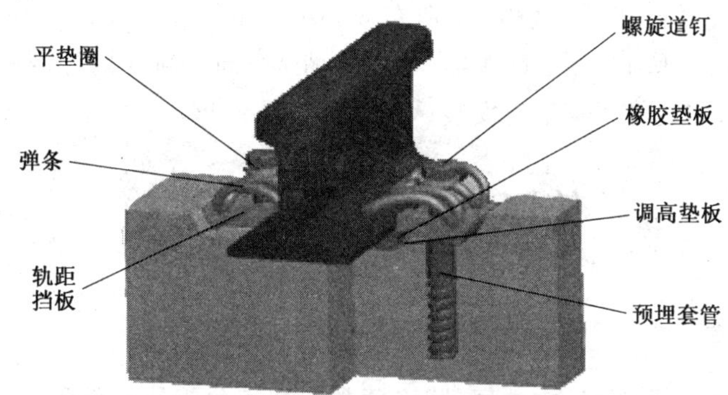

图 2-10　弹条Ⅴ型扣件系统结构示意图

③利用工程塑料制造的轨距挡板调整轨距并起绝缘作用,减少扣件部件数量,避免调整轨距时影响螺旋道钉的受力状态。

④通过在轨下垫板与混凝土轨枕承轨面间垫入调高垫板实现钢轨高低调整。

五、FC 型扣件

1. 系统组成

FC 型扣件由快速弹条、绝缘帽、预埋底座、绝缘轨距挡块和橡胶垫板组成,如图 2-11 所示。

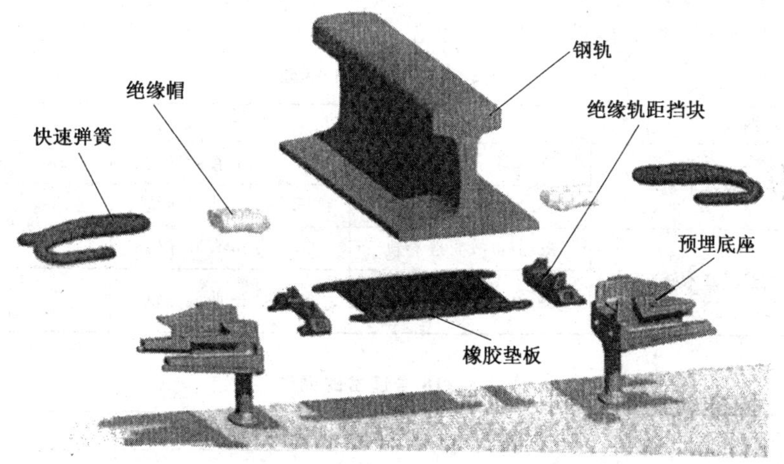

图 2-11　FC 型扣件部件组成

2. 结构特征

① FC 型扣件弹条有 FC1504 型、FC1502 型和 FC1306 型三种,其中,FC1504 型和 FC1306 型弹条分别配用 8494 型和 12133 型绝缘帽,且出厂时已将绝缘帽装配在相应的弹条

上,FC1502 型弹条不安装绝缘帽。

②绝缘轨距挡块共有 10 个规格,分别有 6 mm、7 mm、8 mm、9 mm、10 mm、11 mm、12 mm、13 mm、14 mm 和 15 mm 等厚度。标准轨距时,同一轨底内外两侧分别采用 10 mm 厚度和 11 mm 厚度,安装时两两配对安装。

第四节 高速道岔

一、板式无砟道岔

板式无砟道岔主要由水硬性支撑层、博格预制板和道岔钢轨组件组成。其中道岔钢轨组件主要包括以下几部分:

(1)道岔尖轨部分。包括直股基本轨、曲股基本轨、曲股尖轨和直股尖轨。

(2)连接部分。包括直股导轨和曲股导轨;其中 18 号道岔有 6 根导轨,50 号道岔有 10 根导轨。

(3)辙叉部分。包括护轨和辙叉。

(4)电务部分。包括电转机、密检器、下拉装置以及附属和保护装置。

板式高速道岔为德国技术,主要有两种,时速 350 km 高速铁路 60 kg/m18 号可动心轨高速道岔;道岔为时速 350 km 高速铁路 60 kg/m 50 号可动心轨高速道岔。18 号道岔钢轨总长 69 m,50 号道岔钢轨总长 176.113 m。

不同道岔的钢轨段长规格见表 2-2、表 2-3。

表 2-2　50 号道岔的钢轨

<table>
<tr><th>直线/曲线</th><th colspan="3">钢轨组成</th></tr>
<tr><td rowspan="2">63.146 m 直线段基本轨</td><td>58.186 m 直股导轨</td><td>25.785 m 直股导轨</td><td>28.98 m 直股导轨</td></tr>
<tr><td>58.198 m 曲股导轨</td><td>35.782 m 曲股导轨</td><td rowspan="2">28.98 m 辙叉</td></tr>
<tr><td rowspan="2">63.146 m 曲线段基本轨</td><td>58.186 m 直股导轨</td><td>25.785 m 直股导轨</td></tr>
<tr><td>58.195 m 曲股导轨</td><td>35.782 m 曲股导轨</td><td>28.963 m 曲股导轨</td></tr>
</table>

表 2-3　18 号道岔的钢轨

<table>
<tr><th>直线/曲线</th><th colspan="2">钢轨组成</th></tr>
<tr><td rowspan="2">24.596 m 直线段基本轨</td><td>29.413 m 直股导轨</td><td>14.979 m 直股导轨</td></tr>
<tr><td>29.403 m 曲股导轨</td><td rowspan="2">15.014 m 辙叉</td></tr>
<tr><td rowspan="2">24.596 m 曲线段基本轨</td><td>29.37 m 直股导轨</td></tr>
<tr><td>21.577 m 曲股导轨</td><td>22.762 m 曲股导轨</td></tr>
</table>

博格板式无砟道岔按以下顺序进行安装：

(1)清洁表面及博格预制板中的凹槽。清洁博格预制板是为了防止板上的脏物影响道岔的高程。清洁表面及凹槽(如脏物、灰尘、混凝土块)时要注意,孔中或其他缝隙中有无其他杂物。

(2)卸除螺栓。卸除M27螺栓,并把润滑油(黄油)涂在螺杆的螺纹上,安装前须清洁脏螺纹,否则会损伤螺栓,注意,保护润滑后螺栓不被弄脏(如图2-12所示)。

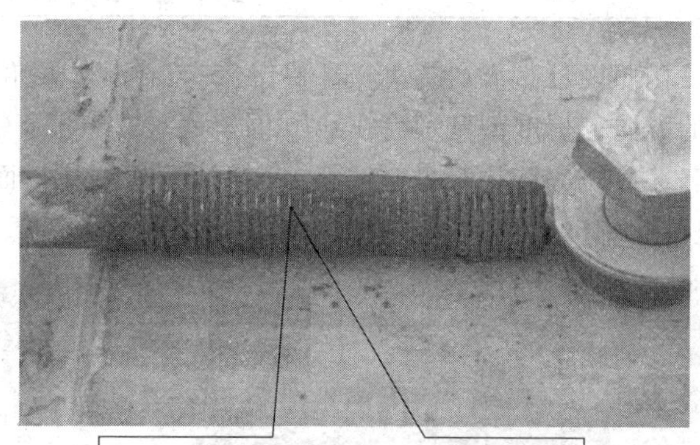

安装前须清洁脏螺纹，否则会损害螺栓

图2-12　安装前进行清洁螺栓实物图

(3)安装垫片。在专业技术人员的指导下,组合并嵌入垫片(图2-13);在安装垫片的时候要检查垫片的型号和厚度,大部分区域都是加6 mm垫片,在辙叉区域会需要多个垫片,安装垫片时要检查垫片的型号和厚度(表2-4)。

图2-13　轨道垫片实物图

表 2-4　垫片型号与厚度

轨枕号	预装(mm)	安装型号
95	15	6＋6＋3－4
96	16	10＋6－4
97	15	6＋6＋3－5
98	14	6＋6＋2－5
99	14	6＋6＋2－6

(4)安装弹性基板。按照设计把弹性基板(图 2-14)安装在规定的位置,注意在安装标准型基板时,要注意基板的方向。标准型基板有 1∶40 的轨底坡,一侧标有三角形标志,应把有三角形标准的对向外侧,在放轨底胶垫时也应注意方向问题,倾斜基板面搭配平直式轨垫,平直基板面搭配倾斜形垫(图 2-15)。

图 2-14　弹性基板实物图

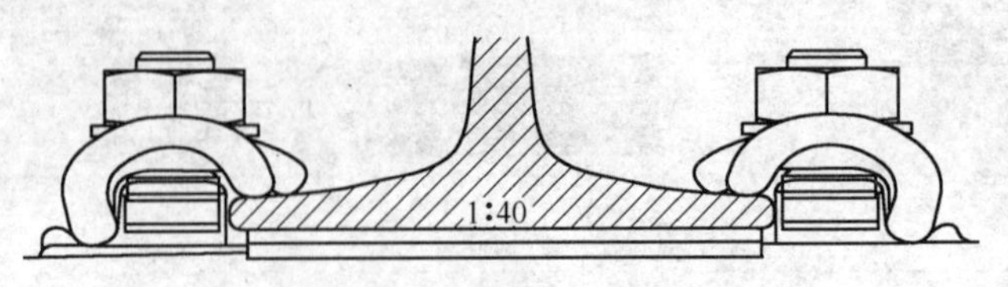

注：锥形垫片的位置斜度 (1:40)

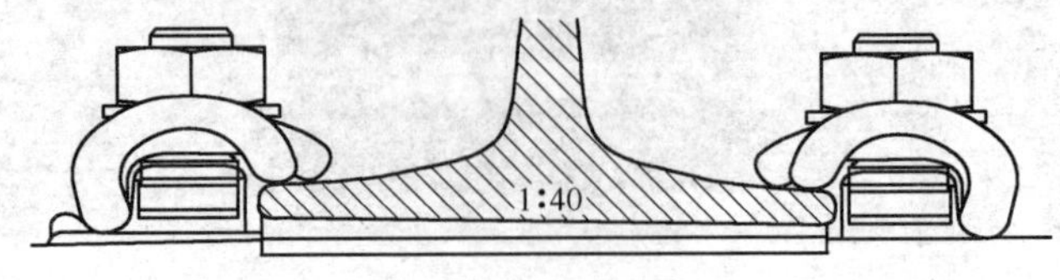

图 2-15　轨垫实物图

(5)扣紧螺栓。将调整锥安装在基板的椭圆套筒中,然后将带有盘簧的六角螺栓及盖板,再用电动扳手紧固螺栓,并用扭力扳手检查是否有 300 N·m,并注意在螺栓润滑后应立即安装,在用电动扳拧紧螺栓前先用手拧进螺栓至螺母,防止用电动扳手拧紧螺栓时损坏丝口(图 2-16)。

图 2-16　螺栓安装实景图

(6)安装钢轨、紧固弹条。在安装钢轨前要对所有钢轨支座轨垫的安装位置及方向进行检查,因缺少、偏移、错误的轨垫安装会影响调整工作,在确认后方可安装钢轨。通过在博格板上的控制点,用垂球、方尺等工具对钢轨进行定位。在对道岔进行定位时,先用博格板上的控制点对直基本轨进行定位,在直基本轨定位好后,通过直基本轨前端上的样充点对曲基板轨进行定位,通过直、曲基本轨后端上的样充点对直、曲尖轨进行定位,然后对心轨进行定位;当对这两个区域定位完成后,对中间导轨部分和辙岔部分进行安装,在安装时要预留出 4 mm 的轨缝,然后安装钢轨扣件(T 头螺栓、弹条、垫圈及螺母)并打紧,在紧固钢轨扣件时,弹条中环到钢轨的距离要留在 0.1～1 mm 之间,并注意在紧固扣件前,必须让钢轨紧贴非工作边。

(7)安装锁闭装置、密检装置、下拉装置。在设计位置安装锁闭装置、下拉装置固定板以及安装检测杆垫块,要注意六角螺栓与垫块的配套(用六角螺栓 M27×340 固定固定板,用六角螺栓 M27×320 固定检测杆垫块);在组装 HRS 锁闭装置时,先把锁闭件组装到基本轨上,然后连接鱼尾板和连接杆,再组装点承式伸缩支撑杆 BKL80,最后精调锁闭装置,在安装密贴检查装置时,先装检测杆和密检器,然后在尖轨密贴状态下按照安装及维护手册进行调整工作。

(8)精调道岔。在安装好道岔后,并在道岔密贴情况良好的情况下,对道岔进行第一次数据采集,然后通过专业的优化软件对采集的数据进行优化。先分析专业软件得到的测量数据,在分析的时候要注意数据的符号法则,在优化软件中,在面对岔心时,平面的负值表示要往左调整,正值时要往右调整;高程负值时表示降低,正值时表示升高;然后建立调整锥列表,并在工地上松螺栓，安装相应调整锥、垫片和紧固螺栓，同时，要在列表上记录使用的调整锥和垫片的位置和型号。

二、埋入式道岔

埋入式无砟道岔主要由水硬性支撑层、岔枕、道岔钢轨组件和C40道床板混凝土组成。其中道岔钢轨组件主要包括以下几部分：

(1)道岔转辙器部分，包括直线段基本轨、曲线段基本轨、曲线段尖轨和直线段尖轨。

(2)连接部分，包括直线段导轨和曲线上导轨。

(3)辙叉部分，包括基本轨、护轨和辙叉。

埋入式道岔为时速350 km高速铁路60 kg/m 18号可动心轨高速道岔；类型有单开道岔、渡线道岔。

埋入式无砟道岔按以下顺序进行安装：

(1)CPⅢ控制基桩交接及支承层复测。测量人员从线下单位接收CPⅢ控制基桩并对支承层的标高、宽度、平整度进行复测。当CPⅢ点复核结果与线下单位接收的CPⅢ测量成果满足技术条件的限差要求时，就利用CPⅢ点测量成果，用徕卡全站仪自由测站，在直股的岔前、岔心、岔尾及两处轨排接缝和曲股岔尾以及道岔前后50～100 m范围内设置控制桩。

(2)布设道岔纵移走行轨。根据岔前、岔心、岔尾中心桩用墨线弹出道岔直股中线，利用全站仪测中线外移桩，定好道岔轨顶标高；用直股中线结合纵移台车轮距，在中心线两侧布设70多米长的走行轨，把卸在纵移台车上的道岔(后期因工装数量原因，道岔直接放在岔区外的支承层上)，引到道岔的设计位置。

(3)道床板纵向钢筋布设。从线下施工单位交接过来的支承层(伸缩缝已切割完毕)符合施工条件后，用高压水枪清洗支承层表面。道岔放样完毕后在走行轨内，预先按照设计数量，将提前按设计图纸下料纵向钢筋放置在支承层顶面。

(4)推送纵移小车到岔区位置及岔前、岔尾初步定位。人工通过纵移台车及走行轨推送岔前、岔尾段到道岔定位位置，中间段散枕用人工抬到标示枕距的走行轨上，按设计顺序安放岔枕，以钢尺控制，按设计调整岔枕间隔。

(5)导曲线段轨排组装和渡线的组装。导曲线段岔枕按设计要求排放好后，钢轨件组装前须对钢轨质量进行检查，严格控制钢轨弯曲(包括高低和水平)，若有较大质量差异应用校正设备进行校直。然后将线路一侧的导曲线钢轨抬到岔枕上，组装导曲线轨排。钢轨抬到位后，逐段拨正钢轨，使钢轨落槽，然后进行方向、轨距、密贴调整，调整基本到位后紧固扣件，扣件螺栓采用测力扳手终拧，紧固力矩符合设计规定。最后，用与钢轨配套的夹板及无眼夹具把导曲线钢轨与岔前、岔尾钢轨连成整体。

(6)调节螺杆支撑架安装及纵移台车、走行轨移除。整组道岔拼装完后，进行方向调整。

线性基本调整后，采用起道机同时抬升轨排，将道岔轨排顶起，使用岔枕两端预留孔安装调节螺杆支撑架(控制标高低于设计标高 5～10 mm)，移除纵移台车及走行轨。

(7)道岔标高粗调。

①利用前期全站仪测中线外移桩定好的道岔轨顶标高，并以测量交底下到施工队；线路工用交底上的测量数据将高程调整到设计标高 5 mm 以下。

②横向调整锚固螺栓及侧向三角支撑架安装。在道岔直股侧隔三个岔枕边的支承层上用钻孔取心机钻眼，把锚固螺栓埋入并与岔枕底部钢筋焊接，然后用砂浆固定。通过调节与岔枕底部钢筋焊接的螺栓来进行道岔水平位置的调整同时固定道岔。在道岔的曲股侧安装侧向三角支撑架，加强对道岔的稳固。用道尺、支距尺、扳手、钢卷尺等工具，根据 BWG 厂家提供的图纸及设计图纸对道岔的轨距、水平、标高(比设计标高低 5 mm)进行初步调整，以达到具备精调的条件。

(8)道岔一次精调。用轨检小车测量道岔的高程、水平、轨距偏差，结合道岔设计及误差要求，通过岔枕处的调节螺杆丝杆高度精调起平道岔，调节锚固螺栓对水平方向进行调整，以及用轨距拉杆对轨距进行调整。精调时，高程、水平、轨距偏差等各项指标以确保直股控制在±1 mm误差范围内为主，同时兼顾曲股。

(9)钢筋绑扎和接地处理及绝缘测试。按照设计要求绑扎道床板钢筋，采用 HRB 热轧带肋钢筋，除根据设计要求纵、横向接地钢筋采用焊接外，道床板内纵向钢筋与横向钢筋、岔枕桁架钢筋交点处及纵向钢筋搭接处，根据设计要求均设置绝缘卡。保证同一截面内，同一根钢筋上不超过一个接头。保护层使用与道床板相同等级的混凝土垫块。根据设计要求，焊接接地钢筋，正确设置接地端子。钢筋绑扎及接地处理完成后，进行绝缘性能测试，确保绝缘效果。

(10)钢筋绑扎与立模前的精调。

①第一次精调结束与立模后到最后一次精调期间，每晚对道岔进行精调。具体操作如下：利用轨检车上的数据显示，用活动扳手通过对岔枕两端的调节螺杆和横向调节地锚螺栓来调节标高、水平、轨距，并采集当晚的数据，第二天一早打印出数据，技术员和测量工程师共同对数据比较研究后，到现场指导线路调节工对个别岔枕处不太理想的轨距、水平等进行调节。

②模板安装及固定。模板安装前进行杂物清理，安装用槽钢加工制造的侧向模板，并设置加固装置，转辙器位置标高用木模控制，根据设计图纸对道床板排水坡的要求，在岔枕上弹好墨线；道床板两边高程的控制用墨线在钢模上弹好，为方便夜间施工好辨认墨线，在墨线的边上贴好厚的双面胶。

③道岔最后精调。道岔最后精调采用轨检小车及其他检测工具检测道岔方向、高低、水平、轨距等几何形位指标，根据轨检小车检测数据确定精调数值，随轨检小车移动，根据检测反馈数值逐点对道岔水平、方向进行微调定位，调整后的道岔按高速道岔铺设技术条件中的检测验收项逐项检测道岔，混凝土浇筑前的道岔必须完全满足道岔铺设验收要求。

(11)道岔检查与评估。道岔调整工作完成后,对道岔的钢筋及接地、模板、支撑体系、加固措施、几何线性、最后一次精调数据等进行全面检查与评估,各项工作满足设计要求并具备混凝土浇筑施工条件时,方可进行后序工作施工。

(12)道床板混凝土浇筑。

①根据设计图每 3 根轨枕侧面及模板内表面用墨线弹出道床板标高,道岔最后一次精调到位并固定后,再用轨检小车进行道岔位置的检测并采集数据生成报表存档,然后进行钢轨扣件的覆盖保护,洒水湿润支承层及岔枕;道床板采用 C40 的混凝土浇筑,混凝土入模,采用人工捣固、收光、抹面;灌注顺序从岔中向岔前、岔尾两个方向进行。

②松开调节螺杆及扣件。防止因温度影响钢轨变形传递到早期混凝土,混凝土浇筑完后,根据浇筑时间,松开调节螺杆及扣件;3 h 后松调节螺杆 1/4 圈,原则是每次松 20 根轨枕,再过 3～4 h 完全松开,并取出调节螺杆,同时松开扣件,螺栓帽平齐螺杆即可,调节螺杆取出后,清除混凝土,加适当润滑油后备用。

③养护与拆模。混凝土浇筑 12 h 后,喷洒养护剂,并用土工布覆盖,洒水养护,至少养护 7 d,混凝土达到一定强度后,至少 3 h,可拆除模板;模板拆除后用打磨机打磨,使钢模表面平整光滑,并涂上脱模剂倒运到下组道岔施工现场。

④混凝土残渣的清理。混凝土浇筑过程中,虽有彩条布包裹,但还是会部分污染钢轨、扣件、岔枕表面等;混凝土浇筑 2 d 后,组织人员对钢轨表面、扣件、岔枕表面等部位进行混凝土残渣清理,并水洗。

⑤调节螺杆孔的灌注。混凝土浇筑,拆除调节螺杆后,留下的孔,在 7 d 养护结束后要用 C40 无收缩砂浆进行灌注。

⑥残渣浇筑后的测量。混凝土浇筑结束,7 d 养护后,在上紧钢轨扣件的情况下,对道岔的几何线性再次做检查,用轨检小车采集高程、水平、轨距等数据,一是对比检查道岔在混凝土浇筑前后是否发生变化,对整个支撑体系的稳定性进行评估,其次是发现道岔内部是否存在有超限点,为制定道岔修正方案提供数据支持。道岔修正一般是通过偏心椎体和调高垫片进行调节完成。

(13)施工管理。

①重视在道岔生产厂家的验收工作,杜绝不合格部件运到施工现场。

②道岔运输过程中,一定要做好加固,防止在火车振动及汽车吊运过程中道岔钢轨变形、岔枕受损。

③用纵移台车及走行轨移动岔尾段时,要单独移动 15 m 长岔尾;等岔尾到设计位置时,再用吊机把 22 m 长的短枕轨排吊到和岔尾平齐的位置。防止提前吊,导致纵移难度大、纵移台车掉道。

④铺走行轨前,两走行轨间只能放一部分纵向钢筋;小部分要在走行轨撤走,调节螺杆支

撑起来后再放。不然因调节螺杆阻挡影响纵向钢筋横移。

⑤销钉孔要在整组岔初步定位后打，销钉要在钢筋绑扎基本结束后用植筋胶埋设。这样可以防止孔眼打偏，先埋设销钉影响钢筋的横向移动。

⑥钢筋绑扎要在粗调后进行，避免影响道岔调整。

⑦轨距的测量两个区域应手工测量，轨检车检测数据不准确。

⑧道岔的精调和混凝土浇筑应与正线的前后各 30 m 同步进行，可以检验道岔的高程及道岔区不留施工缝。

⑨夜间混凝土浇筑过程中，照明设备一定要好，以免影响抹面收光。

⑩混凝土浇筑结束后，过 3 h，要把调节螺杆松 1/4 圈，再过 3 h，完全移除。

⑪施工过程中，与道岔专家积极配合，对存在的问题及时提供方案解决，以提高施工效率。

本章小结：高速铁路线路比普通线路相比，之所以具备具有更高的安全性、可靠性和平顺性，是因为从轨道结构上，轨道各部件的力学性能、使用性能以及组成结构的整体性能均比普通轨道部件要求高。轨道与道岔的安装施工与精调是轨道、道岔铺设的关键技术。轨道维护是轨道正常使用的重要环节，只有具备高精度的质量，才能使轨道具有高平顺性，从而保证动车组安全、平稳、舒适地运行。

思考题

1. 高速铁路轨道有哪几种结构？说明其构造。
2. 高速铁路线路有哪些特点？
3. 高速道岔有哪些特点？
4. 高速道岔由哪几部分组成？
5. 简述轨道调整方法。

第三章

高速铁路路基

本章要点：本章介绍了高速铁路路基的基本概念、基本形式、基本构造及质量检测指标和方法。要求学生掌握对高速铁路路基基本概念，了解在高速铁路建设中，控制路基施工质量的技术与方法，掌握高速铁路路基满足高速铁路线路要求的主要技术指标。

第一节 高速铁路路基构造

高速铁路路基是轨道的基础，也叫线路下部结构，是重要的土工结构物。

一、路基横断面形式

在铁路线路工程中，路基有下面几种形式：

1. 路堤

当铺设轨道路基面高于天然地面时，路基以填筑方式构成，这种路基称为路堤，如图3-1(a)所示。

2. 路堑

当铺设轨道路基面低于天然地面时，路基以开挖方式构成，这种路基为路堑，如图3-1(b)所示。

3. 半路堤

当天然地面横向倾斜，路堤的路基面边线和天然地面相交时，路堤体在地面和路基面相交线以上部分无填筑工程量，这种路堤称为半路堤，如图3-1(c)所示。

4. 半路堑

当天然地面横向倾斜，路堑路基面的一侧无开挖工作量时，这种路基称为半路堑，如图3-1(d)所示。

5. 半路堤半路堑

当天然地面横向倾斜，路基一部分以填筑方式构成而另一部分以开挖方式构成时，这种路

基称为半路堤半路堑，如图 3-1(e)所示。

6. 不填不挖路基

当路基的路基面和经过清理后的天然地基面平齐，路基无填挖土方时，这种路基称为不填不挖路基，如图 3-1(f)所示。

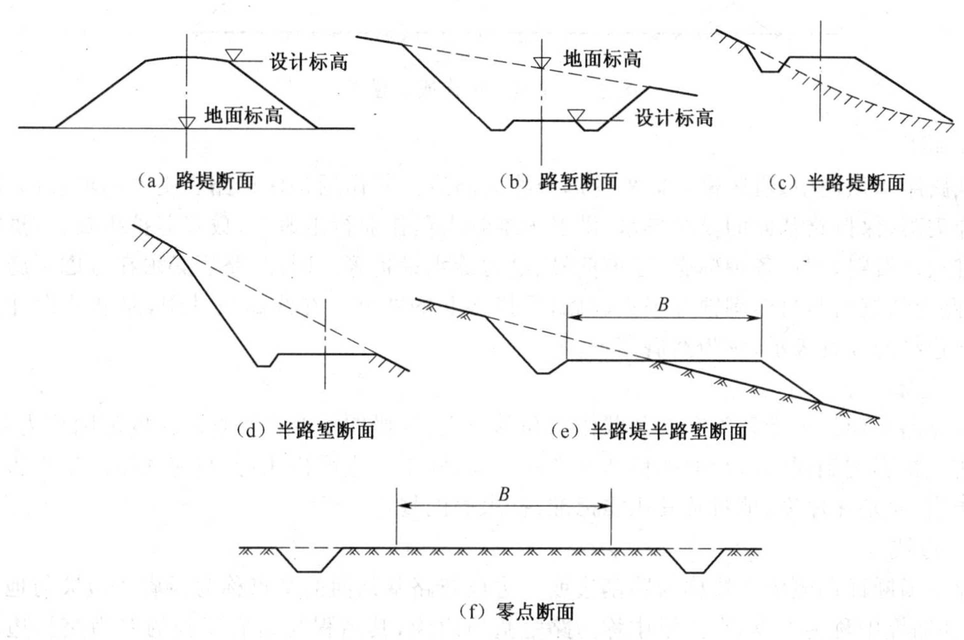

图 3-1　路基横断面形式图

二、路基横断面基本构造

铁路路基由路基本体和路基设备两部分组成。

(一)路基本体

在各种路基形式中，为了能按线路设计要求铺设轨道而构筑的部分，称为路基本体。在路基横断面中，路基本体由路基顶面、路肩、基床、边坡、基底几部分构成，如图 3-2 所示。

1. 路基顶面

由能直接在其上面铺设轨道的部分及路肩组成，称为路基顶面或简称路基面。在路堤中路基顶面即为路堤堤身的顶面，也称路堤顶面；在路堑中，路基顶面即为堑体开挖后形成的构造面。

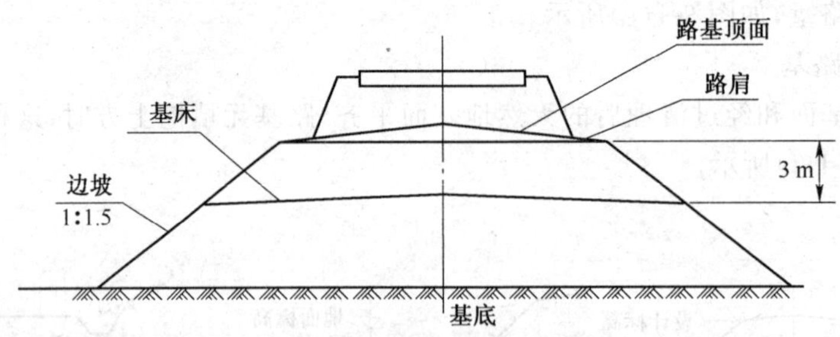

图 3-2 路基本体构成示意图

2. 路肩

铁路路基顶面中，道床覆盖以外的部分称为路肩。其作用是保护路堤受力的堤心部分，防止道砟失落，保持路基面的横向排水，供养护维修人员作业行走避车，放置养护机具，防洪抢险临时堆放砂石料，埋设各种标志、通信信号、电力给水设备等。因此，路肩必须在考虑了施工误差、高路堤的沉落与自然剥蚀等因素以后，保持必要的宽度。在线路设计中，路基的设计高程以路肩边缘的高程表示，称为路肩高程。

3. 基床

铁路路基面以下受到列车动荷载作用和受水文、气候四季变化影响的深度范围称为基床。其状态直接影响到列车运行的平稳和速度的提高，施工时应严格执行《高速铁路路基工程施工技术指南》对基床厚度、填料及其压实标准、排水等的规定。

4. 边坡

路基横断面两侧的边线称为路基边坡。边坡与路基顶面的交点称为顶肩。边坡与地面的交点，在路堤中称为坡脚；在路堑中称为路堑堑顶边缘，其高程与路肩高程的差为路堑边坡高度。路堤的边坡高度为路肩高程与坡脚高程之差。

5. 基底

基底即为路堤的地基，也就是路堤填筑的天然地面以下受填料自重及轨道、列车荷载影响的土体部分。基底部分土体的稳固性，对整个路基本体以至轨道的稳定性都是极为关键的，特别是在软弱土的基底上修建路堤，必须对基底作妥善处理，以免危及行车安全与正常运营。

（二）路基设备

路基设备是路基的组成部分，是为确保路基体的稳固性而采用的必要的经济合理的附属工程措施。它包括排水设备、防护和加固设备等。

1. 路基排水设备

路基排水设备分地面排水设备和地下排水设备两种。地面排水设备用以拦截地面径流。汇集路基范围内的雨水并使其畅通地流向天然排水沟谷，以防止地面水对路基的侵蚀、冲刷而影响其良好状态。地下排水设备用以拦截、疏导地下水和降低地下水位，以改善地基土和路基边坡的工作条件，防止和避免地下水对地基和路基体的有害影响。

2. 路基防护设备

路基防护设备是用以防止和削弱风霜雨雪及流水冲刷等各种自然因素对路基体造成的直接和间接的有害影响。其种类很多,类型各异。常用的防护设备是坡面防护和冲刷防护。为了防止路基边坡和坡脚受坡面雨水的冲刷,防止日晒雨淋引起的干湿循环,防止温度变化引起土的冻融变化等因素影响边坡的稳固,常采用坡面防护。为了防止河水对边坡、坡脚或坡脚处地基不断的冲刷和淘刷应设冲刷防护。防护位置和所采用的类型则视水流运动规律及防护要求而定。特殊条件下的路基防护类型更多,如在多年冻土地区,为防止冻融对线路的影响应采用各种保温措施;在泥石流地区,为防止泥石流对路基体的威胁,应设置多种拦蓄与疏导工程;在风沙地区为防止路基体砂蚀和被掩埋,常采用各种防沙,固沙设施。

3. 路基加固设备

路基加固设备是用以加固路基本体或地基的工程设施,在路基工程中,有护堤、挡土墙、支垛、抗滑桩及其他地基加固措施等。路基加固设备是提高路基稳定的一种有效措施。

另外对高速铁路路基而言,还包括路基附属物:综合地线、电缆沟槽、接触网立柱基础、声屏障基础等部分。

第二节　高速铁路路基本体

一、路基基底

高速铁路路基基底以下 25 m 范围内的地基条件必须满足表 3-1 要求。在此情况下,一般不作沉降检算。但是,对于黏性土基底,则应根据路堤高度做工后沉降量计算。

表 3-1　高速铁路路基基底条件

地层	地　基　条　件
基岩	无条件
碎、卵、砾石类	无条件
砂类土	$P_s \geqslant 5.0$ MPa 或 $N \geqslant 10$,且无地震液化可能
黏性土	$P_s \geqslant 1.2$ MPa 或$[\sigma] \geqslant 0.15$ MPa
	1.2 MPa$\geqslant P_s \geqslant$0.8 MPa,且层厚小于 2 m

注:P_s 为静力触探端阻,N 为标准贯入击数,$[\sigma]$为容许承载力。

基底条件如果不能满足上表要求,需对基底进行加固处理,常用加固方法有:基底换填、冲击碾压及强夯、铺设塑料排水板、水泥粉煤灰碎石桩(CFG 桩)、石灰桩、碎石桩、粉喷桩、高压旋喷桩等。

二、路　　堤

(一)基床以下路堤

1. 填料要求

路堤填料种类、质量应符合设计要求。填筑前应对取土场填料进行取样检验;填筑时应对运至现场的填料进行抽样检验。当填料土质发生变化或更换取土场时应重新进行检验。

基床以下路堤应优先选用A、B组填料和C组的块石、碎石、砾石类填料。当选用C组细粒土填料时,应根据土源性质进行改良后填筑。填料的检验项目、检验数量应符合表3-2的规定。

表3-2　路堤填料复查项目及频次

填料类别	颗粒级配	击实试验	颗粒密度
砂类土、细砾土、粗砾土、碎石类土	5 000 m^3 (或土性明显变化)	5 000 m^3 (或土性明显变化)	5 000 m^3 (或土性明显变化)

注:表中所列数据为一次试验的填料体积。

2. 压实标准

我国高速铁路路堤填筑质量按表3-3压实标准对压实质量进行检测和控制。对站场内多线路基或填筑压实质量可疑地段,应据工程质量控制的需要,增加检验的点数。

表3-3　基床以下路堤填料及压实标准

压实标准	化学改良土	砂类土及细砾土	碎石类及粗砾土
压实系数 K	≥0.92	≥0.92	≥0.92
地基系数 K_{30}(MPa/m)	—	≥110	≥130
7 d饱和无侧限抗压强度(kPa)	≥250	—	—

注:无砟轨道可采用 K_{30} 或 E_{v2}。当采用 E_{v2} 时,其控制标准为 $E_{v2} \geqslant 45$ MPa 且 $E_{v2}/E_{v1} \leqslant 2.6$。

3. 基床以下路堤填筑施工工序作业要点

基床以下路堤填筑施工工序作业要点按照表3-4控制。

表3-4　基床以下路堤施工工序作业要点

上道工序:原地面处理

序号	工序	作业控制要点
1	测量放样	每10 m为一断面在边桩上标示出填高,再在桩边打入竹条,绑扎好布条用以控制填筑厚度
2	填料选择	填料种类、质量应符合设计要求,填筑前对取土场填料进行取样检验,当填料土质发生变化或更换取土场时应重新进行检验。细粒土:每5 000 m^3 检测液塑限、击实;粗粒土、碎石土:每10 000 m^3 检测颗粒级配、颗粒密度
3	填料运输	采用大型自卸车运输,并应保证运输能力,运料车不能在新铺且未碾压成型的层面上行驶

续上表

序号	工序	作业控制要点
4	摊铺整平	采用推土机摊铺、平地机精平的摊铺方法，摊铺作业时必须设专人指挥、防护。刮土时，应低速行驶，刮刀的升降量不得相差过大
5	碾压	碾压时填料的含水量控制在最优含水量的－3%～＋2%范围以内。碾压时先用轻型压路机初压，再用重型振动压路机复压、终压。压路机不可在未完成或正在碾压的地段调头和急刹车。改良细粒土、砂类土每层压实厚度不大于30 cm，碎石类填料不大于40 cm，最小压实厚度均应不小于10 cm

下道工序：基床底层填筑

(二)基床

1. 基床底层

基床底层应采用A、B组填料及改良土，采用地基系数K_{30}、动态变形模量E_{vd}、压实系数K或孔隙率n三项指标控制。采用无砟轨道时，还应增加对二次变形模量E_{v2}的控制标准。压实标准应符合表3-5的规定，施工工序按照表3-6进行控制。

表3-5　基床底层压实标准

压实标准	化学改良土	砂类土及细砾土	碎石类及粗砾土
压实系数K	≥0.95	≥0.95	≥0.95
地基系数K_{30}(MPa/m)	—	≥130	≥150
动态变形模量E_{vd}(MPa)	—	≥40	≥40
7d饱和无侧限抗压强度(kPa)	≥350(550)	—	—

注：1. 无砟轨道可采用K_{30}或E_{v2}。当采用E_{v2}时，其控制标准为$E_{v2}\geqslant 80$MPa且$E_{v2}/E_{v1}\leqslant 2.5$。

2. 括号内数字为寒冷地区化学改良土考虑冻融循环作用所需强度值。

表3-6　基床底层填筑施工工序作业要点

上道工序：基床以下路堤填筑

序号	工序	作业控制要点
1	测量放样	每10 m为一断面在桩边上标示出填高，再在桩边打入竹条，绑扎好布条用以控制填筑厚度
2	填料选择	填料种类、质量应符合设计要求。填筑前对取土场填料进行取样检验。细粒土：每5 000 m³检测液塑限、击实；粗粒土、碎石土：每10 000 m³检测颗粒级配、颗粒密度
3	填筑运输	采用大型自卸车运输，并应保证运输能力，运料车不能在新铺且未碾压成型的层面上行驶
4	摊铺整平	采用推土机摊铺、平地机精平的摊铺方法，摊铺作业时须设专人指挥、防护

续上表

序号	工序	作业控制要点
5	碾压	碾压时填料的含水量控制在最优含水量的−3%～+2%范围以内；碾压时先用轻型压路机初压，再用重型振动压路机复压、终压。压路机不可在已完成或正在碾压的地段调头和急刹车；改良细粒土、砂类土每层压实厚度不大于30 cm，碎石类填料不大于35 cm，最小压实厚度均应不小于10 cm

下道工序：基床表层填筑

2. 基床表层

我国高速铁路路基基床表层填料采用级配砂砾石和级配碎石，材料规格应符合《客运专线基床表层级配碎石暂行技术条件》的要求。基床表层采用孔隙率 n 、地基系数 K_{30}、动态变形模量 E_{vd} 三项指标控制。采用无砟轨道时，还应增加对二次变形模量 E_{v2} 的控制标准。压实标准应符合表3-7的规定，填筑施工工序作业要点按照表3-8。

表3-7　基床表层级配碎石压实标准

压 实 标 准	级 配 碎 石
压实系数 K	≥0.97
地基系数 K_{30}(MPa/m)	≥190
动态变形模量 E_{vd}(MPa)	≥55

注：无砟轨道可采用 K_{30} 或 E_{v2}。当采用 E_{v2} 时，其控制标准为 $E_{v2}\geqslant 120$ MPa 且 $E_{v2}/E_{v1}\leqslant 2.3$。

表3-8　基床表层级配碎石填筑施工工序作业要点

上道工序：基床底层填筑

序号	工序	作业控制要点
1	测量放样	每10 m为一断面用全站仪(经纬仪)和水准仪精确测量，并在边桩上标示出填挖高，再在边桩打入竹条，绑扎好布条用以控制填筑厚度
2	填料选择	每2 000 m^3 对颗粒级配、颗粒密度、黏土及其他杂质含量等进行检测，水应洁净，不含有害物质
3	填料拌和	采用级配碎石拌和机拌制。在拌和生产过程中，按规定频率检测集料的级配和含水量，以便及时调整施工配合比。施工拌和的含水量比最佳含水量高0.5%～1.0%
4	运输	采用大型自卸车运输，并应保证运输能力，运料车不能在新铺且未碾压成型的层面上行驶
5	摊铺	采用推土机摊铺、平地机精平的摊铺方法，摊铺作业时须设专人指挥、防护
6	碾压	碾压时填料的含水量控制在最优含水量的−3%～+2%范围以内。碾压时先用轻型压路机初压，再用重型振动压路机复压、终压。压路机不可在未完成或正在碾压的地段调头和急刹车。每层压实厚度不大于30 cm

下道工序：道床施工

第三节　高速铁路路基设备

路基设备是路基的组成部分，是为确保路基本体稳固性而采用的必要的经济合理的附属工程措施。它包括排水设备、防护设备和加固设备等。

一、路基排水设备

路基的排水设备分地面排水设备和地下排水设备两种。地面排水设备用以拦截地面径流。汇集路基范围内的雨水并使其畅通地流向天然排水沟谷，以防止地面水对路基的侵蚀、冲刷而影响其良好状态。地下排水设备用以拦截、疏导地下水和降低地下水位，以改善地基土和路基边坡的工作条件，防止和避免地下水对地基和路基体的有害影响。

(一)路基地面排水设备

地面排水设备主要有排水沟、侧沟、天沟、吊沟、截水沟、矩形水槽、跌水和急流槽，如图 3-3 所示。

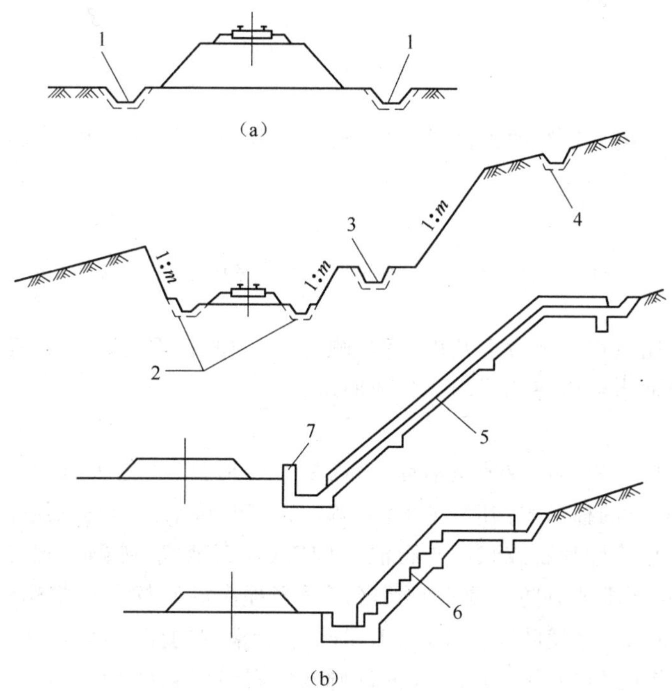

图 3-3　路基地面排水设备示意图

1—排水沟；2—侧沟；3—截水沟；4—天沟；5—吊沟(急流槽形式)；6—吊沟(跌水形式)；7—挡水墙

1. 排水沟

排水沟是设于路堤护道的外侧，用以排除路堤范围内的地面水和截排从田野方向流向路堤的地面水的地面排水设备。断面形式常采用梯形和矩形，如图 3-4 所示。

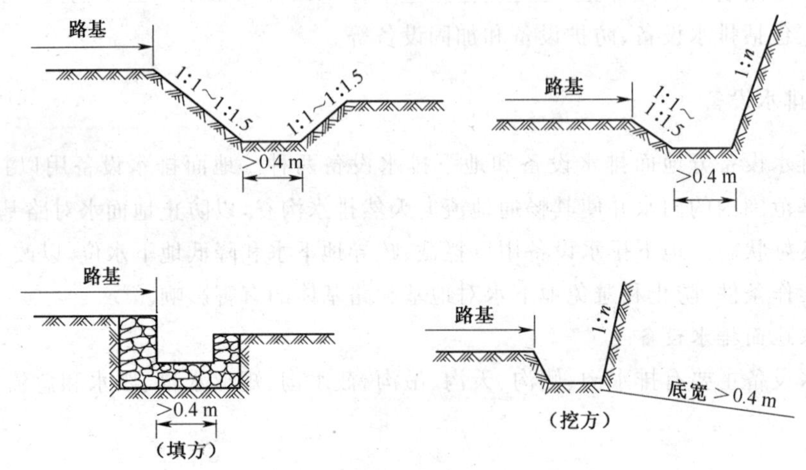

图 3-4　路基排水沟常用断面图

2. 侧沟

侧沟是位于路堑路肩边缘的外侧，用以汇集和排除路堑范围以内的地面水。在线路不填不挖的地段亦应设置侧沟。

3. 天沟

天沟是位于堑顶边缘以外，可设一道或几道，用以截排堑顶上方流向路堑的地面水。

4. 截水沟

截水沟设置于路堑边坡平台上及排水沟、侧沟、天沟所在部位以外的其他地方，用以截排边坡平台以上的坡面水或所在地区的部分地面水。

5. 矩形水槽

当水沟所在地段土质不良或地质不良，水沟易于变形，以及受地形、地物或建筑限界的限制，不能设置占地较宽的梯形水沟时，排水沟、侧沟、天沟、截水沟均宜采用矩形水槽的形式。

矩形水槽一般用浆砌片石或浆砌砖石混合砌筑(片石铺底，砖砌壁)。砌筑时采用 M5 水泥砂浆，有严格防渗要求或有防寒要求的地区应适当提高砂浆标号。浆砌砖石矩形水槽的内壁和壁顶，尚应用 M7.5 水泥砂浆抹面，厚 1.5 cm。较潮湿的路堑，侧壁宜增设泄水孔。在黏土路堑里，水沟下应加设厚 0.1～0.15 m 的砂砾或碎石垫层。每 10～15 延长米应设伸缩缝一道，宽约 2 cm，用沥青麻筋或沥青木板填塞(以下各种水沟的沉降缝及伸缩缝的尺寸和填塞方法除指明者外，均与此相同)。

浆砌片石矩形水槽的断面形式如图 3-5 所示，当沟顶有挖方土坡时用直墙式，无挖方土坡时，沟深在 1.2 m 以内用直墙式，超过 1.2 m 用斜墙式。

浆砌砖石矩形水槽的断面形式如图 3-6 所示，当沟顶有挖方土坡时用直墙式，无挖方土坡时用台阶式。

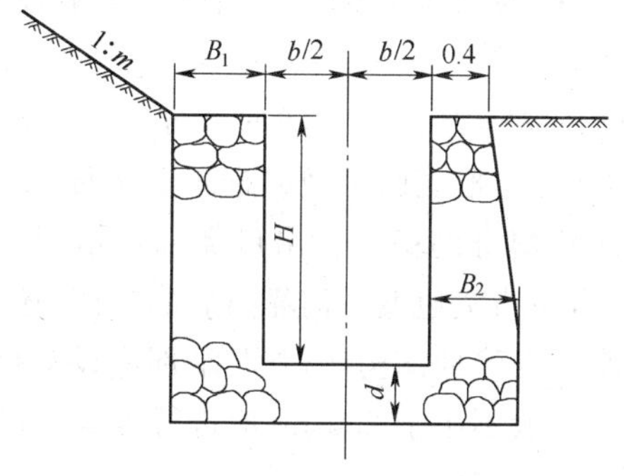

图 3-5　浆砌片石矩形水槽断面图

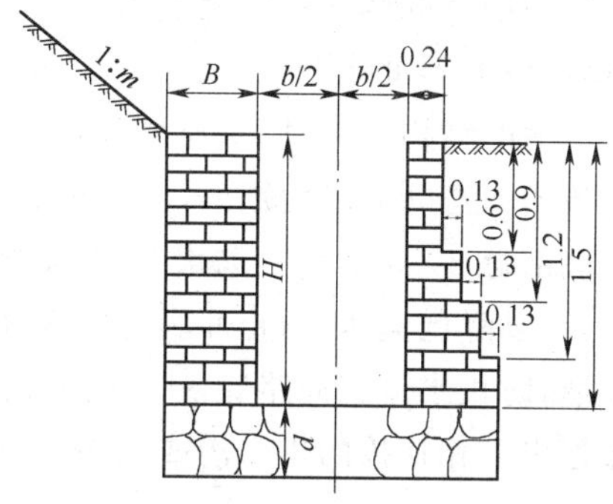

图 3-6　浆砌砖石矩形水槽断面图

6. 跌水、缓流井和急流槽

在地形陡峻地段，水沟的沟底纵坡很大时，可修建跌水、急流槽和缓流井等排水设施，以减少沟内流速，降低动能，如图 3-7 所示。

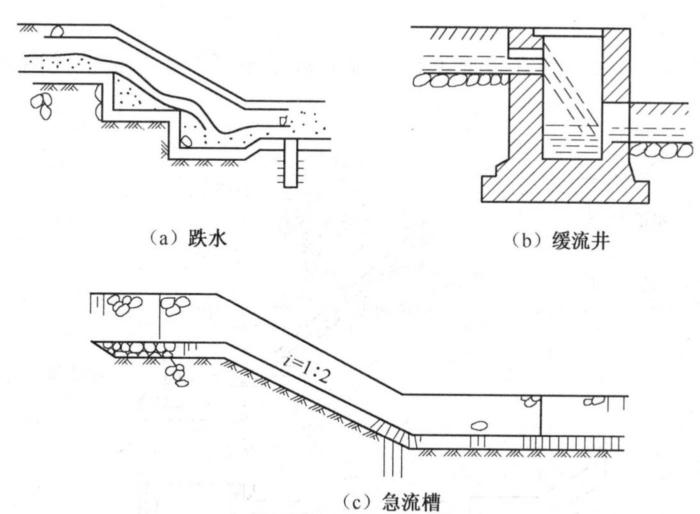

(a) 跌水

(b) 缓流井

(c) 急流槽

图 3-7　水沟底纵坡较大时的地面排水设施示意图

(1)跌水：主槽底部呈台阶状的急流槽，构造可有单级和多级两类，每级高差为 0.2～2.0 m，利用台阶跌水消能。一般应作铺砌防护。

(2)缓流井:沟底纵坡较陡的水沟,可设计成两段坡度较缓的水沟用缓流井连接起来。两端水沟的落水高差最大可达 15 m。

(3)急流槽:用片石、混凝土材料筑成的,衔接两段高程较大的排水设施。主槽纵坡大,水流急。出口设有消力池、消能槛等消能装置。沟底纵坡可达 1∶2。

急流槽槽身的坡度一般大于 10%。为使通过急流槽的水流能贴着槽底面流下不致发生飞溅,槽身坡度不可陡于 1∶0.75。

急流槽的结构分进口、急流槽和出口三部分。进口是连接上游水沟的部分,宜做成喇叭口。急流槽槽身断面采用矩形,其大小决定于流量和坡度。槽底面可做成石牙粗糙面,以减低流速。底部每 2~5 m 设一防滑耳墙,嵌入基底,以保持槽身的稳定。出口部分包括消力池、消力槛等,以降低流速,防止冲刷与之连接的下游水沟,在路堑边坡吊沟靠路肩的一侧,还需设置挡水墙,防止水流直冲路肩。为了避免进、出口处水流下渗冲淘沟底,在其端部应设置裙墙。和急流槽出口相连接的排水沟或侧沟,在适当范围内(一般不小于 2.5 m)应进行铺砌,以防止冲刷。

跌水的结构与急流槽大体相似,分为进口、台阶和出口三部分。用于路基排水的跌水,每级台阶的高度一般以不小于 0.2 m 且不大于 1.5 m 为原则,对于石质渠槽,或能防止高跌水的冲刷和消除水能时,才可修建较高的台阶。水流在台阶处脱离槽身,以瀑布的形式冲泻而下。因此,跌水的消除部分,其铺底应比急流槽稍厚。

7. 吊沟

吊沟也叫急流槽,一般设置在坡面上将天沟内水排至既有水系或侧沟内的排水工程,根据流量调整下游侧沟截面尺寸,如图 3-8 所示。

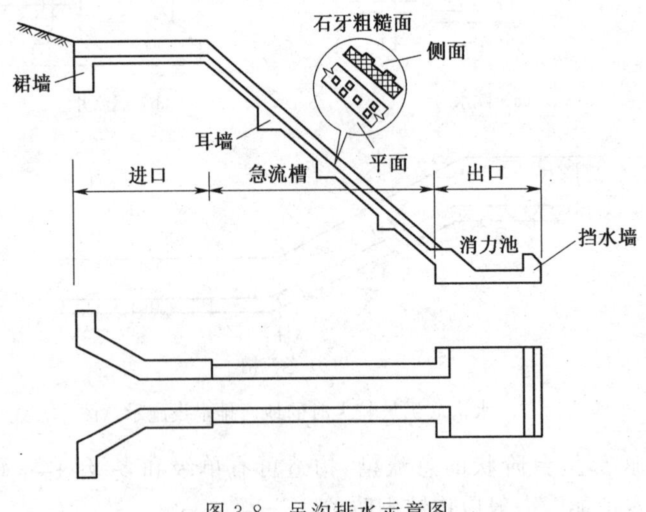

图 3-8　吊沟排水示意图

（二）路基地下排水设备

处理地下水的常用措施有：拦截排除和引出排除（包括降低地下水位和疏干土体、封闭隔水三种类型）。其主要设备有：明沟与槽沟、边坡渗沟、支撑渗沟、截水渗沟与引水渗沟、渗水隧洞、水平钻孔和立式集水渗井等。为使地下水能迅速排除，水平式地下建筑物（如渗沟、隧洞）的底部纵坡不宜小于5‰，在困难情况下不应小于2‰，出水口处的纵坡应陡一些，除侧沟下的渗沟须依据线路方向外，其他排降地下水的建筑物轴线，都宜与地下水的水流方向垂直。其主要设备如下：

1. 明沟与槽沟

明沟与槽沟是敞开的地下排水设备，用于拦截、引排埋藏不深的地下水（一般为2 m以内的潜水和上层滞水），并可兼排地表水。设置时，宜沿线路方向和顺沟谷走向布置，沟底应埋入不透水地层内，沟壁最下一排渗水孔的底部应高出沟底不小于0.2 m。为避免开挖断面过大，明沟深度不宜超过1.2 m，若再深可用槽沟。槽沟深度不宜超过2 m，若再深宜改用渗沟。

明沟断面常用梯形，用M5水泥砂浆砌筑片石，底宽0.6～1.0 m，厚0.3 m，沟壁上应留渗水孔，外侧沟壁与含水层之间应设反滤层，如图3-9所示，沿沟每隔10～15 m及土层分界处应设沉降缝一道，缝宽2 cm，以沥青麻布或沥青木板填实。槽沟断面常用矩形，缝宽0.6～1.0 cm，用M5或M7.5水泥砂浆片石砌筑，如图3-10所示。

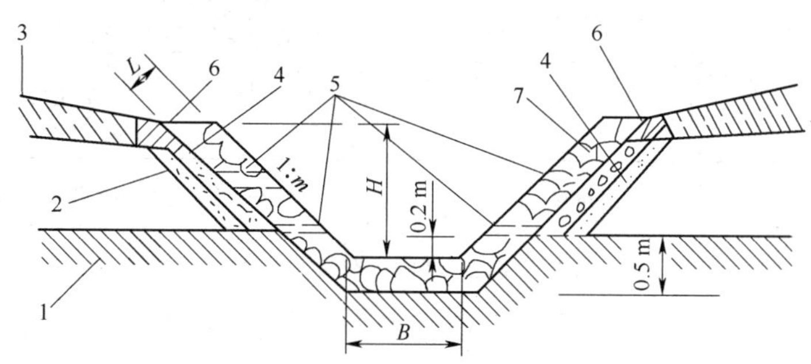

图3-9　浆砌片石明沟断面

1—不透水层；2—含水层；3—覆盖层；4—反滤层；5—渗水孔；6—回填夯实层；7—浆砌片石水沟

2. 边坡渗沟

边坡渗沟是为疏干潮湿边坡及引排边坡上局部露出的上层滞水和泉水而修建的排水设备，同时可起支撑边坡的作用。适用于土质路堑边坡不陡于1∶1或路堤边坡因潮湿容易发生表土坍滑的部位。一般用条带形、马蹄形或分岔形布置，渗沟基础应埋置在边坡潮湿土层以下的干燥而稳定的土层以内不小于0.5 m，通常用矩形断面，宽度不小于1.3～1.5 m，沿壁外围设置适当的反滤层，沟内底部用大粒径石料充填，其余的用小粒径的渗水材料充填，其结构形

状、断面形式如图 3-11、图 3-12、图 3-13 所示。

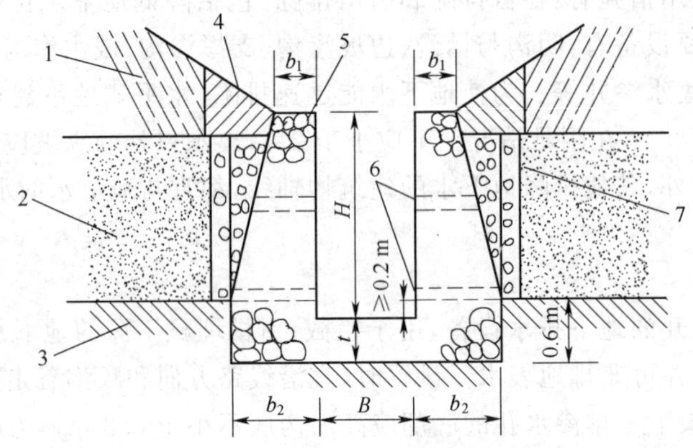

图 3-10　浆砌片石槽沟示意图

1—覆盖层；2—含水层；3—不透水层；4—回填夯实土层；5—排水沟；6—排水孔；7—反滤层

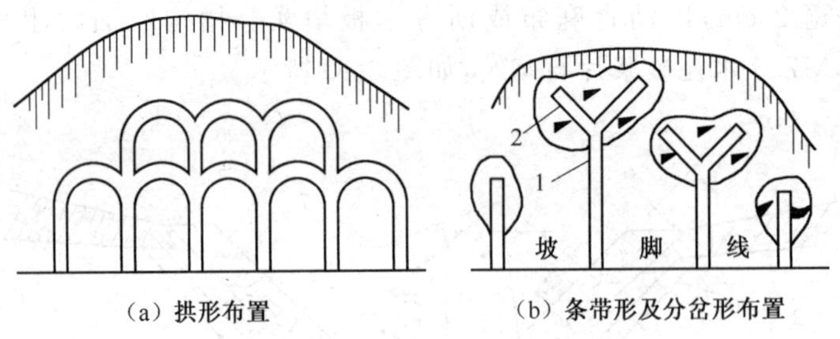

图 3-11　边坡渗沟布置示意图

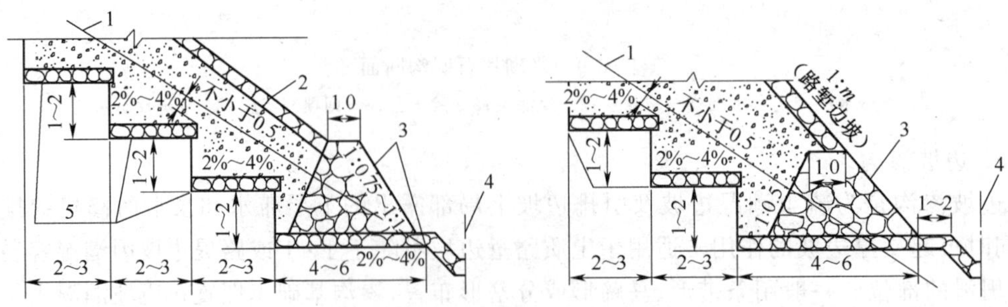

图 3-12　边坡渗沟纵断面示意图(单位：m)

1—潮湿与干燥稳定土层分界线；2—单层干砌片石覆盖；3—干砌片石垛；4—侧沟中线

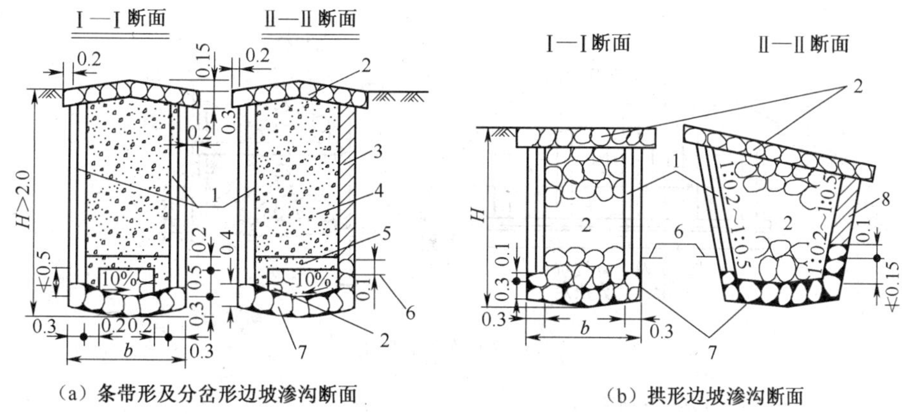

（a）条带形及分岔形边坡渗沟断面

（b）拱形边坡渗沟断面

图 3-13　边坡渗沟横断面示意图(单位:m)

1—反滤层;2—干砌片石;3—夯填黏土或 M5 浆砌片石;4—填充洗净砂石;5—2～5 cm 卵碎石;6—干湿土层分界线;7—M5 浆砌片石封底;8—夯填黏土。b—渗沟宽度;H—渗沟深度;Ⅰ-Ⅰ为主沟断面;Ⅱ-Ⅱ为岔沟或拱部断面

3. 支撑渗沟

支撑渗沟是用来支撑可能滑动不稳定土体或山坡,并排除在滑动面(滑动带)附近的地下水和疏干潮湿土体的一种地下排水设备。根据不稳定土体的范围大小可成群布置,也可与抗滑挡墙配合使用,如图 3-14 所示。

渗沟常用成组的条带形布置,其沟的轴线大致与山体(土体)滑移的方向平行。断面用矩形,宽度一般不小于 2～3 m,各条渗沟的间距不小于 8～15 m。

渗沟的基底必须埋入滑动面(带)以下的稳、定土层或基岩内至少 0.5 m,基础底应挖成台阶形,要铺砌防渗,以利增加抗滑能力,渗沟中填料要用较大的块石干砌,沟壁外侧与土层之间要按土质设或不设反滤层;沟壁的顶都要用单层干砌片石覆盖,表面要用水泥砂浆勾缝,以防地面水流入。

支撑渗沟与抗滑挡墙配合使用时,其出水口可与挡墙下部设置的若干个泄水孔相连,以利将其集引的地下水能排出墙外的侧沟内。

当支撑渗沟单独使用时,其出水口可做成干砌片石垛形式。

4. 截水渗沟与引水渗沟

截水渗沟用于拦截地下水,使其不流入病害区,引水渗沟是用来引排山坡湿地、洼地或路基内的地下水,以利疏干附近土体和降低地下水位。

截水渗沟的平面布置,宜与地下水的流向垂直,引水渗沟宜与地下水的流向平行,一般沿着线路方向设在路基的两侧。

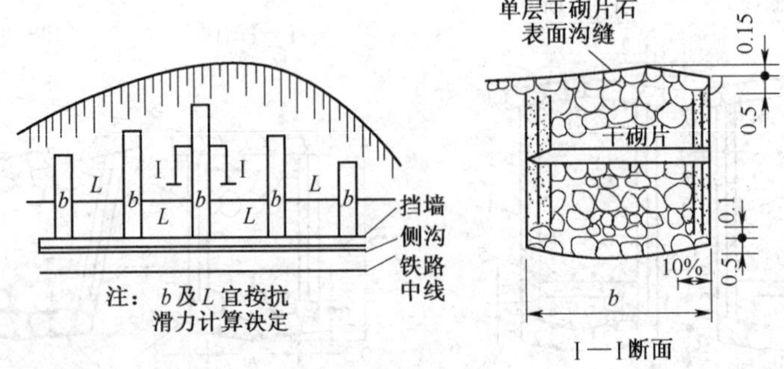

(a) 平面布置示意图

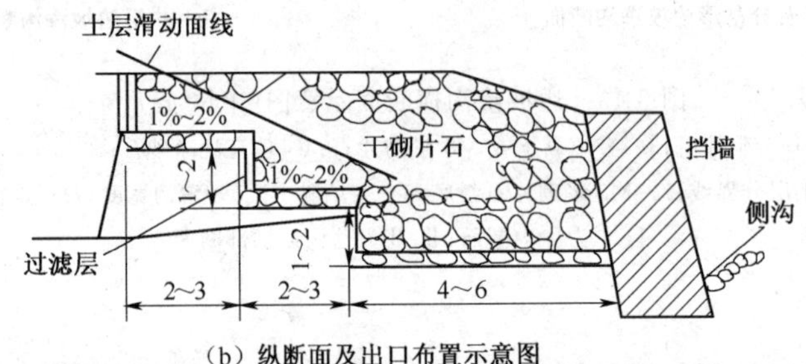

(b) 纵断面及出口布置示意图

图 3-14 支撑渗沟示意图(单位：m)

渗沟流水孔的纵向坡度，不得小于 5‰，若受到地形限制，沟底纵坡陡了不易找到合适的出口，纵坡可用缓一点，但不小于 2‰。

截水渗沟在进水口的一侧与土层之间用反滤层，另一侧与土层之间用隔水层，而引水渗沟的两侧均用反滤层，其他结构形式相同。

渗沟深度在 2～6 m 时，称浅埋渗沟，深度大于 6 m 的称深埋渗沟。其断面一般采用矩形，内部充填筛洗干净的渗水材料，底部设排水通道，常用盖板箱涵或混凝土圆管。对于浅埋渗沟箱涵孔径用 0.3 m×0.4 m，圆管内径用 0.3～0.5 m，对于深埋渗沟，为了检查和维修，箱涵孔径用 0.8～1.2 m，圆管内径用 1.0 m，渗沟顶部用单层浆砌片石，表面水泥砂浆勾缝，其上再填土，厚度不小于 0.5 m，夯实后与地面齐平。

渗水沟的出水口，一般修筑端墙，基础应埋入较坚实的稳定地层内，两侧应嵌入沟岸土层内不小于 0.5 m。端墙下部的排水孔的底面应比外面排水沟底面高出不小于 0.2～0.3 m。

渗沟的构造形状如图 3-15 所示。

如果渗沟较长，应每隔 30～50 m 设检查井一个，或在拐弯处，以及纵坡由陡变缓的地点也应各设检查井一处，井身内径为 1.0 m 的圆形结构，在井壁上设工作人员的上下梯，井顶应高出地面 0.3～0.5 m，在其上面加盖。

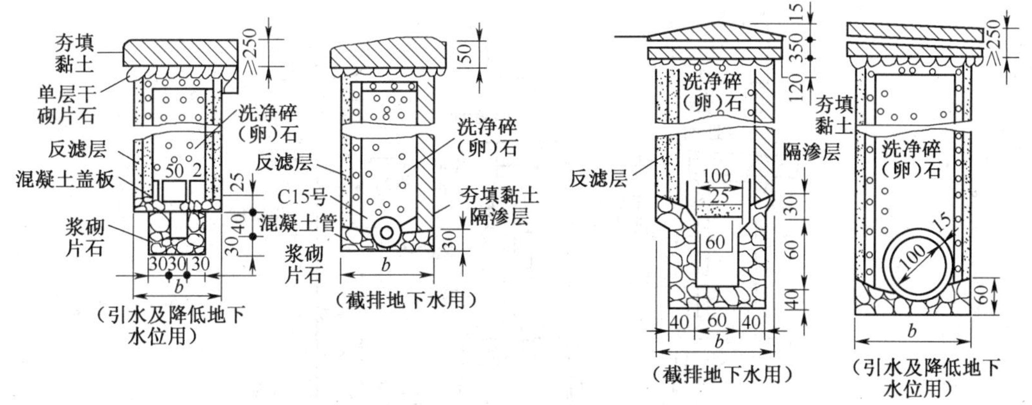

图 3-15　渗水沟断面图(单位:cm)

5. 渗水隧洞

渗水隧洞是用于截断和引排深层地下水的排水设备。平面布置与渗沟相同,若与立式渗井配合使用,要通路最短,隧洞出水底部应比河沟设计洪水位高出不小于 0.5 m,比相连的排水沟高出不小于 0.1～0.2 m,底面不小于 0.1～0.2 m,如图 3-16 所示。

6. 水平钻孔

水平钻孔是用平卧钻机向滑体含水层打倾斜角不大的平孔,然后在钻孔内插带孔的钢管或塑料管,用以引排地下水而疏干土体的一种排水设备。一般与立式渗水井配合使用,钻孔用 10%～15%的仰坡,孔径用 73～108 mm。

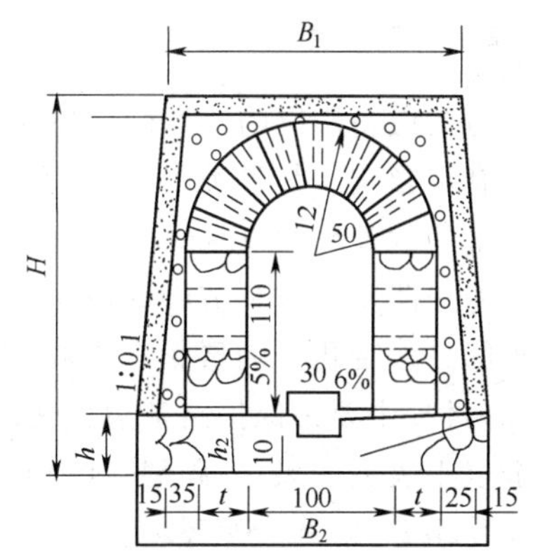

图 3-16　直墙式渗水隧洞断面示意图(单位:cm)

7. 立式集水渗井与渗管

立式集水渗井与渗管是用于集引多层含水层和潮湿土体中地下水的排水设备。一般成群布置,与地下水流方向垂直,并与水平钻孔、排水设备配合使用。

渗井断面通常采用直径(或边长)1.0～1.5 m 的圆形(或方形),井壁与填料之间视颗粒大小设置或不设置反滤层。渗沟断面的直径不小于 0.25 m,为增强其排水性能,可在管轴处安置直径不小于 5 cm 的石棉滤管(或镀锌钢滤管),其外围用渗水材料充填。渗井和渗管顶部要用隔渗材料覆盖,防止污水流入、淤塞。立式集水渗井和渗管的构造形状如图 3-17 所示。

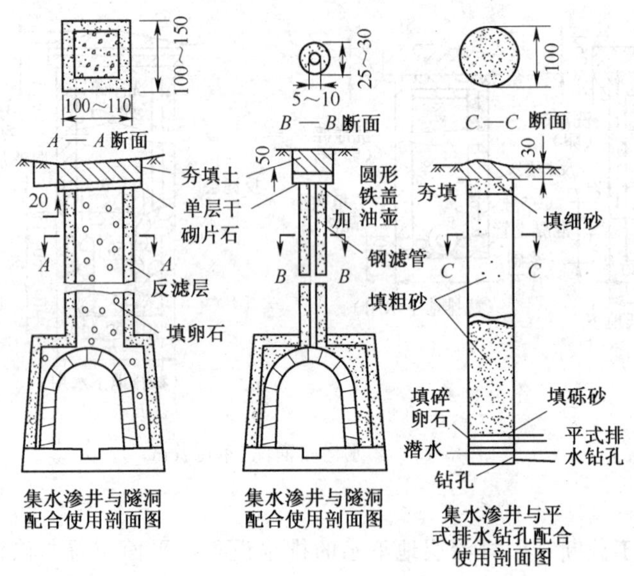

图 3-17　集水渗井与渗管示意图(单位:cm)

二、路基防护设备

路基防护设备用以防止和削弱风霜雨雪及流水冲刷等各种自然因素对路基体造成的直接和间接的有害影响。其种类很多,类型各异。常用的防护设备是坡面防护和冲刷防护。

(一)路基坡面防护设备

为了防止路基边坡和坡脚受坡面雨水的冲刷,防止日晒雨淋引起的干湿循环,防止温度变化引起土的冻融变化等因素影响边坡的稳固,常采用坡面防护。

坡面防护,主要是保护路基边坡表面,免受雨水冲刷,减缓温差及温度变化的影响,防止和延缓软弱岩土表面的风化、碎裂、剥蚀演变进程,从而保护路基边坡的整体稳定性,在一定程度上还可美化路容,协调自然环境。

1. 种草

种草是一种施工简单,造价低廉和有效的坡面防护措施。草能覆盖表土,防止雨水和地面水的冲刷,调节土的湿度,防止裂缝产生,固接土壤,防止坡面风化剥落,从而加强路基的稳定性。种草适用于雨量较多、草籽容易生长,边坡较缓(缓于 1∶1.25)且不高的土质路堑和路堤边坡,但经常或长期浸水的边坡,由于草籽易被冲走,不宜采用。

当边坡土层不宜于种草时,可先铺一层厚 5～10 cm 的种植土再行播种。当边坡坡度陡于 1∶2 时,为使种植土与边坡结合牢固,通常在铺种植土之前先将边坡挖成台阶,台阶的间距为

1 m，高度为 0.2 m，如图 3-18 所示。

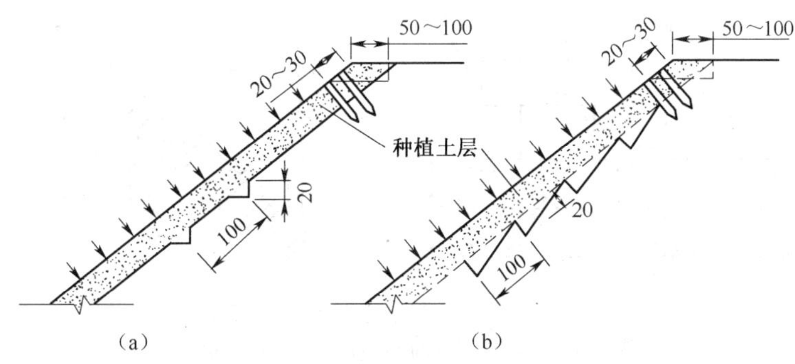

图 3-18　种草护坡（单位：cm）

草籽应选用适合当地土质和气候条件的草种的草籽，最好是根系发达、茎干低矮、枝叶茂盛、生长能力强的混合多年生草种的草籽，生长在泥沼或砂砾土内的草种不能采用。常用的草种有鼠尾草、白茅草、毛鸭嘴、画眉草、两耳草、结缕草、圆果、雀稗等。最好采用几种草籽混合播种，使之生成一个良好的覆盖层。

草籽可撒播或行播。撒播时，为使草籽均匀分布，可将草籽与等量的砂、干土或锯末混合，先纵向、后横向各撒播一次。播种完毕后，需另盖一层等于草籽直径 3～4 倍的细土，并稍加压实。如天气干燥无雨，还应经常用细孔喷壶或喷雾器浇水，使表土在 10～12 cm 深度内经常保持湿润，直到草籽发芽，幼苗生长到 3～5 cm 时为止。由于草籽发芽出土时会顶松土壤，因此，要加强管理，最好长到 2～3 cm 高时撒上一层筛过的腐殖质土，并稍加压实。在缺苗的地方应重新播种。播种一般应在春季或秋季进行，不可在干燥的风季和暴雨时播种。

路堤的路肩和路堑堑顶边缘，应埋入与表面齐平的带状草皮，草皮厚 5～6 cm，宽 20～25 cm，用木桩或竹桩钉牢。

在边坡较陡（1∶0.5～1∶1.25）的黄土质边坡上种草时，可将草籽加在麦草泥内，在春季用抹墙的方法抹在坡面上，厚约 2～3 cm。

2. 铺草皮

铺草皮作为坡面防护，其作用和种草防护相同，但效果更好，而且可用于较高、较陡的边坡。铺草皮适用于雨量较多，适宜于草皮生长地区的各种土质边坡和严重风化的软质岩石边坡，边坡坡度应不陡于 1∶1，局部可放宽到 1∶0.75。草皮护坡铺贴如图 3-19 所示。

草皮应铺过堑顶边缘至少 1 m，或铺至天沟，坡脚应选用厚度适当而整齐的草皮，或采用砂浆抹面，浆砌片石等加固措施，如图 3-20 所示。两端草皮应嵌入坡面，并与坡面平顺衔接，防止雨水沿草皮与坡面间缝隙渗入。

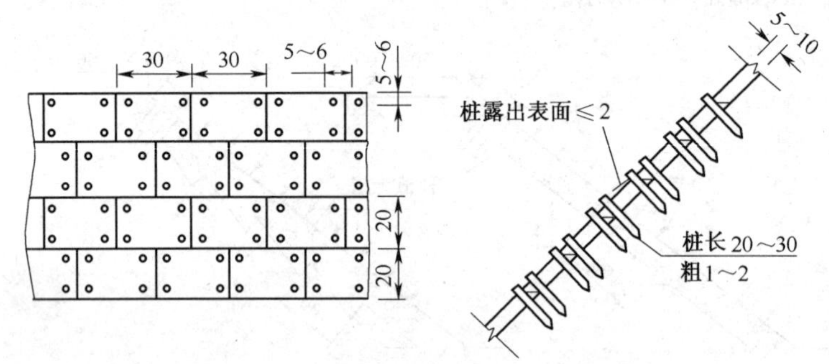

图 3-19 草皮护坡铺贴示意图(单位:cm)

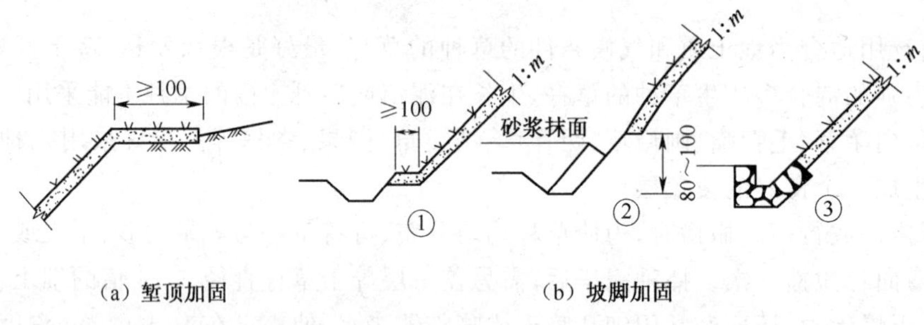

图 3-20 草皮护坡加固示意图(单位:cm)

3. 植树

植树也是坡面防护中施工简单、经济有效的方法之一,其主要作用是加固边坡,防止冲刷。植树可与种草、铺草皮配合使用,使坡面上形成一个良好的覆盖层。

植树适用于气候宜于草木生长地区的各种土质边坡和风化极严重的岩石边坡,对裂隙黏土边坡的防护效果也很好,但要求各类边坡的坡度一般不陡于1∶1,最陡不宜超过1∶0.75。经常浸水、盐渍土、经常干涸的边坡及粉质土边坡上不宜采用。

因乔木使边坡受力过大,吸水性强,风吹树摇易使边坡产生裂缝,不利于边坡稳定,且被风刮倒后会影响行车安全,做坡面防护以种植灌木为宜,仅土质路堤在路肩边缘0.8～1.0 m以外方可种植乔木。树种应选择根系发达、枝叶茂盛,能迅速生长分蘖的低矮灌木,如紫穗槐、夹竹桃、黄荆、野蔷薇、山楂等。紫穗槐可先育树苗,一年后挖掘移栽。挖掘时不得损伤大的辗系,最好带土,以利成活。夹竹桃是截枝插栽。用来截枝的夹竹桃树要有两年以上的树龄,每一根截枝最少要有三、四个芽节,下端切成斜形,上端切齐,并用泥土包好,防止水分蒸发。

植树布置形式最好采用梅花形或斜列形。梅花形的株距纵横均为0.6 m,斜列形行距0.8 m,株距0.5 m,各行与地面的夹角约30°,如图3-21所示。

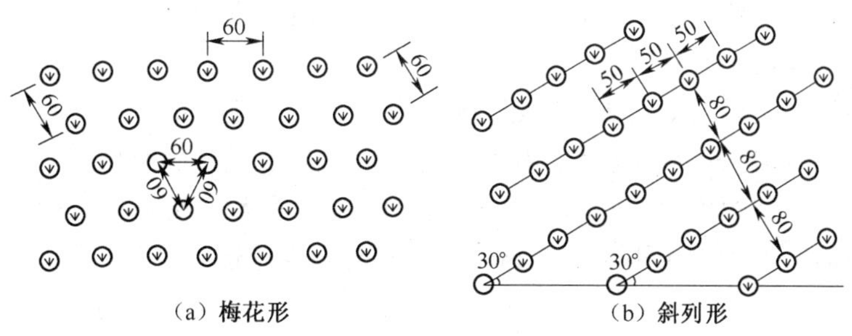

图 3-21　植树布置形式示意图(单位:cm)

4. 灌浆、勾缝

灌浆是将较稀的水泥砂浆或混凝土灌注进较坚硬的、裂缝较大较深的岩石路堑边坡,借助灰浆或混凝土的黏聚力把裂开的岩石黏结成一个整体。勾缝是用较稠的砂浆填塞岩石的细小裂缝,适用于较坚硬的,不很易风化的,节理裂纹多而细的岩石路堑边坡。勾缝和灌浆还可用于修补原有圬工裂缝。勾缝和灌浆可根据实际情况结合使用。

5. 锚杆钢丝网喷浆或喷射混凝土护坡

锚杆钢丝网喷浆或喷射混凝土护坡适用于坡面为碎裂结构的硬岩或层状结构的不连续地层,以及坡面岩石与基岩分离并有可能下滑的挖方边坡,如图 3-22 所示。

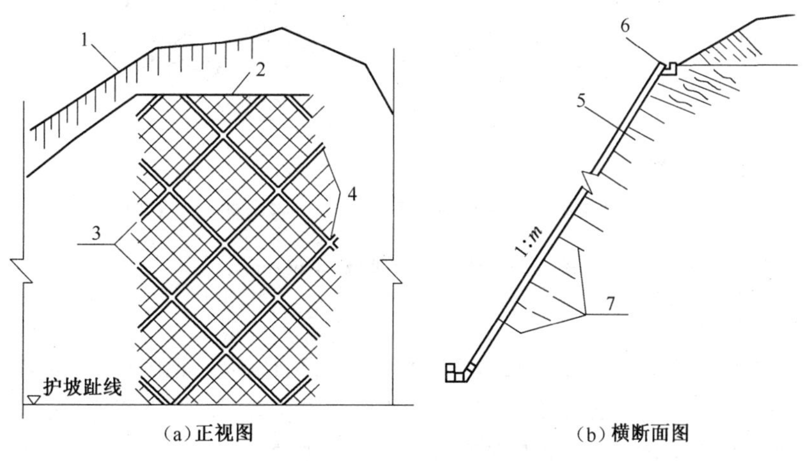

图 3-22　锚杆铁丝网喷浆(喷射混凝土)(单位:cm)

1—堑顶;2—护坡顶;3—伸缩缝;4—框条;5—喷砂浆(厚 3);
6—1∶4 砂浆抹面截水沟(厚 10);7—锚杆(ϕ=16～20 mm 圆钢)

6. 干砌片石护坡

当较缓的(不陡于 1∶1.25)土质及土夹石边坡坡面受地面水冲刷产生冲沟、流泥,或坡面经常有少量地下水渗出而产生小型溜坍等病害时，可采用干砌片石护坡。此种护坡也常用于土质路堑边坡下部的局部嵌补。

干砌片石护坡一般采用单层栽砌，其厚度约为 0.3 m。当边坡为粉土质土、松散砂和黏砂土等易被冲蚀的土时，片石下应设厚度不小于 0.1 m 的碎石或砂砾垫层。

护坡应砌过边坡坡顶不少于 0.5 m。其基础应选用较大石块砌筑，并埋至侧沟底以下。基础的埋深和顶面宽度均不应小于 0.5 m。当基础与侧沟相连时，应采用 M5 浆砌片石砌筑，如图 3-23 所示。

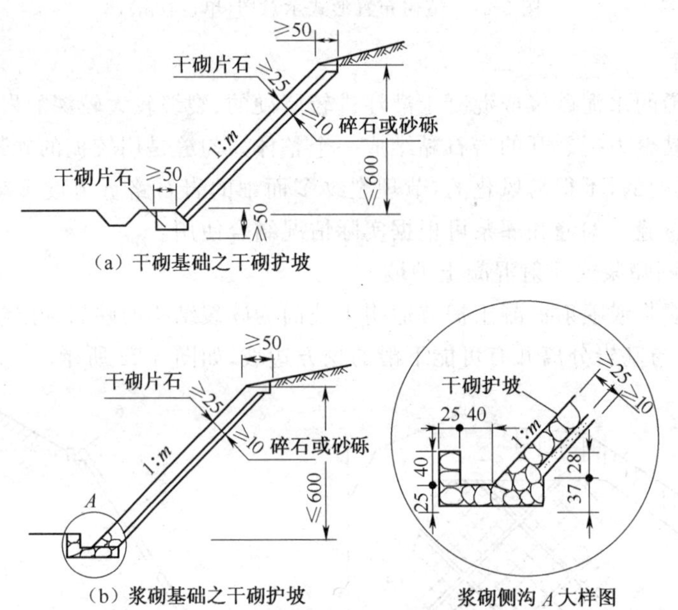

图 3-23　干砌片石护坡(单位:cm)

7. 浆砌片石护坡

在缓于 1∶1 的各类岩石和土质边坡上，因风化剥落，地面水冲刷而发生流泥、冲沟以及表层溜坍等病害时，如当地石料来源充足，可采用浆砌片石护坡。对于严重潮湿或冻害严重的土质边坡，在未进行排水措施以前，则不宜采用浆砌片石护坡。

护坡采用 M5 浆砌片石，一般采用等截面，其厚度按边坡高度和坡度而定，通常采用 0.3～0.4 m。高边坡的浆砌片石护坡宜分段设置，每级高度不大于 20 m。各级之间应设宽度不小于 1 m 的平台，并作成略微向外倾斜的泄水坡。

当护坡面积较大，且边坡较陡或坡面变形较严重时，为增强护坡本身的稳定性，可采用肋式护坡，如图 3-24 所示。

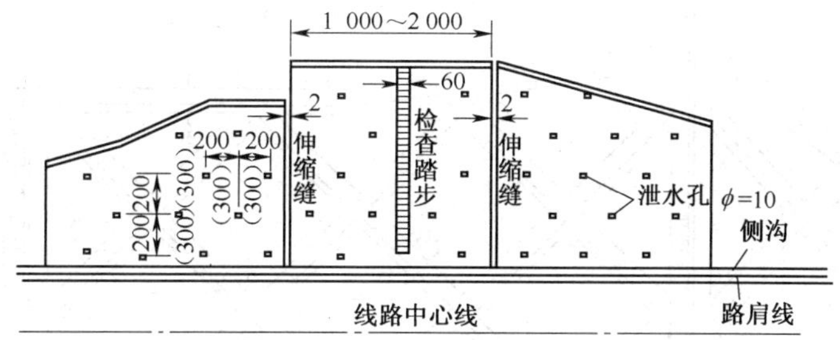

(a) 肋式护坡平面图

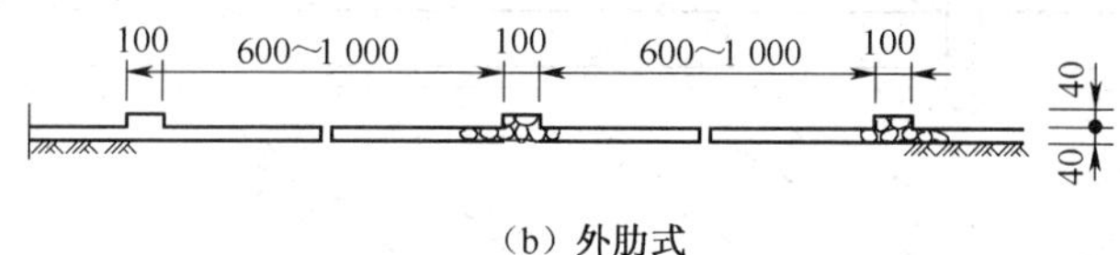

(b) 外肋式

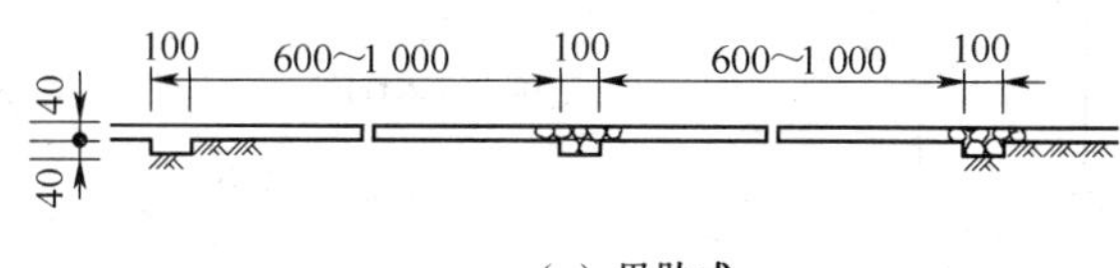

(c) 里肋式

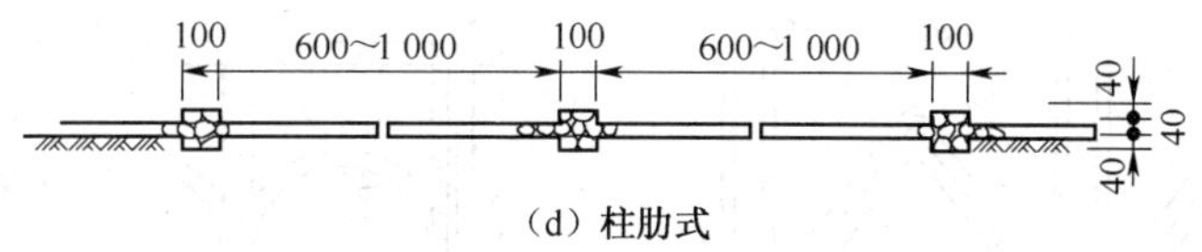

(d) 柱肋式

图 3-24　浆砌片石护坡(单位:cm)

8. 浆砌片石骨架护坡

在易受冲刷的土质边坡和风化极严重的岩石边坡上，当坡度缓于 1∶0.5 且边坡潮湿、坡面溜坍及冲刷较严重，单纯采用草皮护坡或捶面护坡易被冲毁脱落时，采用浆砌片石骨架的加固措施，其内铺草皮或三合土、四合土锤面代替浆砌片石或混凝土。比大面积浆砌片石护坡更为经济。骨架护坡常用的结构形式有方格形、人字形和拱形三种，如图 3-25 所示。

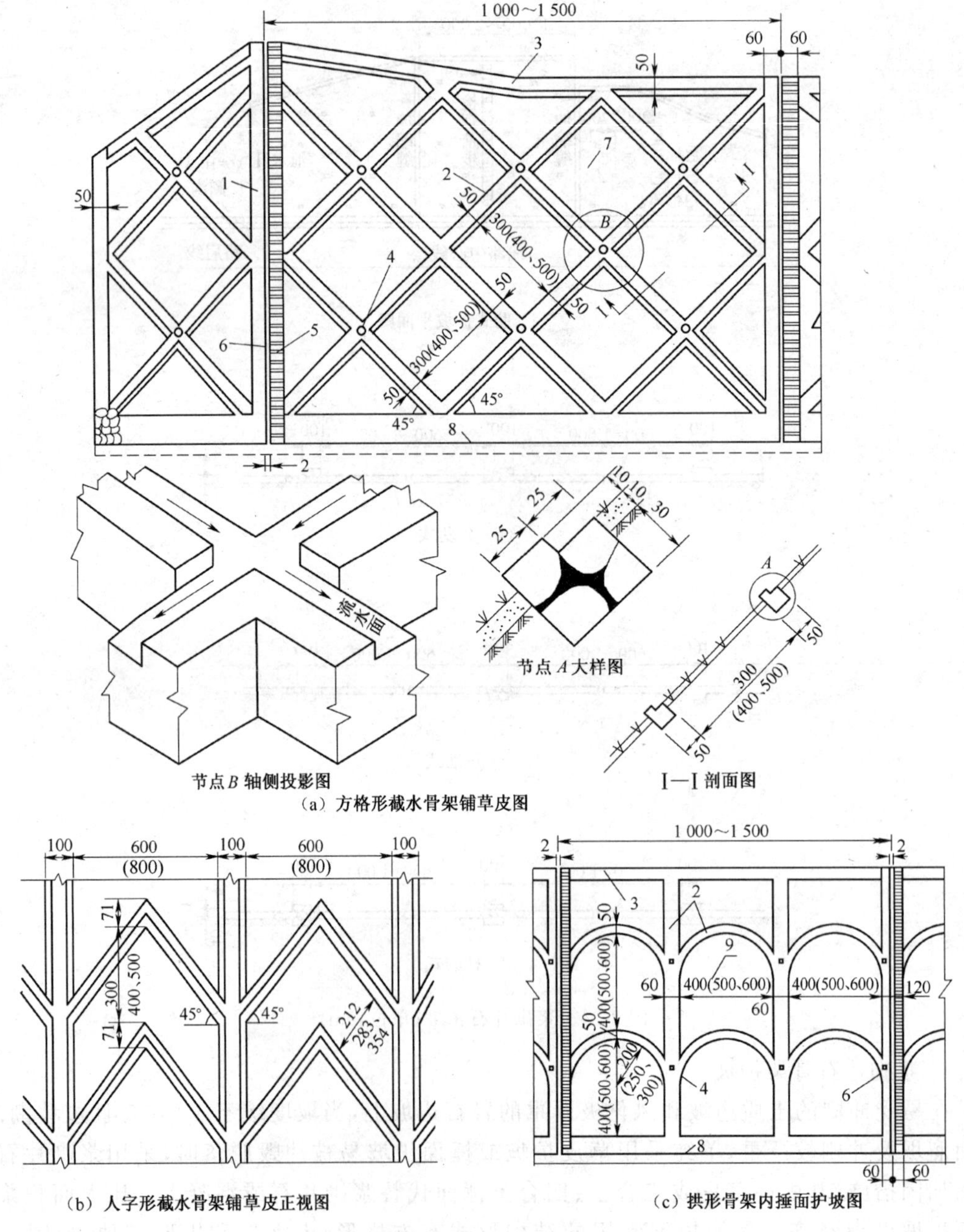

(a) 方格形截水骨架铺草皮图

(b) 人字形截水骨架铺草皮正视图

(c) 拱形骨架内捶面护坡图

图 3-25 骨架护坡类型(单位:cm)

1—肋柱;2—浆砌片石骨架;3—镶边;4—泄水孔(10×10);5—踏步;6—伸缩缝;7—草皮;8—侧沟流水面;9—捶面

9. 浆砌片石护墙

护墙用于封闭各种软质岩层和较破碎的挖方边坡以及坡面易受侵蚀的土质边坡。用护墙防护的挖方边坡不宜陡于1∶0.5,并应符合极限稳定边坡的要求。护墙分为实体式、窗孔式、肋式和拱式等类型,应根据边坡地质条件合理选用。实体式护墙有等截面和变截面两种。墙高 6～10 m 时采用等截面,厚度 0.4～0.5 m;墙高超过 10 m 时,采用变截面,顶宽 0.4 m,底宽依墙高而定,单级宽度不宜超过 20 m,如图 3-26 所示。

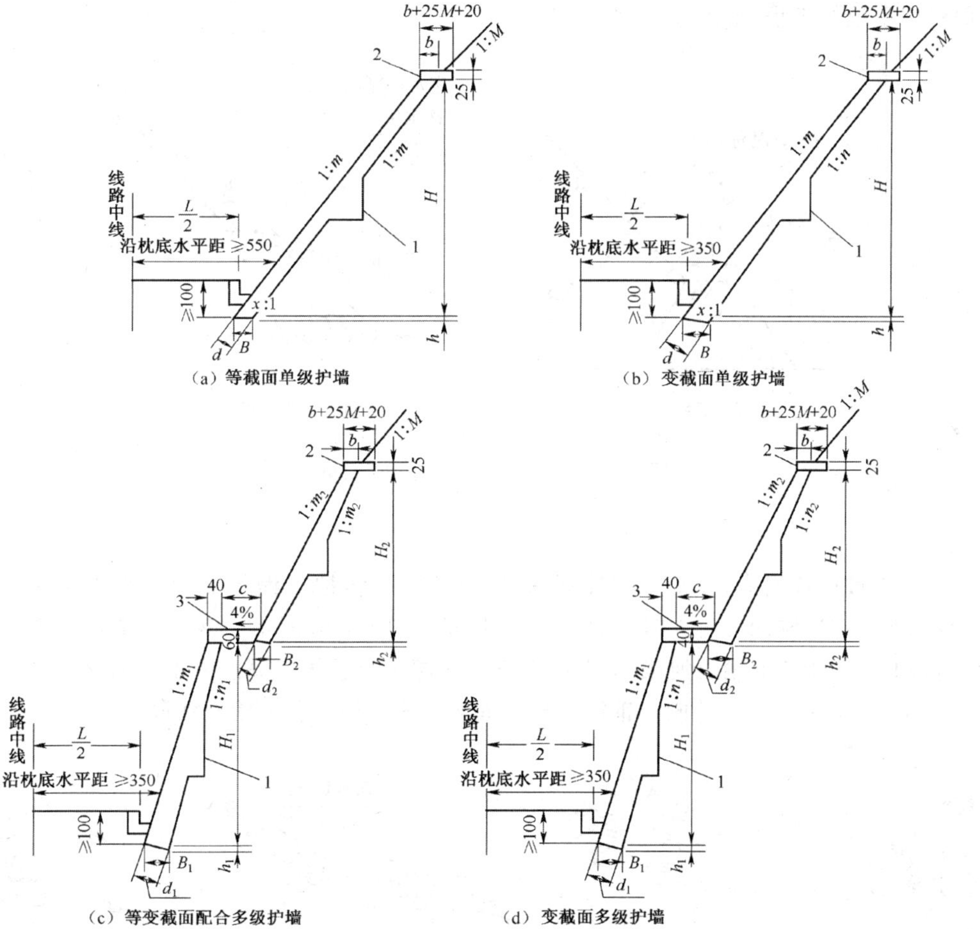

(a) 等截面单级护墙　(b) 变截面单级护墙

(c) 等变截面配合多级护墙　(d) 变截面多级护墙

图 3-26　浆砌片石护墙示意图(单位:cm)

1—耳墙;2—墙帽;3—错台;

H(H_1、H_2)—护墙(下、上墙)垂直高度;h(h_1、h_2)—护墙(下、上墙)斜基底高度;B(B_1、B_2)—护墙(下、上墙)水平底宽度;d(d_1、d_2)—护墙(下、上墙)斜基底宽度;m(m_1、m_2)—护墙(下、上墙)墙胸倾斜度;n(n_1、n_2)—护墙(下、上墙)墙背倾斜度;L—路基宽度;b—护墙顶宽;c—错台宽度

(二)路基冲刷防护设备

为了防止河水对边坡、坡脚或坡脚处地基不断的冲刷和淘刷应设冲刷防护。防护位置和所采用的类型则视水流运动规律及防护要求而定。

1. 直接防护

(1)抛石防护

抛石防护用于经常浸水且水深较大的路基边坡或坡脚以及挡土墙、护坡的基础防护。抛石一般多用于抢修工程,如图 3-27 所示。

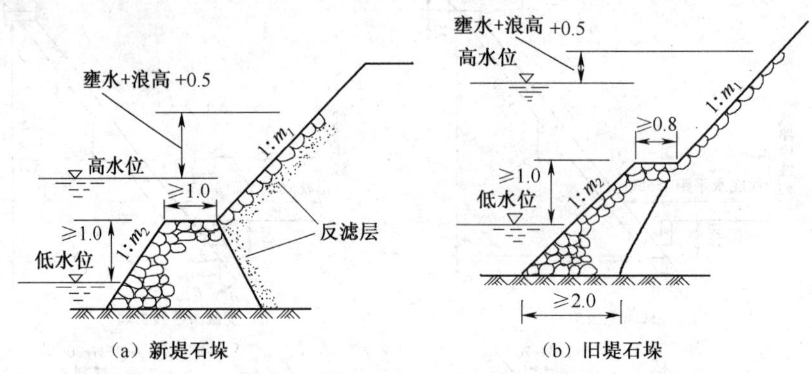

图 3-27 抛石防护示意图(单位:m)

(2)石笼

沿河路堤坡脚或河岸,当受水流冲刷和风浪侵袭,且防护工程基础不易处理或沿河挡土墙、护坡基础局部冲刷深度过大时,可采用石笼防护,如图 3-28 所示。钢丝石笼多用于抢修或临时工程,不得用于急流滚石河段,必要时对钢丝笼灌注小石子水泥混凝土。钢丝石笼一般可容许流速 4～5 m/s 的水流冲刷。钢筋混凝土框架石笼可用于急流滚石河段。

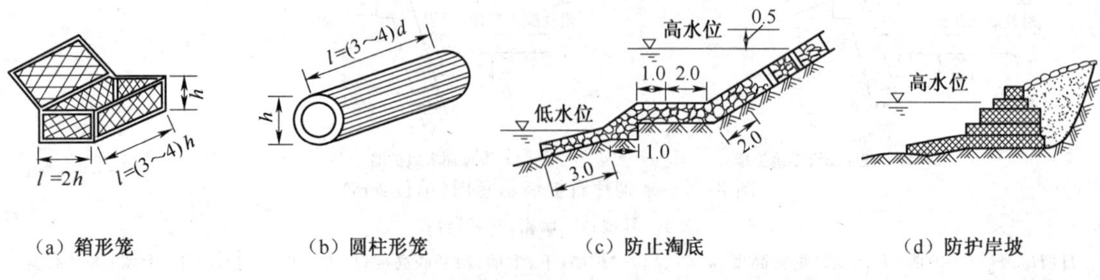

图 3-28 石笼防护示意图(单位:m)

2. 间接防护

(1) 导流堤

当沿河路基挡土墙、护坡的局部冲刷深度过大，深基础施工不便时，宜采用导倒流建筑物防护基础。包括丁坝和顺坝两种类型。丁坝适用于宽浅变迁河段，用以挑流或减低流速，减轻水流对河岸或路基的冲刷。顺坝适用于河床断面较窄、基础地质条件较差的河岸或沿河路基防护，调整流水曲线度和改善流态，如图 3-29 所示。

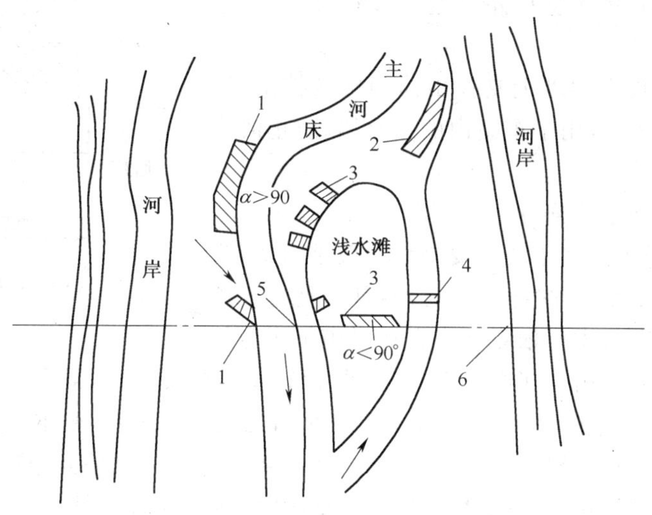

图 3-29　导流建筑物综合布置示意图

1、2—顺坝；3—丁坝；4—格坝；5—主河床；6—线路中线

(2)改移河道

沿河路基受水流冲刷严重，或防护工程艰巨，以及路线在短距离内多次跨越弯曲河道时可改移河道。对主河槽改动频繁的变迁性河流或支流较多的河段不宜改河。

特殊条件下的路基防护类型更多，例如在多年冻土地区，为防止冻融对线路的比例影响应采用各种保温措施；在泥石流地区，为防止泥石流对路基体的威胁，应设置多种拦蓄与疏导工程；在风沙地区为防止路基体砂蚀和被掩埋，常采用各种防沙，固沙设施。

三、路基加固设备

路基加固设备是用以加固路基本体或地基的工程设施，在路基工程中，有挡土墙、抗滑桩及锚索工程等。路基加固设备是提高路基稳定的一种有效措施。

(一)挡土墙

挡土墙是支挡建筑物，常用于高路堤、深路堑、陡坡和不良地段，用以支撑和加固边坡、土体。防止滑坡、河流冲刷等病害。其结构组成如图 3-30 所示。

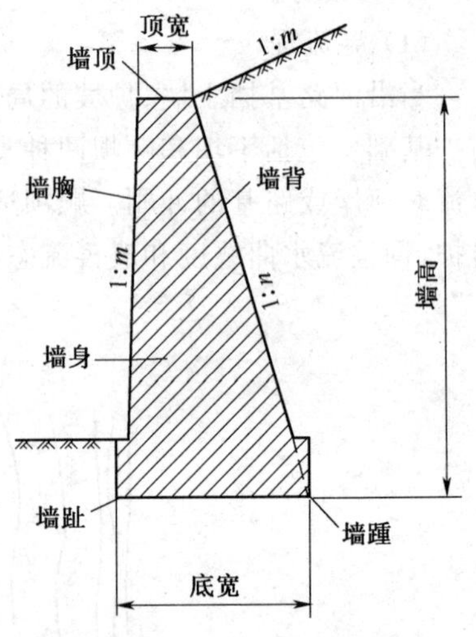

图 3-30　常用挡土墙组成

按照用途和设置部位挡土墙分为：

(1)路堑挡土墙:用以支撑路堑边坡。

(2)路肩挡土墙:用以支撑路堤边坡,墙顶和路肩齐平。

(3)路堤挡土墙:用于支撑路堤边坡,墙顶以上一定填土高度。

(4)此外,还有设在山坡上支撑山体的山坡挡土墙,整治滑坡的抗滑挡土墙,用于车站内的站台墙,防止河流冲刷的浸水挡土墙等。

按照结构形式挡土墙分为：

(1)重力式。重力式挡土墙主要分为一般重力式(简称重力式)和衡重重力式(简称衡重式)两种。重力式挡土墙如图 3-31(a)所示,主要依靠墙身自重平衡土压力的作用,保持墙身的稳定,由于其形式简单,取材容易,施工简便,因而得到了普遍应用。衡重式挡土墙如图 3-31(b),由上墙和下墙组成,上、下墙背之间有衡重台,衡重台上的部分填土重量和墙身共同作用,保持墙身稳定。其断面比重力式经济,且可降低墙高,减少基础开挖,衡重台上较大的容纳空间还可用以拦截,堆积崩塌落石,因此,常作为路肩墙、路堑墙、路堤墙,在山区横坡较陡的地区得到了广泛的应用。

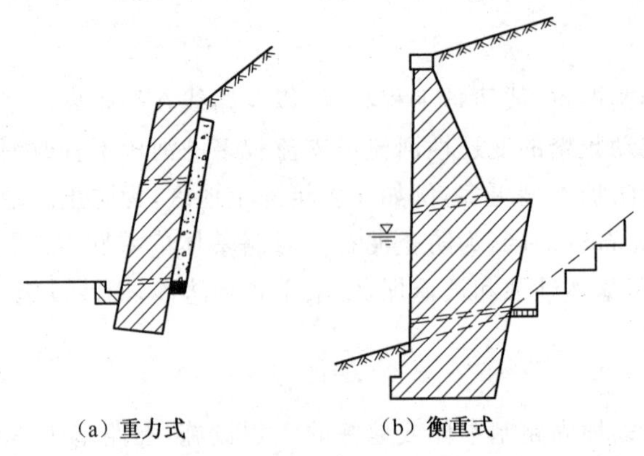
(a) 重力式　　(b) 衡重式

图 3-31　重力式挡土墙断面示意图

(2)薄壁式。在缺乏石料的地区,可采用薄壁式钢筋混凝土结构。断面形式如图 3-32(a)

的称为悬壁式，用于墙高不大于 6 m 的地段。悬壁式挡土墙由墙面板、墙趾板、墙踵板三部分组成，利用踵板上的填料重量保持其稳定。当墙高大于 6 m 时，可沿墙身每隔一定距离加一道扶壁和墙趾板或墙踵板联结，以提高挡土墙的强度和抗滑性能，此种形式称为扶壁式，如图 3-32(b)。薄壁式挡墙需用钢材和木材，施工技术要求较高，墙后回填也较多，在既有线上未广泛采用。

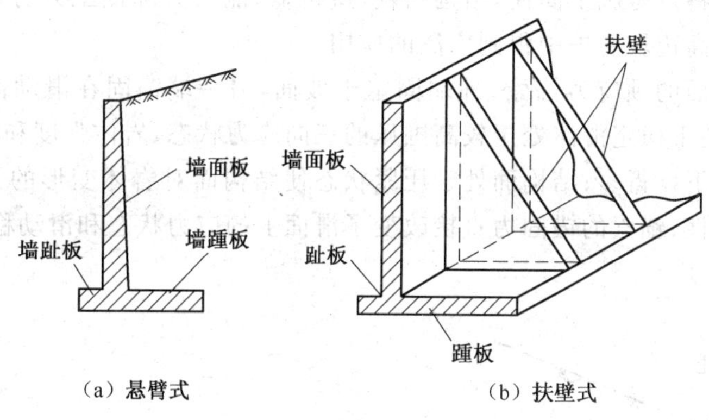

图 3-32　薄壁式挡土墙示意图

(3)柱板式。柱板式挡土墙如图 3-33(a)所示，由深埋的桩柱和挡板组成，依靠挡土墙构件的强度支撑土体，适用于土压力较大、地基较差，因而要求基础深埋的地段。其开挖面较小，施工比较安全。图 3-33(b)所示为带卸荷板的柱板式挡土墙，它由立柱、底梁、挡板、卸荷板、拉杆、槽形基座及金属插销等部件拼装而成，借卸荷板上的土重平衡全墙，并减小立柱下部所受的土压力。其构件可以预制，结构轻便，拼装迅速，能减少大量基础开挖工程，降低工程造价，适用于高边坡路堑和陡坡路堤的加固。

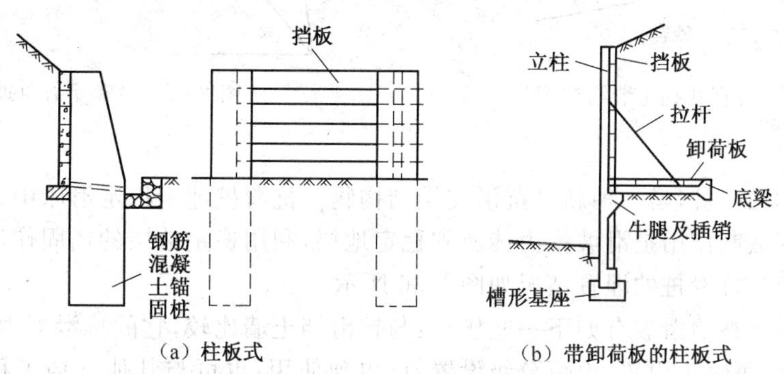

图 3-33　柱板式挡土墙示意图

(4)新型支挡结构。如垛式、填腹式挡土墙等,尤以锚杆挡土墙近年来发展十分迅速,如图3-34所示。

(二)锚索工程

预应力锚索是一种新型的路堑岩石高边坡加固工艺,通过钻孔、安装锚索、注浆、锚索张拉等工艺完成锚索的施工,把不稳定的岩体与稳定基岩锚固成一整体,从而达到稳固边坡的效果。预应力锚索的特点是施工简便,结构新颖,造价低,能大大降低工人劳动强度,因此,预应力锚索工艺在路堑高边坡防护中得到广泛的应用。

穿过边坡滑动面的预应力锚索,外端固定于坡面,另一端锚固在滑动面以内的稳定岩体中:锚索的预应力使不稳定滑体处于较高围压的三向应力状态,岩体强度和变形特性比在单轴压力及低围压条件下好得多;结构面处于压紧状态使结构面对岩体变形的消极影响减弱显著提高了岩体的整体性;锚索的锚固力直接改变了滑面上的应力状态和滑动稳定条件(锚索受力情况如图3-35所示)。

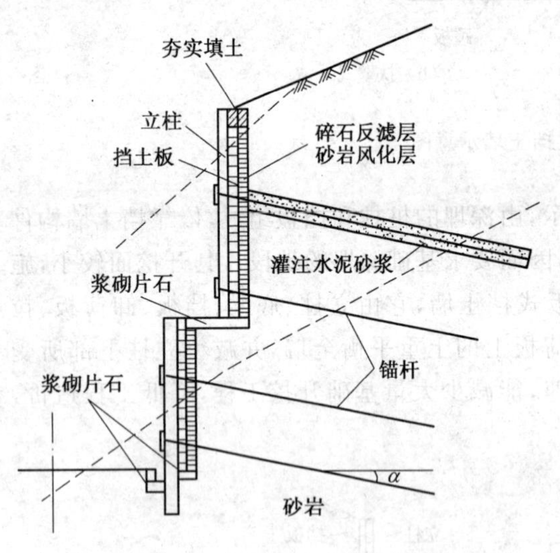

图3-34　锚杆式挡土墙结构图

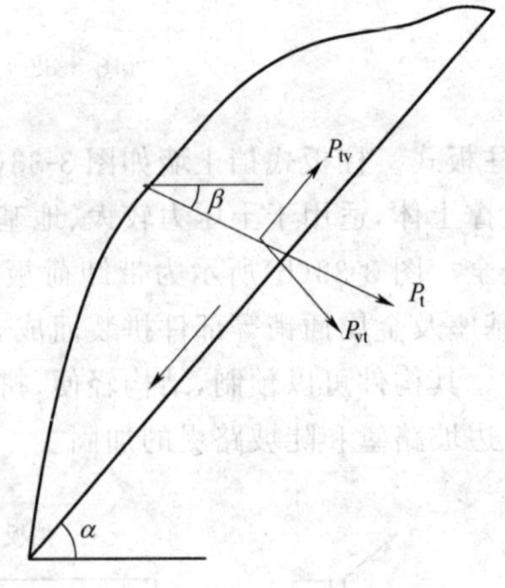

图3-35　锚索受力原理图

(三)抗滑桩

抗滑桩又称锚固桩,是一种新型抗滑支挡结构物。抗滑桩埋于稳定滑床中,依靠桩与桩周岩(土)体的相互嵌制作用把滑坡推力传递到稳定地层,利用稳定地层的锚固作用和被动抗力,使滑坡得到稳定。抗滑桩的埋置情况如图3-36所示。

抗滑桩应用于整治滑坡有如下一些优点:与抗滑挡土墙比较,它的抗滑能力大,圬工小;设桩位置比较灵活,可集中设置,也可分级设置,可单独使用,也可与其他支挡工程配合使用;桩施工时破坏滑体范围小,不会改变滑坡的稳定状态;施工简便,采用混凝土护壁后施工安全;由

于分段同时施工，劳力易于安排，工期可缩短；成桩后能立即发挥作用，有利于滑坡稳定，而且施工可不受季节限制；施工开挖桩孔过程中易于校对地质资料，如有出入可及时修改设计；采用抗滑桩处理滑坡时，可不作复杂的地下排水工程。因此，抗滑桩在滑坡整治中得到了广泛应用。目前，我国通常采用挖孔桩施工。

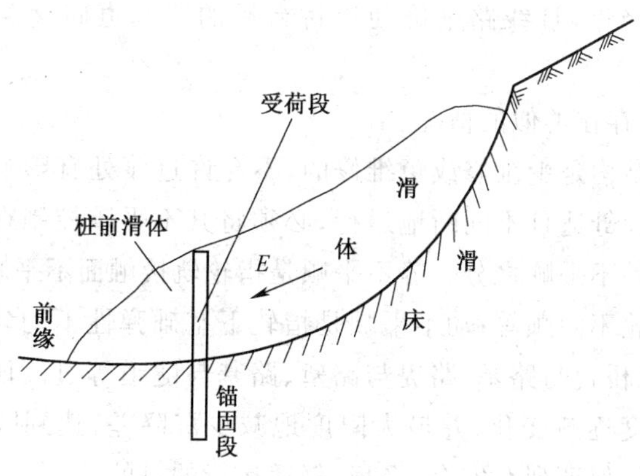

图 3-36　抗滑桩埋置情况示意图

第四节　高速铁路路基过渡段

过渡段是设置在高速铁路路基与不同结构物之间以及路基不同结构形式之间的过渡结构。主要是解决线路纵向相临结构体之间不同刚度，不同沉落的平顺过渡问题。过渡段包括路桥过渡段、路涵过渡段、路隧过渡段、路堤与路堑过渡段及半填半挖过渡段。过渡段是线路刚度变化较大的部位，是铁路线路中的薄弱环节，因此，在设计和施工中采用恰当的结构形式保证线路刚度在过渡段内实现渐变从而减少差异工后沉降，是过渡段要解决的问题。

一、设置过渡段的必要性

高速铁路的建设与发展必须以安全、可靠、舒适等为前提。它要求其相关的各个方面都具有高品质和高可靠性。其中，线路的稳定与平顺是必不可少的条件之一。铁路线路是由不同特点、性质迥异的构筑物（桥、隧、路基等）和轨道构成的，它们相互作用、相互依存、相互补充，共同构成了一条平滑线路。由于组成线路的结构物强度、刚度、变形、材料等方面的差异巨大，因此，必然会引起轨道的不平顺。在路基与桥梁的连接处，由于路基与桥梁刚度差别极大，将引起轨道刚度的变化；另一方面路基与桥台的沉降也不一致，使运动车轮经历高度的突然变化。这些变化使运动车轮产生了竖向加速度，根据牛顿定律，其轮轨间将产生一个较大的冲击作用力。

长期以来,我国铁路设计和施工中,尚没有过渡段的明确概念。实际施工过程中,路桥过渡段又是一个薄弱环节,路基填土与桥台施工不协调,常使桥台背后填料无法达到最佳控制标准,使得运营后的线路在路桥过渡段有较多的病害发生。特别是桥台后填土较高的地段,病害尤为严重,且线路维修使得桥台后的路基道砟囊深度达到 2～3 m,纵向延伸约 20～30 m。

路涵、堤堑过渡处也存在类似的情况。

高速铁路要求线路结构是少维修或免维修的,不允许过渡处有影响高速运营的线路病害出现。为了满足列车平稳舒适且不间断地运行,必须将其不平顺控制在一定范围之内。轨道的不平顺有静不平顺和动不平顺之分。静不平顺是指轮轨接触面不平顺,如钢轨轨面不平顺、不连续(接头、道岔)、车轮不圆顺等;动不平顺是指轨下基础弹性不均匀,如扣件失效、枕下支承失效、路基不均匀以及桥台与路基、路堤与路堑、路基与隧道等过渡段的弹性不均匀等。设置过渡段可使轨道的刚度逐渐变化,并最大限度地减少沉降差,达到降低动车组与线路的振动,减缓路基结构的变形,保证列车安全、平稳、舒适运行的目的。

二、过渡段设置方式

(一)路桥过渡段设置方式

路桥过渡段,可采用沿线路方向纵向倒梯形、正梯形或二次过渡形式。

1. 倒梯形结构(如图 3-37 所示)

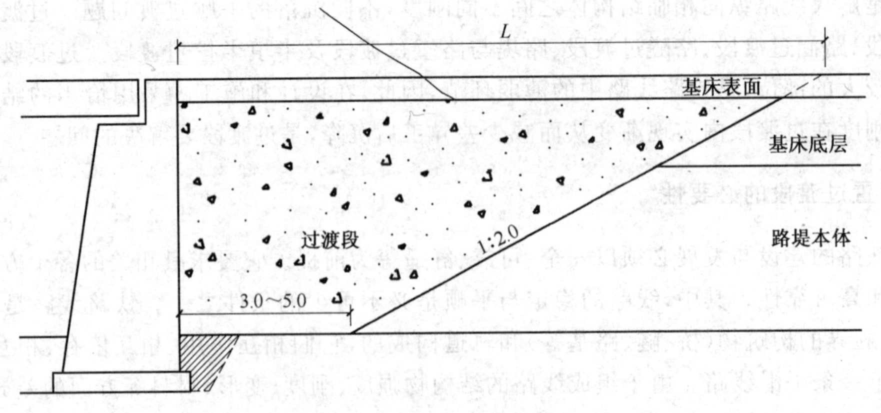

图 3-37　倒梯形结构过渡段示意图

过渡段长度可按式(3-1)确定:

$$L=\alpha+n\times(H-h) \tag{3-1}$$

式中　L ——过渡段长度，m，一般应不小于表 3-9 的要求；

H ——台后路堤高度，m；

h —— 基床表层厚度，m；

α —— 常数，3～5 m；

n —— 过渡段纵向边坡坡率，可取 2～5。

表 3-9　客运专线过渡段长度

行车速度(km/h)	弯折角 θ(‰)	允许工后沉降值(cm)	过渡段 L(m)
200	2.5	8	32
250	2.0	5	25
300	1.5	3	20

2. 正梯形结构(如图 3-38 所示)

过渡段长度可按式(3-1)确定。

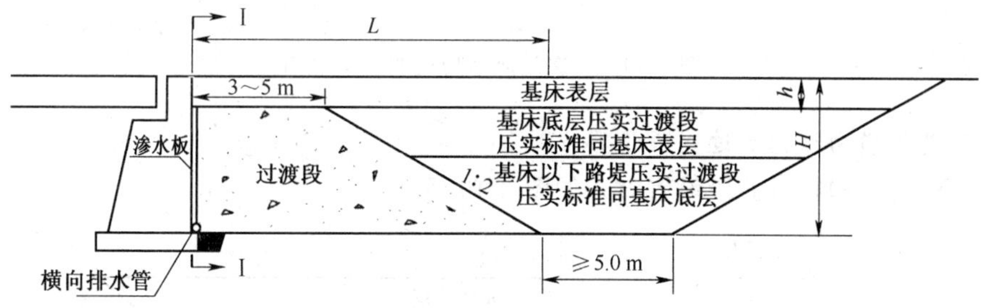

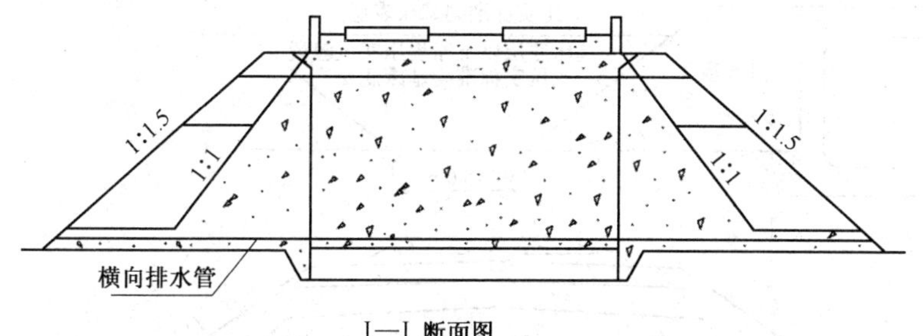

I—I 断面图

图 3-38　正梯形结构过渡段示意图

3. 二次过渡结构(如图 3-39 所示)

过渡段长度可按式(3-2)确定：

$$L = 2\alpha + 2n \times (H - h) \tag{3-2}$$

式中 L——过渡段长度，m，一般应不小于表 3-9 的要求；

H——台后路堤高度，m；

h——基床表层厚度，m；

α——常数，3～5 m；

n——过渡段纵向边坡坡率，可取 2～5。

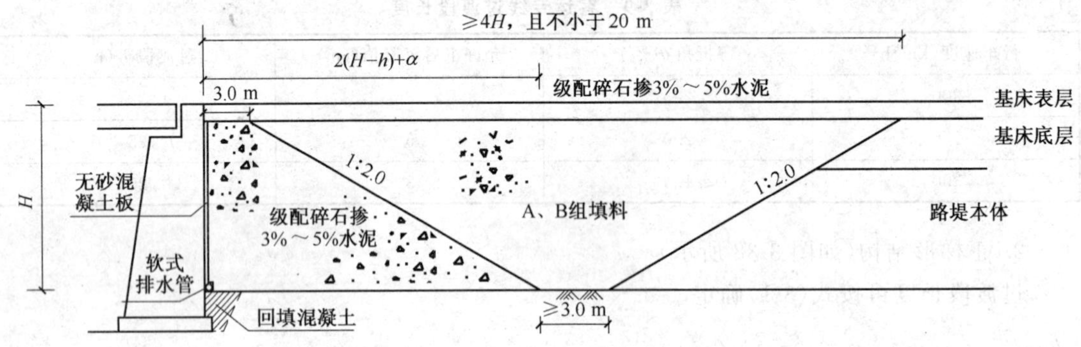

图 3-39　二次过渡结构过渡段示意图

（二）路堤与横向结构物过渡段设置方式

路堤与横向结构物过渡段设置方式如图 3-40 所示。

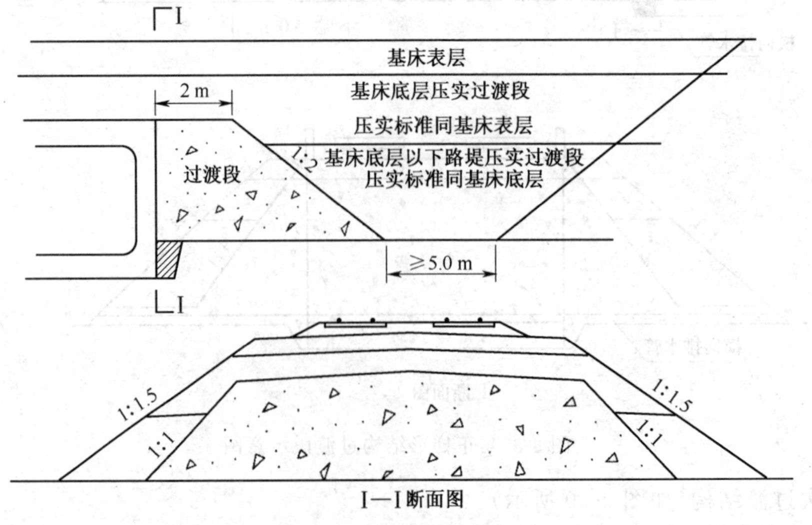

图 3-40　路堤与横向结构物过渡段设置方式图

（三）路堤与路堑连接处过渡段设置方式

（1）当路堤与路堑连接处为坚硬岩石路堑时，在路堑一侧顺原地面纵向开挖台阶，台阶高度 0.6 m 左右，并应在路堤一侧设置过渡段，如图 3-41 所示。

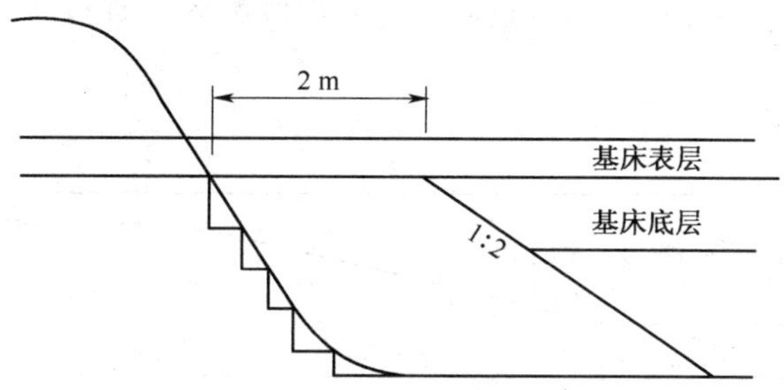

图 3-41　路堤与路堑连接为坚硬岩石时的过渡方式示意图

（2）当路堤与路堑连接处为软质岩石或土质路堑时，应顺原地面纵向挖成 1∶2 的坡面，坡面上开挖台阶，台阶高度 0.6 m 左右，其开挖部分填筑要求与路堤相同，如图 3-42 所示。

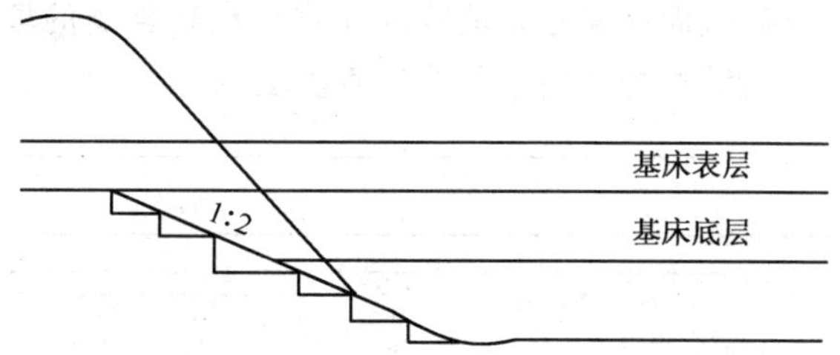

图 3-42　路堤与路堑连接为软质岩石或土质路堑时的过渡方式示意图

（四）半堤半堑处过渡段设置方式

半堤半堑处过渡段设置方式如图 3-43 所示。

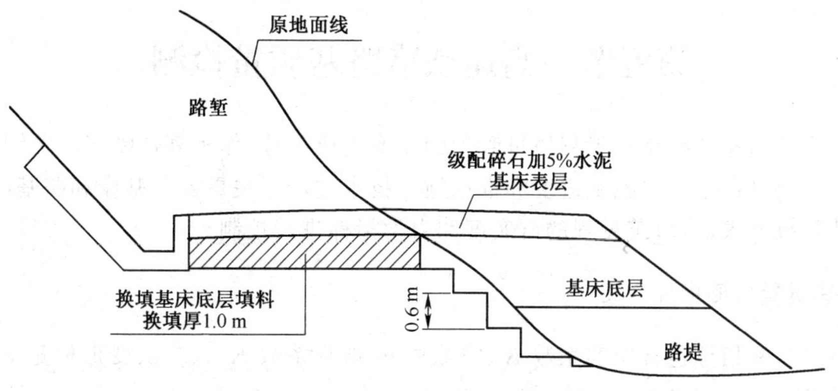

图 3-43　半堤半堑过渡段设置示意图

（五）路隧过渡段设置方式

考虑到土质与软质岩路堑与隧道之间的基床刚度变化太大，必须设置路隧过渡段（如图3-44所示），路隧过渡段的长度一般不小于20 m，与隧道连接处的厚度需同隧道仰拱厚度一致，另一端可采用基床表层厚度。路隧过渡段可采用级配碎石直接填筑，如压实困难，可掺入适量水泥。

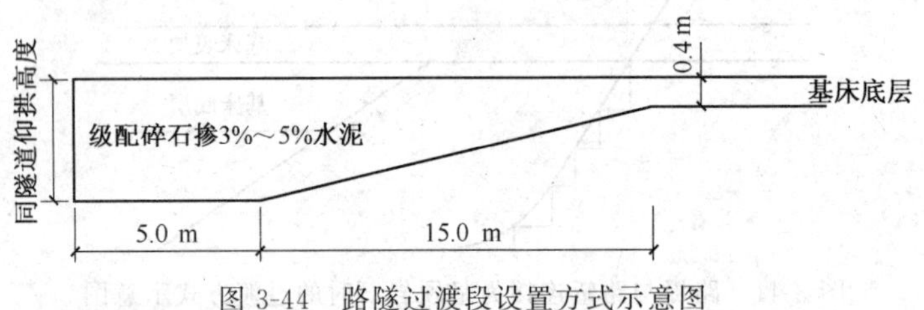

图 3-44　路隧过渡段设置方式示意图

（六）紧邻横向结构物间的过渡段

当两个横向结构物相距较近时（如图3-45所示），进行过渡段施工将使两横向结构物级配碎石填筑区部分重叠或相接近，而级配碎石填筑区间将存在较软弱的填土层，因此，为保证基床刚度平顺过渡，应在两横向结构物之间全部按过渡段填筑。

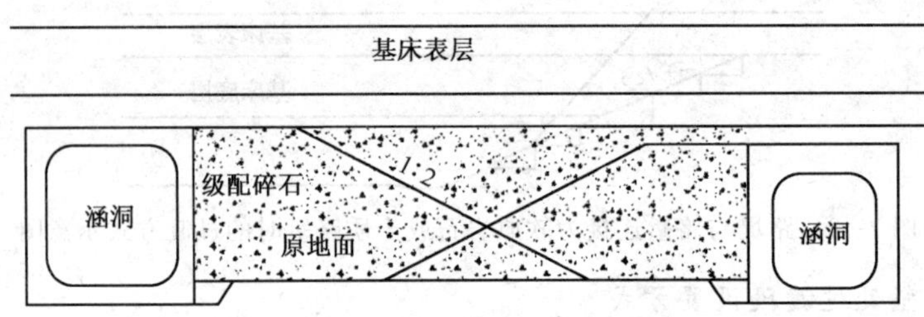

图 3-45　紧邻横向结构物间过渡段设置方式示意图

第五节　高速铁路路基质量检测

路基检测是高速铁路路基工程质量管理的重要组成部分，作为高速铁路的关键性、基础性工作，对控制工程质量、加快施工进度和推动施工技术进步至关重要。基床和路基的检测主要是根据设计规范要求，对填筑过程的压实度和力学指标进行控制。

一、路基质量检测指标含义

路基质量检测指标包含压实系数 K、空隙率 n、地基系数 K_{30}、二次变形模量 E_{v2}、动态变形模量 E_{vd} 等。

（一）压实系数 K

压实系数是指路基经压实实际达到的干密度与由击实实验得到的试样的最大干密度的比值 K。路基的压实质量以施工压实度 K(%)表示。压实系数愈接近1，表明压实质量要求越高。

（二）空隙率 n

颗粒与颗粒间的空隙体积 V_V 与整个颗粒物料层体积 V(堆积体积)之比称为空隙率。

（三）地基系数 K_{30}

地基系数 K_{30} 是表示土体表面在平面压力作用下产生的可压缩性的大小。它是用直径为300 mm 的刚性承载板进行静压平板载荷试验，取第一次加载测得的应力—位移(σ—s)曲线上 s 为1.25 mm 时所对应的荷载 σ_s，按 $K_{30}=\sigma_s/1.25$ 计算得出，单位是 MPa/m 。

（四）二次变形模量 E_{v2}

二次变形模量 E_{v2} 是在施工现场通过圆形承载板和加载装置对土路基进行静态平板载荷试验，一次加载和卸载后，再进行二次加载，用测得的二次加载应力—位移(σ—s) 曲线。用测得的二次加载曲线来计算土体在力的作用下抵抗变形的能力。

（五）动态变形模量 E_{vd}

动态变形模量 E_{vd} 是指土体在一定大小的竖向冲击力 F_s 和冲击时间 t_s 作用下抵抗变形能力的参数。能够反映列车在高速运行时产生的动应力对路基的真实作用状况，是高速铁路路基填筑压实控制的主要指标。它由平板压力公式(3-3)计算得出。

$$E_{vd}=1.5\cdot r\cdot\frac{\sigma}{s} \tag{3-3}$$

式中　E_{vd}——动态变形模量，MPa，计算至 0.1 MPa；

r——圆形刚性荷载板的半径，mm；

σ——荷载板下的最大动应力，它是通过在刚性基础上，由最大冲击力 $F_s=7.07$ kN 且冲击时间 $t_s=17$ ms 时标定得到的，即 $\sigma=0.1$ MPa；

s——实测荷载板下沉幅值，mm；

1.5——荷载板形状影响系数。

实测结果可采用下列简化公式：

$$E_{vd}=\frac{22.5}{s} \tag{3-4}$$

二、路基质量检测方法

（一）密度检测方法

1. 环刀法

环刀法是测量现场密度的传统方法。用环刀法测得的密度是环刀内土样所在深度范围内的平均密度。它不能代表整个碾压层的平均密度。由于碾压土层的密度一般是从上到下减小的,若环刀取土在碾压层的上部,则得到的数据往往偏大;若环刀取在碾压层的底部,则所得的数据明显偏小。就检测路基土压实质量而言,我们需要的是整个碾压层的平均压实度,而不是碾压层中某一部分的压实度。因此,在用环刀法测定土的密度时,应使所得密度能代表整个碾压层的平均密度。然而,这在实际检测中是比较困难的,只有使环刀所取的土恰好是碾压层中间的土,环刀法所得的结果才可能与灌砂法的结果大致相同。另外,环刀法使用面较窄,对于含有粒料的路基土及松散性材料无法使用,仅适用于测定不含砾石颗粒的粉土和黏性土的密度。仪器设备包括:

(1)人工取土器:人工取土器包括环刀、环盖、定向筒和击实锤系统(导杆、落锤、手柄)。环刀内径 6～8 cm,高 2～3 cm,壁厚 1.5～2 mm。

(2)天平:称量 500 g,感量 0.1 g。

(3)其他:镐、小铁锹、修土刀、毛刷、直尺、钢丝锯、凡士林、木板及测定含水量设备等。

2. 灌砂法

灌砂法属于对压实土面的破坏性量测方法,是利用均匀颗粒的砂去置换试洞的体积。该方法适用于现场测定最大粒径小于 20 mm 的土的密度,也是当前最通用的方法,很多工程都把灌砂法列为现场测定密度的主要方法。其缺点是:需要携带较多量的砂,而且称量次数较多,因此它的测试速度较慢。仪器设备包含:

(1)密度测定器:如图 3-46 所示。

(2)天平:称量 10 kg,感量 10 g 及称量 500 g,感量 0.1 g。

(3)挖土工具:铲、小锹、勺子、毛刷等。

(4)蒸发皿:500 mL、300 mL、100 mL 各两个,烘箱、干燥器等,盛土容器及孔径 0.25 mm、0.50 mm 筛子等。

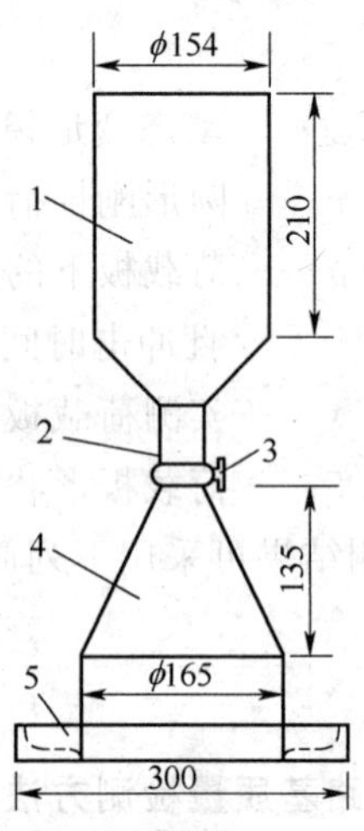

图 3-46　密度测定器结构图(单位:mm)

1—容砂瓶;2—螺纹接头;3—阀门;4—灌砂漏斗;5—底盘

3. 核子射线法

所谓核子密度湿度仪法,即利用元素的放射性来测定各种材料的密度和湿度。仪器内部带有两个辐射源,即用于测定密度的同位素 Cs-137γ 源和用于测定湿度的 Am－241/ Be 中子源。此外,仪器内部还有两种射线的接收装置(即接收器)以及为检测射线和显示测值所需要的微处理机电子部件。核子仪法适用于现场测定填料为细粒土、砂类土的压实密度。相对于灌砂法和其他破损性测量方法,核子仪法有以下优点:被测土体体积大,结

果具有代表性。

(二)地基系数测试方法

地基系数 K_{30} 的测试是用直径为 300 mm 的刚性承载板进行静压平板载荷试验，取第一次加载测得的应力—位移(σ—s)曲线上 s 为 1.25 mm 时所对应的荷载 σ_s，按 $K_{30}=\sigma_s/1.25$ 计算得出，单位是 MPa/m 。

1. K_{30} 平板载荷试验的适用条件

对平板载荷试验测试值大小的影响因素包括：填料的性质、级配、压实系数、含水率、碾压工艺、最大干密度、最佳含水量、试验操作方法及测试面平整度等。为了规范试验过程，提出了平板载荷试验的适用条件和要求如下：

(1)测试对象的颗粒级配

K_{30} 平板载荷试验适用于粒径不大于载荷板直径 1/4 的各类土和土石混合填料。

(2)有效测试深度

K_{30} 平板载荷试验的测试有效深度范围为 400～500 mm。

(3)含水量变化的影响

对于水分挥发快的均粒砂，表面结硬壳、软化，或因其他原因表层扰动的土，平板载荷试验应置于扰动带以下进行。

(4)测试时间

对于粗、细粒均质土，宜在压实后 2～4 h 内进行。

(5)测试面的状态

测试面必须是平整无坑洞的地面，对于粗粒土或混合料造成的表面凸凹不平，应铺设一层约 2～3 mm 的干燥中砂或石膏腻子。此外，测试面必须远离震源，以保持测试精度。细粒土(粉砂、翻土)只有在压实的条件下方可进行检测。在不确定的情况下，要对地面不同深度进行检测，地面以下最深至 d(d 为承载板直径)。

(6)天气条件

雨天或风力大于 6 级的天气，不得进行试验。

2. 仪器设备

(1)荷载板

荷载板为圆形钢板，其直径为 300 mm，板厚为 25 mm。荷载板上应带有水准泡。

(2)加载装置

①液压千斤顶与手动油泵，通过高压油软管连接。千斤顶顶端应设置球铰，并配有可调节丝杆和加长杆件，以便与各种不同高度的反力装置相适应。选用荷载应大于或等于 50 kN 。

②液压油软管长度至少为 2 m，两端应装有自动开闭阀门的快速接头，以防止液压油漏出。

③手动液压泵上应装有一个可调节减压阀,可准确地分级对荷载板实施加、卸载。

④测压表量程应达到最大试验荷载的 1.25 倍,精度不低于 0.6 级。

⑤当使用测力计直接测量加荷荷载时,测力计精度应达到 1%。

(3)反力装置

反力装置的承载能力应大于最大试验荷载 10 kN。

(4)下沉量测量装置

下沉量测量装置由测桥和测表组成。测桥是用于安装测表固定支架或作为测表量测基准面,由长度大于 3 m 的支撑梁和支撑座组成,当跨度为 4 m 时其截面系数应大于或等于 8 cm^3。测表宜配置 3～4 个精度为 0.01 mm 的百分表或电子数显百分表,量程应不小于 10 mm,每个测表应配有可调式固定支架。

(5)其他

铁锹、钢板尺(长 400 mm)、毛刷、圬工泥刀、刮铲、水准仪、铅垂、褶尺、干燥中砂、石膏、油、遮阳挡风设施等。

3. 试验操作步骤

(1)测试面准备

场地测试面应进行平整,并使用毛刷扫去松土。当处于斜坡上时,应将荷载板支撑面做成水平面。

(2)安置平板载荷仪

①将荷载板放置于测试地面上,使荷载板与地面良好接触,必要时可铺设一薄层干燥砂(2～3 mm)或石膏腻子。当用石膏腻子做垫层时,应在荷载板底面上抹一层油膜,然后将荷载板安放在石膏层上,左右转动荷载板并轻轻击打顶面,使其与地面完全接触,与此同时可借助荷载板上水准泡或水准仪调整水平。

②将反力装置承载部分安置于荷载板上方,并加以制动。反力装置的支撑点必须距荷载板外侧边缘 1 m 以外。

③将千斤顶放置于反力装置下面的荷载板上,可利用加长杆和通过调节丝杆,使千斤顶顶端球铰座紧贴在反力装置承载部位上,组装时应保持千斤顶垂直不出现倾斜。

④安置测桥。测桥支撑座应设置在距离荷载板外侧边缘及反力装置支承点 1 m 以外。测表的安放必须相互对称,并且应与荷载板中心保持等距离。

(3)加载试验

①为稳固荷载板,预先加 0.01 MPa 荷载,约 30 s,待稳定后卸除荷载,将百分表读数调至零或读取百分表读数作为下沉量的起始读数。

②以 0.04 MPa 的增量,逐级加载。每增加一级荷载,当 1 min 的沉降量不大于该级荷载产生的沉降量的 1%时,读取荷载强度和下沉量读数。

③当总下沉量超过规定的基准值(1.25 mm)，或者荷载强度超过估计的现场实际最大接触压力，或者达到地基的屈服点，试验即可终止。

(三)二次变形模量测试方法

二次变形模量 E_{v2} 的检测，是在施工现场通过圆形承载板和加载装置对土路基进行静态平板载荷试验，一次加载和卸载后，再进行二次加载，用测得的二次加载应力—位移曲线得出变形模量 E_{v2}。

1. 适用条件

二次变形模量测试的适用条件同与平板荷载试验的适用条件相同。

2. 仪器设备

变形模量 E_{v2} 测试仪器应包括承载板、反力装置、加载装置、荷载量测装置及沉降量测装置。

3. 试验操作步骤

(1)场地测试面应进行平整，并使用毛刷扫去表面松土。当测试面处于斜坡上时，应将承载板支撑面做成水平面。

(2)测试仪器安置应符合下列要求：

①将承载板放置于测试点上，使承载板与地面完全接触，必要时可铺设一薄层干燥砂(2～3 mm)或石膏腻子，同时利用承载板上水准泡或水准仪来调整承载板水平。当用石膏腻子做垫层时，应在承载板底面上抹一层油膜，然后将承载板安放在石膏层上，左右转动承载板并轻轻击打顶面，使其与地面完全接触，被挤出的石膏应在凝固前清除，直至石膏凝固以后方可进行测试。

②将反力装置承载部位安置于承载板上方，并加以制动。承载板外侧边缘与反力装置支撑点之间的距离不得小于 0.75 mm。

③将千斤顶放在承载板的中心位置，使千斤顶保持垂直。用加长杆和调节丝杆使千斤顶顶端球铰座与反力装置承载部位紧贴。

④安置测桥时应将沉降量测装置的触点自由地放入承载板上测量孔的中心位置，沉降量测表必须与测试面垂直。测桥支撑座与反力装置支撑点的距离不得小于 1.25 m。

⑤试验过程中测桥和反力装置不得晃动。

⑥沉降量测装置应有遮阳挡风设施。

(3)预加载时，应预先加 0.01 MPa 荷载约 30 s，待稳定后卸除荷载，将沉降量测表读数调零。

(4)加载与卸载应符合下列要求：

①变形模量 E_{v2} 试验第一次加载应分为 6 级，并以大致相等的荷载增量(0.08 MPa)逐级加载，达到最大荷载为 0.5 MPa 或沉降量达到 5 mm 时所对应的应力后，再进行卸载。

②承载板卸载应按最大荷载的50%、25%和0三级进行。

③卸载后，按照第一次加载的操作步骤，并保持与第一次加载时各级相同的荷载进行第二次加载，直至第一次所加最大荷载的倒数第二级。

④每级加载或卸载过程必须在1 min内完成。

⑤加载或卸载时，每级荷载的保持时间为2 min，在该过程中荷载应保持恒定。

⑥试验中若施加了比预定荷载大的荷载时，应保持该荷载，并将其记录在试验记录表中，加以注明。

(5)当试验过程中出现承载板严重倾斜，以至水准泡上的气泡不能与圆圈标志重合或承载板过度下沉及量测数据出现异常等情况时，应查明原因，另选点进行试验，并在试验记录表中注明。

(四)动态变形模量E_{vd}测试方法

E_{vd}动态平板载荷试验法是采用E_{vd}动态变形模量测试仪来监控检测土体压实指标——动态变形模量E_{vd}值的试验方法。E_{vd}动态变形模量测试仪也称轻型落锤仪，是用于检测土体压实指标动态变形模量E_{vd}的专用仪器，如图3-47所示。该仪器的工作原理是利用落锤从一定高度自由下落在弹簧阻尼装置上，产生的瞬间冲击荷载，通过弹簧阻尼装置及传力系统传递给中ϕ300 mm的承载板，在承载板下面(即测试面)产生符合列车高速运行时对路基面所产生的动应力，使承载板发生沉陷s，即阻尼振动的振幅，由沉陷测定仪采集记录下来。沉陷值s越大，则被测点的承载力越小；反之，越大。

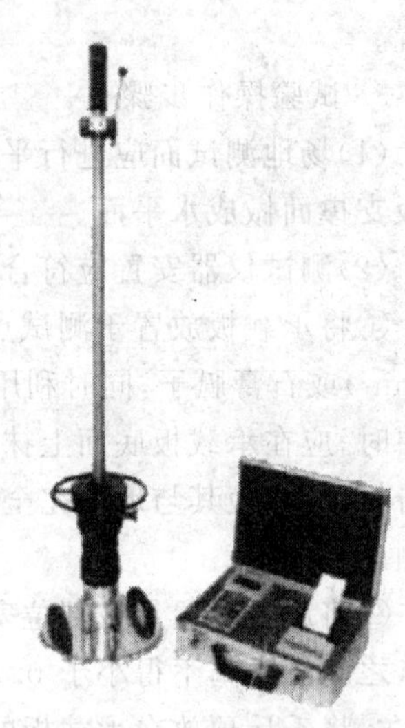
图3-47　LFG型E_{vd}动态变形模量测试仪实物图

1. 适用条件

适用于粒径不大于荷载板直径1/4的各类土、土石混合填料、非胶结路面基层及改良土，测试有效深度范围为400～500 mm。

2. 仪器设备

E_{vd}动态变形模量测试仪应由加载装置、荷载板和沉陷测定仪三部分组成，如图3-46所示。

3. 试验操作步骤

(1)检测前的准备工作

①整平测试面，选择倾斜度不大于5°的测试面，并确保其平整无坑洞。为使荷载板与地面良好接触，必要时可用少量的细中砂来补平。

②将荷载板置于整平的测试面上，并与测试面充分接触。

③加载装置安装在荷载板上方就位。

④用电缆线将荷载板与沉陷测定仪连接起来，并松开搬运锁。

⑤将落锤提升至挂(脱)钩装置上挂住，然后使落锤脱钩并自由落下，当落锤弹回后将其抓住并挂在挂(脱)钩装置上，按此操作对测试面进行 3 次预冲击。

(2)检测

①打开沉陷测定仪电源开关。

②调整水准泡，使导向杆与荷载板保持垂直。

③按准备工作第⑤条的方式进行 3 次冲击测试。

④沉陷测定仪屏幕上将显示检测结果，其中包括：3 次冲击测试的沉陷值及其平均值 s_m(以 mm 计)和动态变形模量值 E_{vd}(以 MPa 或 MN/m^2计)。

本章小结：研究表明：高速铁路要求轨道结构在动车组荷载长期动力作用下保持高安全性、高舒适性和高平顺性，这就要求严格控制路基、桥涵和隧道等工程的工后沉降和不均匀沉降，它是高速铁路路基的首要控制目标。从满足动车组安全、高速、舒适度要求出发，控制线路的沉降满足规范要求是最终目标。追求差异沉降、不均匀沉降为零是线下工程的理想目标。高速铁路路基的第二个控制目标是刚度。因此，高速铁路路基与普通铁路路基的本质区别在于基床表层厚度增加，压实标准提高，同时，对填料及路桥过渡段的刚度提出了更高的要求。在高速铁路路基施工与维护过程中必须对填筑材料、填筑工艺、变形控制、质量检测等方面严格控制，来满足高速铁路的要求。

思考题

1. 路基横断面形式有哪几种？
2. 路基本体由哪几个部位构成？各部位分别有什么作用？
3. 路基设备有哪几种？各种路基设备的作用是什么？
4. 路基过渡段的概念？设置路基过渡段的意义是什么？
5. 高速铁路路基质量检测指标有哪些？各指标的含义是什么？

第四章
高速铁路桥梁

本章提要：本章介绍了高速铁路桥梁的组成及分类、高速铁路桥梁特点与梁型选择、基本技术标准，重点介绍了高速铁路桥梁施工工艺技术特征、桥梁检查与维修管理、桥梁安全防护设施等内容。要求学生了解高速铁路对桥梁结构的设计要求，掌握桥梁施工中材料、工艺、质量等方面的控制要点，熟悉高速铁路桥梁在运营检查与维护管理中的基本要求。

第一节　概　　述

一、高速铁路桥梁的特点

高速铁路上的桥梁，除须满足一般铁路桥梁的要求外，还需满足一些特殊的要求，这是因为在高速动车组运行条件下，桥梁结构的动力响应加剧，从而使动车组运行的安全性、旅客乘坐的舒适度、荷载冲击、材料的疲劳、动车组运行时的噪声、结构的耐久性等都与普通铁路不同。所以，桥梁结构必须具有足够的强度和刚度，必须保证可靠的稳定性和保持桥上轨道的高平顺状态，使高速铁路的桥梁结构能够承受较大的动力作用，具备良好的动力特性。高速动车组的运营要求较高，能用于检查、维修的时间有限。因此，从总体上来说，高速铁路上的桥梁应具备构造简洁，规格和外形标准化，便于施工、建造质量容易得到控制，达到少维修的要求。其特点如下：

1. 桥梁所占比例大、高架长桥多

与普通铁路相比较，高速铁路设计参数限制严格，标准高、曲线半径大、坡度小，并需要全封闭行车。因此，高速铁路的桥梁建筑物数量大大多于普通铁路。京沪高速铁路桥梁占线路总长的86.5%，京广高速铁路武广段桥梁占线路总长的42.14%，我国已开工的高速铁路桥梁平均约占线路总长的54%。而我国普通铁路桥梁的平均比例仅为4%左右。图4-1是在建的高速铁路高架桥。

2. 以中小跨度为主

由于高速铁路对线路、桥梁、隧道等土建工程的刚度要求严格，因此，高速铁路桥梁跨度不

图 4-1　建设中的高速铁路高架桥实景图

宜过大，一般以中小跨度为主。京沪高速铁路线上桥梁绝大多数为中小跨度，常用桥式为等跨布置的双线整孔简支梁，跨度有 24 m、32 m、40 m 几种，以 32 m 梁居多，其中 20 m 以下跨度的桥梁由 4～5 片 T 梁组成。秦—沈高速铁路线上用的简支梁是 20 m、24 m 双线整孔箱梁及 32 m 单双线整孔箱梁。

3. 刚度大、整体性好

列车过桥时，不仅产生竖向振动而且产生横向振动，这都影响列车运行的安全性和旅客乘坐舒适性，对桥梁结构的竖向刚度和横向刚度应有一定的要求。对梁体的变形进行了一定的限制。

列车高速、安全、舒适的行驶，要求高速铁路桥梁必须具有足够大的刚度和良好的整体性，以防止桥梁出现较大挠度和振幅。同时，必须限制桥梁的预应力徐变上拱和不均匀温差引起的结构变形，以保证轨道的高平顺性。一般来说，高速铁路桥梁设计时主要注重刚度控制，强度控制不再是重点。尽管高速铁路活载小于普通铁路，但实际应用的高速铁路桥梁，在梁高、梁重上均超过普通铁路。

4. 纵向刚度大

高速铁路要求依次铺设跨区间无缝线路，而桥上无缝线路钢轨的受力状态不同于路基，结构的温度变化、列车制动、桥梁挠曲会使桥梁在纵向产生一定的位移，引起桥上钢轨产生附加应力。过大的附加应力会造成桥上无缝线路失稳，影响行车安全。因此，墩台基础要有足够的纵向刚度，以尽量减少钢轨附加应力和梁轨间的相对位移。

5. 重视改善结构耐久性，以利检查和维修

高速铁路是极其重要的交通运输设施，任何中断行车都会造成很大的经济损失和社会影

响。为此，桥梁结构物应尽量做到少维修或免维修，这就需要在设计时将改善结构物的耐久性作为主要设计原则，统一考虑合理的结构布局和构造细节，并在施工中严格控制、保证质量。一些国家规定高速铁路桥梁在结构耐久性方面要求的设计基准期，一般以50年不需维修为目标；在日常检查、养护前提下，期待能达到100年的耐用期。

另一方面，由于高速铁路运营繁忙、动车组速度高，造成桥梁维修、养护难度大、费用高，因此，桥梁结构构造应易于日常检查与维修。

6. 强调结构与环境的协调

高速铁路作为重要的现代交通运输设施，应强调结构与环境的协调，重视生态环境保护。这主要指桥梁造型要与周围环境相一致并注重结构外观和色彩；在居民点附近的桥梁要有降噪措施；避免桥面污水损害生态环境等。

二、高速铁路桥梁的功能

高速铁路桥梁的主要功能是为高速动车组提供稳定、平顺的桥上线路，确保运营安全和乘坐舒适，并尽量减少使用期内结构的维修工作量。为保证桥上线路的正常运营，桥梁应具有以下功能：

(1)梁体应有足够大的竖向刚度、横向刚度和抗扭刚度，限制因温差和混凝土徐变产生的上拱变形，以保证线路的高平顺性和避免不良的车、桥动力响应。

(2)桥梁墩台应有足够大的纵向刚度，以限制桥上无缝线路轨道的附加应力和制动时梁、轨相对位移，保证桥上无缝线路的稳定和平顺。

(3)桥型的选择应尽量避免增设长钢轨温度调节器。

(4)桥梁结构及构造布置应符合耐久性要求，并便于检查和维修。

三、高速铁路桥梁梁型的选择

为保证高速铁路桥梁运行目标的实现，梁型的选择十分重要。高速铁路桥梁一般都选用简支梁、连续梁、连续刚构、拱及组合梁等刚度大的桥型，并尽量采用双线整孔箱形截面。跨度一般不超过100 m，当需要修建大跨度桥梁时，应对车辆走行性能和动力响应作专门的研究。混凝土梁是高速铁路中小跨度梁的主要形式，而简支梁和连续梁是中小跨度混凝土梁的主要形式。连续梁是一种超静定结构，具有结构刚度大、弯矩分布均匀、跨中挠度小、抗振性能好、在支点处连续、桥面连接处折角小等优点，有利于高速行车。各国初期修建的高速铁路连续梁数量较少，但随着投入运营的高速铁路数量越来越多，连续梁比简支梁的优越性表现得更加明显，因此，各国高速铁路连续梁数量所占比例已越来越大。

综上所述，高速铁路的桥梁结构不但要满足使用安全性的要求，而且要与运行的列车相匹配，使旅客乘坐舒适，这是高速铁路桥梁与普通铁路桥梁的一个最主要的区别。为此，决定了

高速铁路桥梁在桥梁的设计荷载、桥梁的结构形式、桥梁的跨度布置、桥梁的刚度要求、桥梁的动力响应等方面与普通铁路桥梁相比有许多不同之处。

第二节　技术标准

一、荷　　载

高速铁路的桥梁设计荷载采用了较既有铁路桥梁设计荷载大约小 20%的客运专线桥梁设计荷载。另外，在荷载的表示图式上，二者也有所不同，既有铁路的桥梁设计荷载表示图式为中—活载(图 4-2)，高速铁路的桥梁设计荷载表示图式为 ZK 活载(客运专线标准活载，图 4-3)，需要特别说明的是，我国设计时速 300～350 km 的高速铁路均采用 ZK 活载，但实际时速 200～250 km 的铁路分为三类：

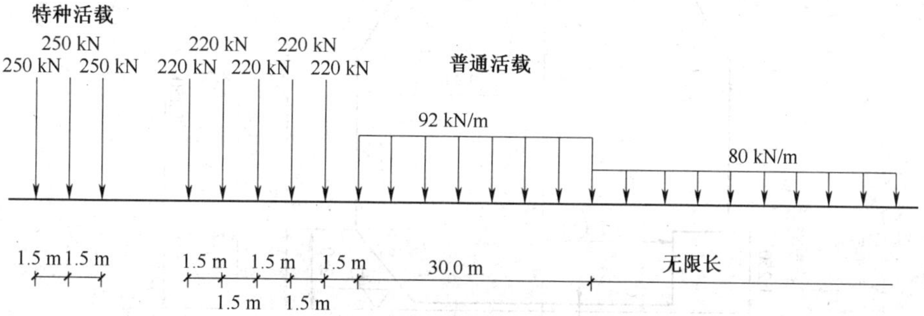

特种活载
250 kN
250 kN　250 kN
220 kN　220 kN
220 kN　220 kN　220 kN
普通活载
92 kN/m
80 kN/m
1.5 m 1.5 m
1.5 m　1.5 m　1.5 m　30.0 m　无限长
1.5 m　1.5 m

图 4-2　中—活载图式原理图

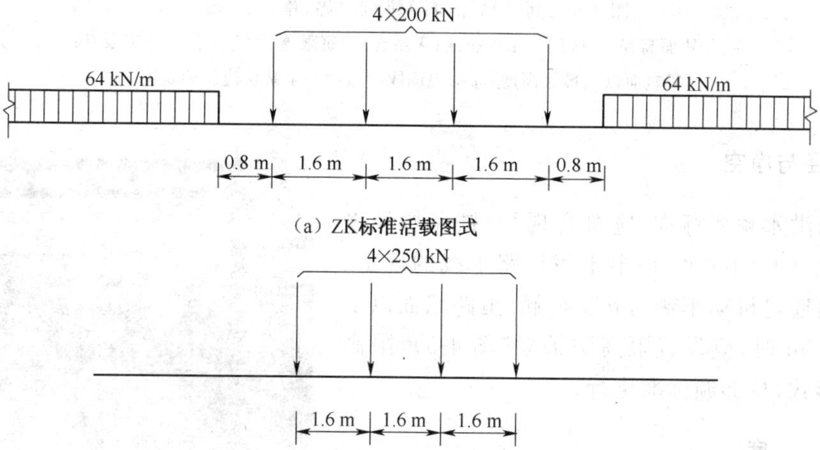

4×200 kN
64 kN/m　64 kN/m
0.8 m　1.6 m　1.6 m　1.6 m　0.8 m

(a) ZK标准活载图式

4×250 kN
1.6 m　1.6 m　1.6 m

(b) ZK特种活载图式

图 4-3　高速铁路 ZK 活载图式原理图

(1)采用 ZK 活载(客运专线标准活载),例如昌九、海南东环、长吉线。

(2)采用 ZC 活载(城际铁路标准活载),例如成灌和广珠线。

(3)同时考虑 ZK 活载和中—活载,例如合宁、合武、石太、温福、甬台温和福厦线。

二、限　　界

桥隧建筑限界应满足《铁路技术管理规程(高速铁路部分)》的规定,建筑限界的基本尺寸及轮廓线如图4-4所示。曲线地段限界应考虑因超高产生车体倾斜对曲线内侧的限界加宽。

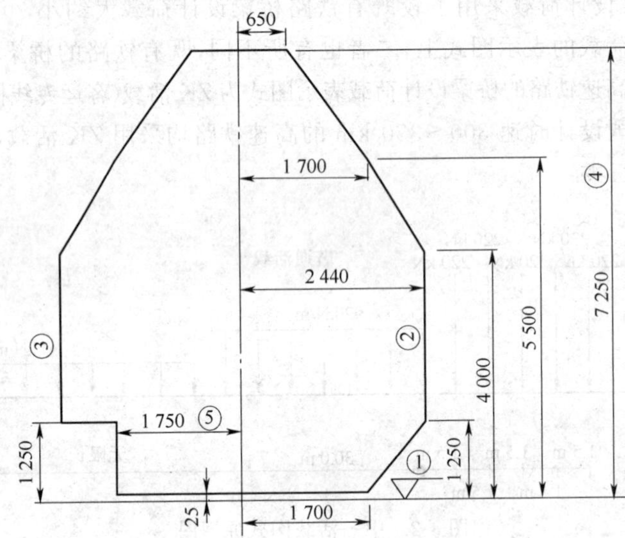

图 4-4　高速铁路桥隧建筑限界(单位:mm)

注:①轨面高程;②区间及站内正线(无站台)建筑限界;③有站台时建筑限界;④轨面以上最大高度;⑤站内侧线股道中心至站台边缘的宽度

三、孔径与净空

桥涵的洪水频率标准,应符合现行《铁路桥涵设计基本规范》(TB 10002.1)中Ⅰ级铁路干线的规定。在铁路下面通过机动车辆的立交桥涵,道路路面以上净空不足 5 m 时,应设置限高防护架(图 4-5),限高防护架的形式,按部颁标准执行。

图 4-5　限高防护架设施实景图

四、刚　　度

高速铁路桥梁除需满足一般铁路桥梁的要求外,

还需满足一些特殊要求，一是因为在列车高速运行条件下，结构的动力响应加剧，从而使列车运行的安全性、舒适度、荷载冲击、材料疲劳、列车运行的环境振动和噪声、结构耐久性等问题都与普通铁路不同；二是高速列车的运营要求较高，能用于检查、维修的时间有限。所以，桥梁结构必须具有足够的刚度、良好的动力性能及耐久性。

挠度是衡量桥跨结构竖向刚度的标志。梁体竖向挠度的限值应符合下列规定：

(1)在 ZK 竖向静活载作用下，梁体的竖向挠度不应大于表 4-1 所列数值。

(2)梁部结构在列车竖向静活载作用下，桥梁梁端竖向转角 θ 不应大于 1‰ 。梁端竖向转角如图 4-6 所示。

表 4-1　梁体的竖向挠度限值

速　度(km/h)	跨　度(m)		
	$L\leqslant40$ m	40 m$<L\leqslant$80 m	80 m$<L\leqslant$96 m
200	L/1 300	L/1 200	L/1 000
250	L/1 400	L/1 400	L/1 000
300	L/1 500	L/1 600	L/1 100
350	L/1 600	L/1 900	L/1 500

注：1. 表中限值仅适用于跨度不大于 96 m 的混凝土结构。

2. 表中限值适用于 3 跨及以上的双线简支梁，对 3 跨以上一联的连续梁，梁体竖向挠度限值按表中数值的 1.1 倍取用，对 2 跨一联的连续梁、2 跨及以下的双线简支梁，梁体竖向挠度限值按表中 1.4 倍取用。

3. 对单线简支或连续梁，梁体竖向挠度限值按相应双线桥限值的 0.6 倍取用。

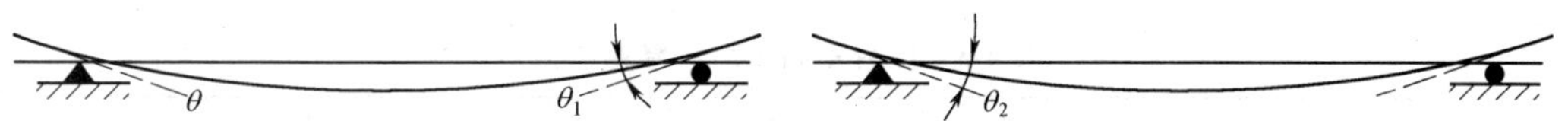

图 4-6　梁端转角示意图

注：θ 为梁体的梁端竖向转角，θ_1、θ_2 分别为相邻梁跨梁梁体各自的梁端竖向转角。

(3)拱桥和刚架桥的竖向挠度，除考虑动车组竖向静活载作用外，尚应计入温度变形的影响。

五、基础埋置深度与沉降

(一)墩台明挖基础和沉井基础的基底埋置深度应符合的条件

(1)冻胀、强冻胀土，在冻结线以下不小于 0.25 m；弱冻胀土，不小于冻结深度的 80%。

注：冻胀土及强冻胀土中的基础埋设深度必须满足冻胀力计算的要求。

(2)无冲刷处或设有铺砌防护时，在地面下不小于 2.0 m。

(3)有冲刷处，在墩台附近最大冲刷线下应不小于表 4-2 所列安全值。

表 4-2 基底埋置安全值

冲刷总深度(m)			0	5	10	15	20
安全值(m)	一般桥梁		2.0	2.5	3.0	3.5	4.0
	特大桥(或大桥)属于技术复杂、修复困难、重要者	设计流量	3.0	3.5	4.0	4.5	5.0
		检算流量	1.5	1.8	2.0	2.3	2.5

注:冲刷总深度为自河床面算起的一般冲刷深度与局部冲刷深度之和。

(4)对于不易冲刷磨损的岩石,墩台基础应嵌入基本岩层不小于 0.2～0.5 m(视岩层抗冲性能而定)。如嵌入风化、破碎、易冲刷磨损岩层,按未嵌入岩层计。

(二)墩台桩基础的埋置深度应符合的条件

1. 承台座板底面在土中时,应在冻结线以下不小于 0.25 m,或在最大冲刷线下不小于 2 m(桩入土中深度不明时)。

2. 承台座板底面在水中时,应位于最低冰层底面以下不小于 0.25 m。

3. 钻(挖)孔灌注桩为柱桩时,嵌入基本岩层以下不小于 0.5 m。

4. 桩基在最大冲刷线下的埋置深度必须保证墩台稳定,满足承载力、刚度和沉降控制要求。

(三)墩台基础工后沉降量

墩台基础的沉降量应按恒载计算。墩台基础工后均匀沉降量和相邻墩台沉降量差满足表 4-3 限值要求;对超静定结构,除满足限值要求外,还要根据沉降差对结构产生的附加应力的影响确定。

表 4-3 墩台基础工后沉降量限值

沉降类型	桥上轨道类型	工后沉降量限值(mm)
墩台基础均匀沉降	有砟轨道	30
	无砟轨道	20
相邻墩台基础沉降量差	有砟轨道	15
	无砟轨道	5

六、抗　　震

桥梁抗震检算,须满足国家现行《铁路工程抗震设计规范》的要求。桥梁在多遇地震、设计地震、罕遇地震下应分别满足抗震性能Ⅰ、Ⅱ、Ⅲ的设防目标。

(1)对简支梁桥的混凝土桥墩应设有护面钢筋,多遇地震下,应检算墩身及基础的强度、偏心、稳定性;设计地震下,应检算桥梁上、下部结构的连接构造强度。

(2)对简支梁桥的钢筋混凝土桥墩，多遇地震下，应检算墩身及基础的强度、稳定性；设计地震下，应检算桥梁上、下部结构的连接构造强度；罕遇地震下，应按延性设计简化计算方法检算非线性位移延性比 μ_u，且满足 $\mu_u<4.8$。

(3)对跨度大于等于 48 m 的预应力混凝土简支梁桥、主跨大于等于 80 m 的预应力混凝土连续梁桥，跨度大于等于 64 m 的简支钢梁桥、主跨大于等于 96 m 的连续钢梁桥，墩高大于等于 40 m 的桥梁，以及其他技术复杂、修复困难的桥梁，多遇地震下，应检算墩身及基础的强度、偏心、稳定性；设计地震下，应检算桥梁上、下部结构的连接构造强度；罕遇地震下，应按非线性时程反应分析法进行钢筋混凝土桥墩的延性检算，且满足 $\mu_u<4.8$。墩梁之间应设有防落梁挡块。

七、耐久性

结构耐久性是指结构及其部件在各种可能导致材料性能劣化的环境因素长期作用下维持其应有功能的能力，结构物的设计使用年限则是指结构及其部件被建造完工以后，在预定的维修和使用条件下，其所有性能均能满足预定要求的期限。国内外大量桥梁的使用经验说明，结构的耐久性对桥梁的安全使用和经济性起着决定的作用。经济合理性意味着应当使建造费用与使用期内的检查维修费用之和达到最少，片面地最求较低的建造费用而忽视耐久性，往往会造成很大的经济损失。因此，对高速铁路桥梁首次提出在预定作用和预定的维修和使用条件下，主要承力结构要有 100 年使用年限的耐久性要求。

为了满足桥梁主体结构使用寿命 100 年的要求，混凝土梁体、墩台、基础均采用了高性能混凝土(即在混凝土中合理掺入粉煤灰、硅灰或磨细矿粉)，在大规模的高速铁路建设桥梁结构中推广使用高性能混凝土具有开创性的意义，在世界高速铁路建设史上尚无先例。

第三节　桥 梁 构 造

一、桥　　面

与普通铁路不同，我国高速铁路桥梁桥面不采用护轨方式，而采用与国外高速铁路相似的防护墙方式(高速铁路有砟桥面防护墙兼作挡砟墙使用，两墙合一)。因此，高速铁路桥梁无砟桥面结构一般由轨道、作业通道、遮板、防护墙、梁缝伸缩装置、桥面防水层和泄水管等组成；有砟桥面还设有梁缝挡砟板和伸缩缝钢盖板等(图 4-7)。

我国高速铁路无砟轨道结构总体上分为两大类，即预制板式无砟轨道和现浇混凝土式无砟轨道。

以 CRTSⅡ板式无砟轨道为例(图 4-8)：桥梁地段 CRTSⅡ板式无砟轨道结构由钢轨、弹性不分开式扣件、轨道板、水泥沥青砂浆填充层、底座板、滑动层、高强度挤塑板、侧向挡块及弹性限位板等部分组成。桥梁地段底座板为跨过梁缝的连续结构，底座板与梁面通过“两布一膜”滑动层以减少梁体因温差伸缩对底座板受力的影响。在每孔梁的固定支座上方，通过在梁体预设锚固销和齿槽与梁体固结，采用侧向挡块实现轨道结构横向和垂向的稳定性，防止在温度荷载、列车荷载等因素作用下的屈曲失稳。梁缝处约 3.1 m 范围内的梁面铺设 50 mm 厚硬泡沫塑料板，用于缓冲梁端变形对轨道结构的影响。

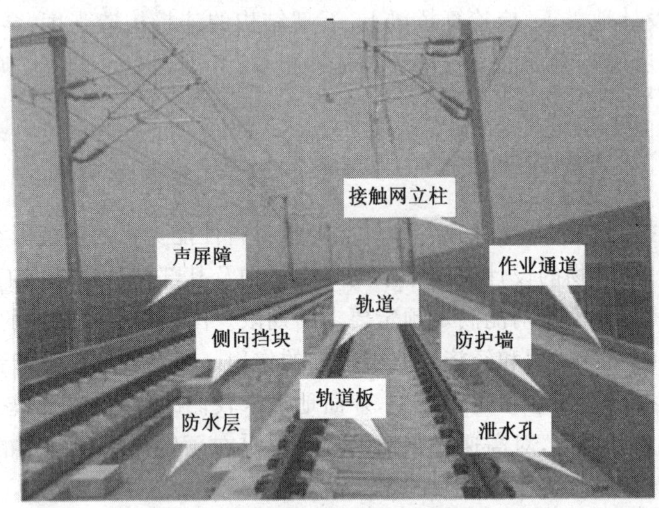

图 4-7　预应力混凝土简支梁桥面布置图

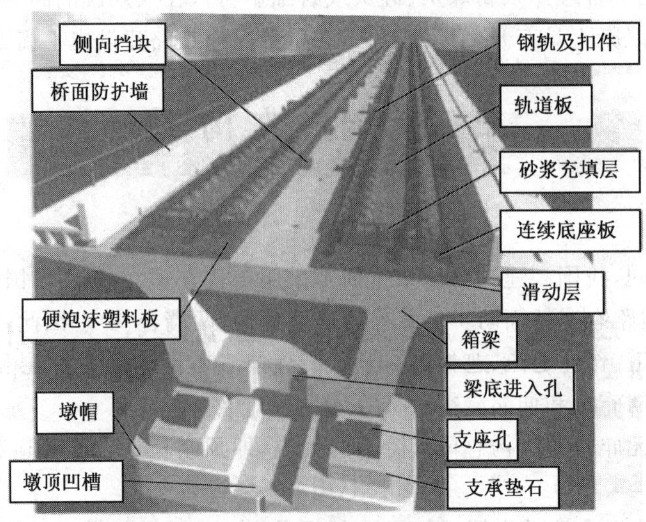

图 4-8　预应力混凝土简支梁桥和桥上 CRTSⅡ型板式轨道基本组成实景图

(1)高速铁路桥梁合理的桥面布置应符合下列要求:

①桥面布置应满足铺设通信、信号、电力电缆和桥面排水通畅的要求。

②对有砟轨道桥梁,应满足大型清筛机清筛作业的需要。

③应满足桥梁日常养护和检查的需要。

④确保动车组脱轨后的安全。

(2)为满足相关专业所需功能及作业的需要,高速铁路桥面布置各部尺寸应满足以下要求:

①桥面线间距为 5.0 m。

②线路中心线距防撞墙内侧最小距离不应小于 2.2 m。

③线路中心线距接触网支柱内侧最小距离不应小于 3.0 m。

④线路中心线距作业通道栏杆或声屏障内侧最小距离不应小于 4.1 m。

⑤直曲线上桥面采用相同的布置。桥面两侧应设置维修作业通道,宽度应不小于 0.8 m。通道外侧必须设置栏杆或声屏障。栏杆的高度不小于 1.0 m。作业通道或栏杆在梁的活动端处不得影响梁的伸缩。

图 4-9 为桥梁桥面布置示意图。

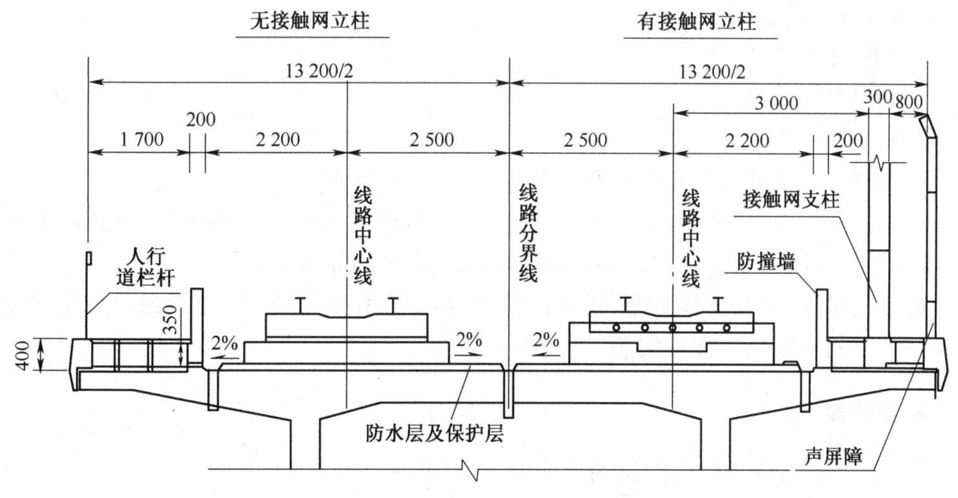

图 4-9　桥面布置示意图(单位:mm)

(3)桥上不设护轮轨,采用设置防撞墙的形式作为预防列车脱轨后的安全措施。

①防撞墙高度应根据最小曲线半径时墙顶不低于外轨顶面计算确定,直线、曲线上高度等高。

②防撞墙每 8 m 设 10 mm 断缝,并以橡胶或弹性嵌缝胶填塞,防撞墙下端设过水孔,并做防水处理。

③防撞墙、遮板裂纹宽度大于 0.3 mm 时应进行处理，防止钢筋锈蚀。

④防撞墙伸缩缝失效后应及时处理，伸缩缝内不得有杂物、不得积水。

(4)接触网支柱可设在桥墩上，也可设在桥面上。

曲线地段接触网支柱内侧边缘至线路中心净距应满足建筑限界加宽的要求。当接触网支柱设置在桥面上时，不宜设在梁跨跨中。

(5)主梁翼缘悬臂板端部应设钢筋混凝土遮板，防止雨水等流经梁体，遮板受损后可以局部更换。

(6)桥面必须设置性能良好的防、排水设施。

①桥面上铺设的防水层应密闭有效，在桥梁纵向伸缩缝处应设防水伸缩缝。

②桥面横向应设置排水坡，坡度不得小于 2%。排水管道宜设于防撞墙的内侧或桥梁中心处，管道内径应根据实际排水量要求确定，一般不宜小于 150 mm，排水管出水端须伸出梁体，长度要保证排水不污染梁体、墩台。穿越居民区和道路的桥梁，应设横向排水管，将桥面排水集中排放。

③框构桥顶面应做成向线路两侧的排水坡，不得将框构桥顶面的水排向路基以内。

④梁体防排水设施出现以下问题应及时处理：

a. 梁端伸缩缝破损、渗漏水，排水管、伸缩缝渗漏水。

b. 过水孔堵塞。

c. 排水管破损、堵塞。

d. 箱梁箱室内积水。

(7)电缆槽内不得有易堵塞排水孔的杂物，以利排水畅通。

(8)桥上设置的声屏障应有足够的高度，其底部与桥面结构之间不应留有缝隙，其纵向亦应连续设置不留缝隙。梁缝处的声屏障结构应能适应梁的伸缩变化。

(9)进行起梁、移梁及拨移支座、捣垫砂浆、整治支座作业等施工，应考虑对桥上轨道结构的影响，并采取相应措施后方可实施。

二、桥梁墩台

1. 我国高速铁路桥梁墩台的结构形式

(1)实体墩台结构形式

①双线矩形实体墩，墩高 3～15 m，与 24 m、32 m 双线简支箱梁相配。

②双线圆端形实体墩，墩高 3～15 m，与 24 m、32 m 双线简支箱梁和 2×24 m、3×24 m、2×32 m、3×32 m 小跨连续梁相配。

③双线双矩形柱墩，墩高 4～16 m，与 24 m、32 m 双线简支箱梁相配。

④双线斜交圆端形实体墩，与 24 m、32 m 双线简支箱梁相配。

⑤双线斜交钢构连续梁墩。

⑥双线斜交钢构连续梁一字桥台。

⑦双线一字桥台。

(2)空心墩台结构形式

①双线矩形空心墩,墩高 4～20 m,与 24 m、32 m 双线简支箱梁相配。

②双线圆端形空心墩,墩高 4～20 m,与 24 m、32 m 双线简支箱梁相配。

③双线单圆柱墩,墩高 4～16 m,与 24 m、32 m 双线简支箱梁相配。

④双线八边形空心墩。

⑤双线圆弧形空心墩。

⑥双线 T 形桥台,与简支箱梁、小跨连续梁相配。

2. 桥梁结构形式的选用

(1)桥梁下部结构一般采用混凝土或钢筋混凝土墩台,不应采用柔性结构。选用的墩台类型应能保证桥梁和轨道结构的安全、舒适、耐久和良好的动力性能。结合桥梁所处的地域、地形、水文、立交等条件,桥墩类型宜成段统一,桥梁上、下部结构整体应适应景观协调要求。

(2)桥墩台顶面尺寸应满足架设、养护和支座更换及顶梁的要求,并应设排水坡。桥梁墩台在动车组动活载作用下应具有足够的刚度,实测墩顶横向最大振幅和最低频率应满足《铁路桥梁检定规范》限值的规定。如超过限值规定,应查明桥墩的技术状态,必要时进行加固或采取保安措施。

(3)桥梁墩台应具有要求的强度、刚度、抗裂、抗渗和整体稳定性,并经常保持状态良好。如发现下列状态,应及时处理:

①混凝土保护层中性化大于 20 mm。

②桥梁墩台恒载裂缝宽度大于表 4-4 规定的限值。

③意外事故造成墩台混凝土局部溃碎或钢筋变形、折断。

④位于盐碱区的墩台,水中或土中部位腐蚀深度大于 20 mm。

⑤桥梁墩台严重裂损,可采用修补、灌浆、表面封闭、加固等办法处理。墩台倾斜、下沉、冻害等病害,可采用地基加固、加深或扩大基础等办法处理。

桥梁墩台恒载裂缝宽度限值见表 4-4。

易积水的混凝土表面,均应设不小于 3%的排水坡。

连续梁活动支座墩上防震设施与梁体之间应留有缝隙,缝隙大小按设计规定执行。

空心墩设检修门并加锁。

桥墩结构加固混凝土强度等级不低于原设计的标准。

对有冻害的桥墩应予以整治,在未彻底整治前须采取防冻措施。

表 4-4　桥梁墩台恒载裂缝宽度限值

<table>
<tr><th>墩　别</th><th colspan="2">裂　缝　部　位</th><th>最大裂缝限值(mm)</th></tr>
<tr><td rowspan="5">墩　台</td><td colspan="2">顶　帽</td><td>≤0.3</td></tr>
<tr><td rowspan="3">墩身</td><td>经常受侵蚀性环境水影响</td><td>有筋 0.20,无筋 0.30</td></tr>
<tr><td>常年有水但无侵蚀性</td><td>有筋 0.25,无筋 0.35</td></tr>
<tr><td>干沟或季节性有水河流</td><td>≤0.4</td></tr>
<tr><td colspan="2">有冻结作用部分</td><td>≤0.2</td></tr>
</table>

三、支　座

桥梁一般应采用盆式橡胶支座、球形钢支座，大跨度梁也可采用铰轴滑板支座；墩台基础工后沉降大的桥梁应采用调高支座。

(1)盆式橡胶支座具有承载能力大、水平位移量大、转动灵活等特点，且重量轻、结构紧凑、构造简单、建筑高度低、加工制造方便、节省钢材、降低造价等优点，在高速铁路桥梁中广泛应用。盆式橡胶支座如图 4-10 所示。

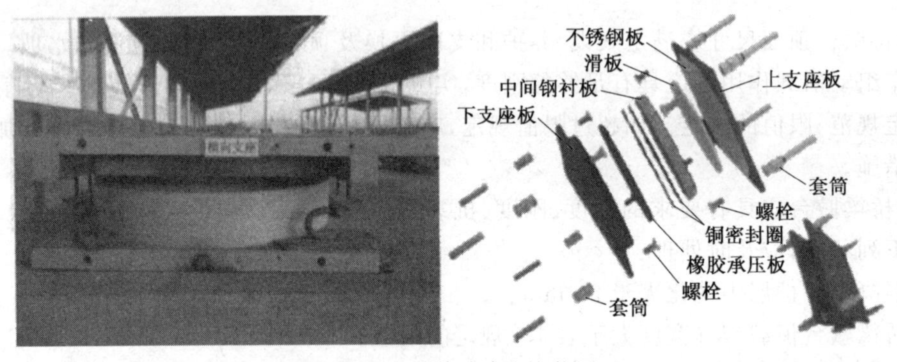

图 4-10　盆式橡胶支座实物图

(2)球形钢支座由上支座板、球冠衬板、下支座板、平面滑板、球面滑板、锚固螺栓等主要部件组成。球形钢支座传力可靠，承载能力比盆式橡胶支座大，容许支座位移大，而且转动灵活，能更好地适应支座大转角的需要。球形钢支座具有下列有点：

①通过球面传力，不出现力的缩颈现象，作用在混凝土上的反力比较均匀。

②通过球面聚四氟乙烯板的滑动来实现支座的转动过程，转动力矩小而且转动力矩只与球支座球面半径及聚氯乙烯板的摩擦系数有关，与支座转角大小无关，因此特别适用于大转角的要求，设计转角可达 0.05 rad 以上。

③支座各向转动性能一致，适用于宽桥、曲线桥。

④支座不用橡胶承压，不存在橡胶老化对支座转动性能的影响，特别适用于低温地区。

球形钢支座如图4-11所示。

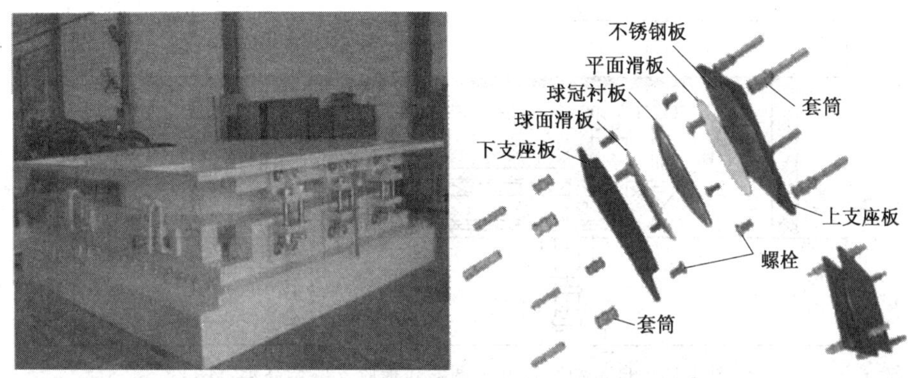

图4-11 球形钢支座实物图

(3)铰轴滑板支座结合了传统铰轴支座和盆式支座的优点,上下摆动以铰轴为中心转动满足桥梁的转动功能,采用摩擦系数极低的填充聚四氟乙烯复合夹层滑板与不锈钢板组成的滑动摩擦副,实现支座结构的位移功能。摩擦副使竖向力的传递由点接触或线接触变成了面接触,改善了结构的受力性能,铰轴滑板支座具有受力均匀、转动和滑动灵活,易养护、少维修、寿命长等优点。

铰轴滑板活动支座如图4-12所示。

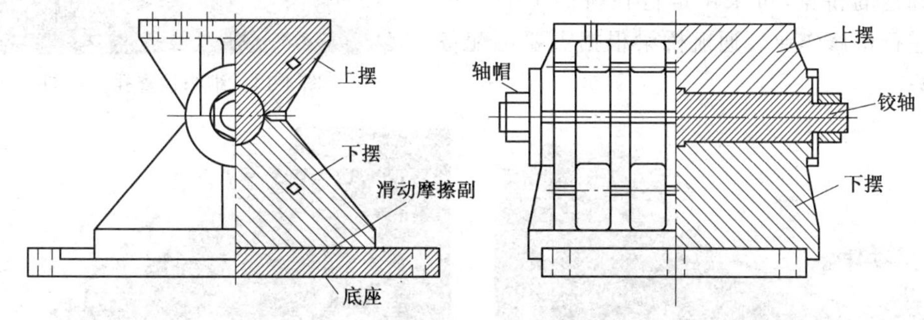

图4-12 铰轴滑板活动支座示意图

(4)墩台基础工后沉降大的桥梁应采用调高支座。目前国内外支座调高方式主要有:垫板调高、螺旋调高、楔块调高、压注可固化体调高等方式。垫板调高方式又分为支座自带油腔顶升(图4-13)和利用外加千斤顶顶升两种方式,垫板调高方式经济、简单可靠、方便快捷。调高支座可实现最大调高60 mm。

四、安全检查设备

(1)为便于桥涵的检查及养护,应根据桥涵结构特点,设置必要的安全检查设备

(图 4-14～图 4-16)。

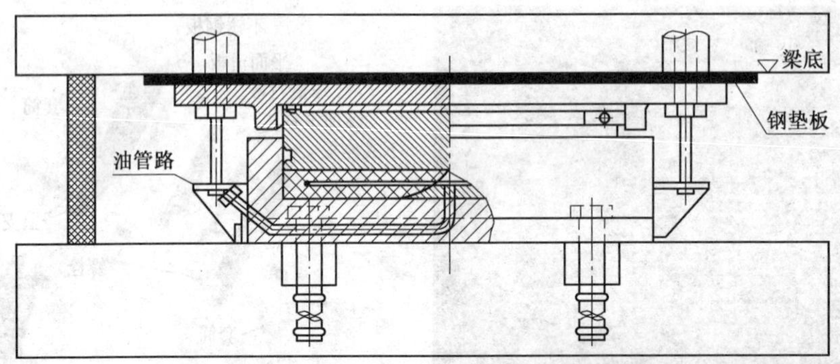

图 4-13　自带油腔顶升可调盆式橡胶支座调高示意图

(2)为便于对涵洞、护锥、桥下进行检查,当路堤边坡高度大于 3 m 时,宜设置台阶。

(3)旱桥、高架桥下应有便道可到达各桥孔,高度低于 15 m 的桥梁,可采用移动升降式桥梁检修车进行检修作业;旱桥、高架桥无便道到达各桥孔的桥梁、高度高于 15 m 的桥梁以及桥下长期有水无法到达的桥梁,可采用走行在桥面上的桥梁检修车进行检修作业。通航桥梁根据需要可配备检修船只。

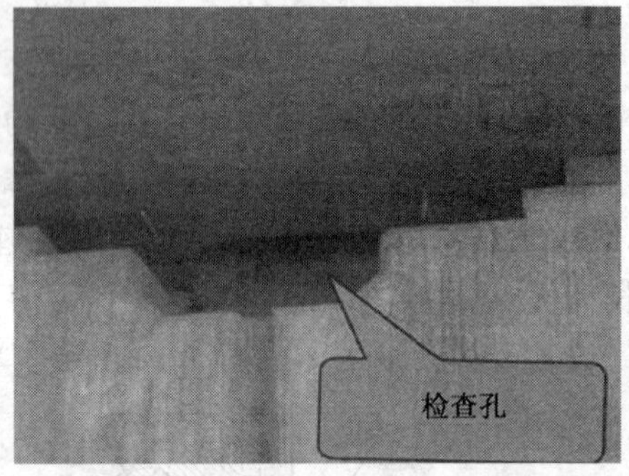

图 4-14　维修检查孔实景图

图 4-15　吊篮式检查车实景图

五、桥梁救援疏散通道

高速运行中的列车可能会遭遇各类突发事件,如:部分旅客违反规定在车厢内吸烟,导致

车厢内的烟气探测器报警；突发的火灾、烟气，列车突发的机器故障；线路、电力故障；山洪、暴雨等不可抵御的自然灾害等，这些不稳定因素将会导致高速运行的列车紧急制动停车，若列车停车位置刚好在大于3 km的特大桥上，则乘客无法安全快速地撤离行车道，由于高速铁路行车密度大，速度快，有效刹车距离长，势必危及乘客的人身安全。

图4-16　平台式检查车实景图

针对这一类可能发生的突发事件，高速铁路在长大于3 km的特大桥处设置救援疏散通道(图4-17)，按照桥长每3 km一处，上、下行线交替设置。桥梁救援疏散通道是高速铁路防灾救援安全保障体系的重要组成部分，当发生地震、火灾等灾害或电力中断、设备故障等紧急情况时用来快速疏散旅客；在正常情况下，兼顾养护维修通道的功能，供工务、通信信号、供电维护人员上线作业之用。

图4-17　桥梁紧急疏散通道

疏散通道包括休息平台、梯板、栏杆、梯梁、立柱、基础，附属设施包括安全防护罩、顶部休息平台安全门、桥上疏散指示标识等。

疏散通道基础为双层扩大基础；立柱有两种，截面形式分别为方形及圆柱形；梯梁结构形式采用单梯梁悬挑板结构；扶手、栏杆为钢管扶手、栏杆，高度 1.2 m，栏杆立柱材质为 Q235 钢；安全防护罩所有边框钢管均采用 ϕ60 mm，壁厚 3 mm 圆钢管，钢丝网采用成品镀锌钢丝；顶部休息平台安全门为不锈钢材质，便面亚光，拉丝处理，门高 1.2 m，宽 1.5 m，内侧设置插销，门内外两侧均可拨动插销进出门；桥上疏散指示标识采用黄色蓄光自发光型油漆直接涂刷在防撞墙上；疏散通道总宽度为 1.5 m，净宽度 1.26 m，踏步宽 300 mm，高约 167 mm。整个结构物均采用 C35 钢筋混凝土结构。

桥梁救援疏散通道日常管理维修由工务部门负责。

第四节　施 工 技 术

一、梁体材料的选择

材料的选择是结构耐久的基础，包括主体结构和附属设施的材料选择，除满足相关的规范要求外，对组成混凝土原材料的选择有一些具体的规定：

高速铁路桥梁梁体采用高性能混凝土，通过混凝土材料中掺加活性矿物掺和料（Ⅰ级粉煤灰、磨细矿粉）和其他改善混凝土性能的外加剂，使混凝土有良好的抗侵入性，体积稳定性和抗裂性，改善混凝土的耐久性和施工性能。

(1)水胶比≤0.4，胶凝材料的用量≤500 kg/m^3。

(2)最小水泥用≥350 kg/m^3，选用低水比热和含碱量低的水泥。

(3)C3A 含量≤10%，细骨料含泥≤2.0%，粗骨料压碎指数≤10%，母岩的抗压强度与混凝土比>2，含泥量≤10%。

(4)粒径宜为 5～20 mm，可掺入Ⅰ级粉煤灰和磨细矿粉，掺量≤水泥用量的 20%，混凝土中的总碱含量应不超过 3 kg/m^3。

(5)对外加剂的成分进严格执行规定。

(6)后张法预应力的管道压浆材料严格控制泌水性、微膨胀性、抗拉、压强度和流动性以及对预应力钢筋的防锈保护等。

(7)高性能混凝土质量应达到下列要求：

①强度及弹性模量不得低于设计值。

②冻融循环 200 次后，试件重量损失不大于 5%，相对动弹性模量不低于 60%。

③抗渗等级不小于 P20。

④氯离子渗透值不大于 1 000 C。

⑤护筋性试件中钢筋不应出现锈蚀。

二、梁体结构施工工艺设计

对于梁体的构造要求，各类梁在各种工况作用下留有足够的抗裂安全储备（抗裂安全系数均大于1.3）。

(1)通过应力的合理布置，严格控制预应力梁的后期徐变变形。

(2)加大梁端支承长度，改善了梁端受力条件（预制0.55 m，现浇0.75 m），桥面板采用高配筋控制裂纹宽度规范容许值为0.2 mm，设计控制值为<0.15 mm。

(3)加厚普通钢筋的保护层（>30 mm）。

(4)加大预应力钢筋管道间的净距和管道的保护层>1.0倍的管道直径。

(5)结构各部分的构造设计更便于施工和控制，减少梁体的凸变，变化处均设有倒角。

(6)梁内不设隔板，控制最小的板厚（>200 mm）。

(7)编制先张法预应力混凝土梁工艺，减少管道和锚具的薄弱环节，使结构更耐久。

三、桥梁梁体的架设

(1)桥梁施工采用先架后铺的方式，以满足一次铺设无缝线路要求，对预制简支梁采用运梁车运梁、架桥机架设的方式。

(2)先、后张预应力混凝土简支箱梁采用集中预制架设，也可采用原位支架上现浇和移动模架的施工方法。

(3)小跨度连续梁设计时给出了三种可实施的施工方法原位浇筑，先简支后连续，节段拼装。

(4)中等跨度以上的连续梁由于采用变截面梁，施工方法为悬臂施工，钢—混凝土连续结合梁，以及下承式刚桁结构梁，钢梁部分可采用膺架法、拖拉法、顶推法施工，桥面板采用桥位上现浇的施工方法。

(5)在预制简支梁架设中采用测力千斤顶作为临时支点，保证每支点反力与四支点的平均值相差不超过±5%。

(6)预制梁架设后与相邻预制梁端的桥面高差不应大于10 mm，支点处的桥面高差<20 mm。

四、施工工艺控制

施工工艺是保证结构耐久的重要环节，设计中对关键的工序进行了规定，但施工过程中的变异性很大，能否保证各环节满足设计要求，也是确保耐久性的基础，实施中应加强施工工艺的过程控制。因此，高速铁路桥梁施工工艺控制增加了相关的技术规定：

(1)增加了对混凝土拌合物的检验。

(2)增加了灌注时混凝土入模温度，模板温度的限值。

(3)规定了蒸气养护、自然养护时的温度指标和养护时间。

(4)严格规定了拆模的条件:混凝土的强度、弹模,梁体内外温差、环境温差。

(5)对先、后梁预施应力提出了具体要求,对后张梁特别规定了三次张拉工艺和管道压浆工艺,对折线配筋的先张梁规定了张拉和放张的顺序以及应力控制措施。

(6)增加了 30 d 后收缩徐变拱限制值的测试(1/3 000)。

(7)增加了真空压浆工艺。

(8)增加了桥面防排水的相关要求。

(9)严格规定了梁体各部位的保护层并规定了检验要求。

(10)增加了梁缝间相对高差的要求以及对伸缩装置的要求。

(11)增加了存、运、架梁的要求(四支点相对力差小于 5%)。

(12)增加了支座下座板下注浆的要求。

(13)桥上防水层采用 TQF-Ⅰ改进型防水层,在满足国标的基础上充分考虑了结构耐久性的要求。防水层的保护层采用 C40 纤维混凝土,增强早期抗裂和后期的抗韧、抗冲击性。

五、桥梁养修要求

(1)设计中充分考虑了养护维修的相关要求,梁体的箱内净空均满足规范规定的>1.6 m 的净高要求;加大了梁端悬出长度(预制 0.55 m,现浇 0.75 m)。

(2)梁端设有进人孔,进人孔设置在墩顶和两孔梁的连接处(1.5×0.6 m),桥墩墩顶在相对位置纵向拉通开槽。

(3)挡砟墙的内侧宽度满足大型养护机械作业要求(2.2 m 挡砟墙到线距中心)。

(4)桥面设连续防水层,梁端处设止水伸缩缝,且伸缩缝不影响大机作业,高度与桥面齐平;桥面防水层采用改进行 TQF-Ⅰ防水层。

(5)支座采用可调高支座,梁端预留顶梁位置;人行道板、人行道挡板、声屏障采用 RPC 粉末混凝土,在确保使用功能的同时更耐久。

(6)电气化接触网支柱设计位置在满足电气化专业要求的同时,充分考虑了车辆界限以及检查车通过的需要,距线路中心>2.9 m,距人行道栏杆>80 cm,支柱基础下未设加劲肋,方便检查车移动。

(7)无砟梁的桥面构造尺寸与有砟梁相同,目前桥上无砟轨道基础形式未定,桥梁设计时考虑了对目前几种无砟轨道基础的预留的要求。

第五节 检查及作业要求

桥梁是铁路工务设备中永久性的大型结构物,是确保铁路运输安全畅通的关键设备,具有

结构复杂、技术性强、修建困难、造价较高的特点。一旦损坏，轻则限速减载，重则中断行车。桥梁检查及养护的基本任务是根据桥梁运营中的状态变化，适时维修养护，预防或延缓设备状态的劣化，经常保持状态均衡完好，确保正常运营。同时有计划地对其进行整修和大修，增强抗洪、抗震能力，充分发挥使用效能。

一、检查条件

由于高速铁路列车运行速度高，作业天窗时间安排在夜晚，为此有关桥梁设备检查、作业的要求如下：

(1)所有桥梁的桥面部分的检查必须在天窗点内进行，其他时间不得进入。

(2)检查桥梁梁体、墩台、支座等桥面以下设施，可以利用其他时间进行检查。

(3)混凝土箱梁内的检查、天桥、涵洞的检查可以在其他时间内进行。需要进入铁路面检查的应在天窗点内进行。

(4)车间、班组要结合所在的区间和设备数量，制定每月检查的地点和检查的位置，要结合检查、作业天窗点安排人员在天窗点内进行。

(5)所有的检查必须有两个人及以上，进入混凝土箱梁内、隧道内的检查必须携带照明设备。

二、检查内容

桥梁检查包括：水文观测、经常检查、定期检查、临时检查、专项检查等。

(一)水文观测

(1)凡需要了解墩台基础冲刷、河床变化、河道变迁、流量等情况的桥梁，均应进行河床断面、水位、洪水通过时流速、流向情况的观测。

(2)有洪水通过的桥梁和涵洞，只需观测最高洪水位。洪水过后，须立即检查河道、河床、防护设备、调节河流建筑物和桥头路基的状态。

(二)经常检查

(1)桥梁建筑物的经常检查管理责任部门为各工务(桥工)段，车间负责经常检查工作。

(2)车间每季应对拱桥、结合梁桥和其他重要桥涵设备检查一遍；每半年对桥面全面检查一遍；每年对所有桥涵设备进行一次全面检查。

(3)车间对每次检查情况，应认真填写“桥隧检查记录簿”，发现重要病害或病害发展较快时，应及时逐级上报，必要时绘制病害示意图，记入桥隧登记簿或桥隧卷宗内。

(4)车间应编制检查计划，经工务(桥工)段技术科室批准后执行。

(5)车间应配备检查工具、仪器及仪表等检查设备，并按规定进行计量检定。

(三)定期检查

(1)定期检查工作由工务(桥工)段根据铁路局的要求组织进行。技术复杂的桥涵设备,段主管领导必须亲自检查,铁路局应有重点地进行检查。

(2)春融及汛前,应对桥涵设备的排水、泄洪及度汛防护设施进行一次检查。秋季(三季度),应对桥涵设备进行全面检查,据以拟定病害整治措施、安排设备改善计划,确保行车安全。

(3)对桥涵设备的检查,根据需要,必要时用仪器检测或试验,以查明各种病害情况及发生原因。

(四)临时检查

(1)临时检查由工务(桥工)段组织进行,必要时由铁路局组织进行。

(2)临时检查是当设备遭受地震、洪水、台风、火灾及车船撞击等紧急情况或发生突发性严重病害时,为及时得到结构物状态的信息而进行的检查。

(五)专项检查

(1)专项检查工作由工务(桥工)段组织进行。

(2)选择重点有代表性的桥梁孔跨进行挠度、上拱度测量,开始运营后第一年,每季进行一次观测,第二年每半年进行一次观测,第三年起每年进行一次观测或根据情况确定观测周期。

测量挠度时,可先测动活载所产生的挠度,必要时复测静活载所产生的挠度。上拱度的测量应使用桥面上的预设测点,在恒载、气温比较恒定的夜间或阴天条件下进行。

(3)墩台变形测量、上拱度测量、梁体与轨道底座板相对位移测量根据本规则测量篇相关章节实施。

(4)判断墩台及基础是否存在严重病害,可通过测量墩台顶水平横向振动,与同类型墩台相比较,观测其波形、振幅和频率来进行。

判断桥墩水下墩身和基础有无裂损、冲空时,可使用水下摄影、摄像或摸探进行。

三、检查重点

(一)钢管拱、结合梁的钢结构部分应重点检查的内容

(1)杆件及其联结螺栓、焊缝的伤损状态及其发展情况;要特别注意严寒季节发生杆件裂纹和断裂。

(2)钢梁角落隐蔽部位锈蚀情况。检查可使用探伤仪器和手工结合等方法进行。

(3)主梁与横梁联结处母材、焊缝、高强螺栓。

(4)主梁、横隔板的对接焊缝。

(5)受拉及受反复应力杆件上的焊缝及临近焊缝热影响区的钢材。

(6)杆件断面变化处焊缝。

(7)加劲肋、横隔板及支座焊缝。

(8)桥面板混凝土与钢梁联结部位的共同作用是否良好，并检查受拉部位和接合部位有无裂纹、流锈和滑动。

(9)系杆拱吊杆、锚具防护及锈蚀状态检查。

(10)钢管拱肋内混凝土填充情况以及与钢管脱空情况，可采用敲击或超声波检查。

(二)钢筋混凝土桥梁和墩台应重点检查观测的内容

(1)检查桥面防水层是否有破损和开裂、泄水孔是否堵塞、梁端止水带是否脱落破损、防撞墙是否开裂掉块，人行道板是否损坏缺少、遮板和栏杆是否端部挤死、桥面是否积水等，并要检查轨道底座板和桥面接缝处、轨道支撑挡块和桥面接合处的状态。

(2)箱梁内应检查排水管是否破损漏水、梁内是否积水、封锚混凝土是否开裂脱落、异形墩梁端与桥墩是否挤死。

(3)系杆拱拱脚与拱肋、拱脚与梁体连接部位以及吊杆在拱梁上的锚固混凝土是否有裂纹。

(4)梁体应检查是否有渗水、流白浆情况，梁体外排水管有无破损和漏水。

(5)桥墩应进行裂缝、腐蚀、倾斜、滑动、下沉、冻融、空洞等病害。

(6)混凝土中性化检查。

(7)铁路跨公路立交桥应检查限高防护架是否存在缺少、变形和损坏。

(8)桥下河床冲淤情况。

(三)盆式橡胶支座应重点检查的内容

(1)盆式橡胶支座锚栓有无剪断，支座的橡胶密封件有无老化、外翻现象。

(2)检查活动支座的相对位移值是否均匀。

(3)检查支座高度变化情况。

(4)检查并注意保护支座的调高预留孔，防止调高预留孔的损伤给支座调高带来的困难。

(5)检查盆式橡胶支座钢件裂纹、脱焊、锈蚀，聚四氟乙烯板磨损，支座滑动面脏污，位移转角超限。

(6)检查防尘围板或防尘罩的防尘性能。

(7)检查支撑垫石是否有裂损、积水。

(8)支座螺栓和防落梁限位装置是否缺失。

第六节　维修管理

桥隧涵建筑物的维修采取综合维修与经常保养相结合的方式进行，根据设备实际情况全面推行状态修，按照年度维修计划分月组织实施。

一、综合维修

(一)综合维修工作范围

(1)梁部:结合梁桥、拱桥钢结构局部维护性涂装、死角防锈、更换失效螺栓,进人孔盖板更换;混凝土梁裂纹露筋修补、修理局部失效防水层、排水系统局部整修、梁端伸缩缝整修。

(2)支座:整治空吊翻浆,处理折断锚栓,整修防尘装置,支座钢质部分涂装,整修墩顶排水坡等。

(3)墩台基础:病害墩台整治,裂纹缺损修补,顶面排水处理,基础防护整修等。

(4)涵洞:裂纹整治、砌体勾缝、抹面、小量喷浆和压浆,排水设备的修理和部分增设。接缝渗漏处理,淤积清理疏通,进出口铺砌整修等。

(5)隧道:整修隧道、衬砌修理、整治漏水、翻修增设排水沟、照明设备整治。

(6)附属设备:

①桥梁防护设备及河调建筑物整修。

②各种防护设备的砌体勾缝修补。

③防撞墙、作业通道、安全检查设备、抗震设施局部整修。

④各种桥涵标志的增设、修理和更换。

⑤桥涵上下游各 30 m 河道范围内清理。

⑥桥涵防护设施整治修复。

(二)综合维修计划编制与实施

桥涵综合维修年度计划由设备管理单位编制,经铁路局和公司批准后实施。每座设备的月度维修计划由车间根据年度计划的安排,以工作量调查结果为依据编制,经段批准后执行,由车间组织实施。综合维修作业应执行相关的作业标准,实行质量控制,保证达到规定的质量要求。

(三)综合维修作业质量验收

桥涵综合维修作业质量的验收由段组织进行。作业过程中,工区每天应在作业中及收工前进行质量自检、互检和回检,发现不符合标准的项目应组织返修达标,并要加强对钢梁涂装和隐蔽工程项目的检查,检查情况都应填记在日计划完成表或施工记录上。

当月综合维修项目全部完工后,应按《高速铁路桥隧建筑物修理作业验收标准》(表 4-5)的有关规定,进行质量验收评定。质量验收评定执行三级验收制度,先由工区组织全面检查,初检合格后,报请车间复验,复验合格后,报请段验收。如发现不合格处所,由车间继续组织整修,整修合格后再报请段验收。

表 4-5　高速铁路桥隧建筑物修理作业验收标准

分类	工作项目	质量标准	附注
1. 桥面	1-1 无砟轨道桥面防水层	(1)基面平整无坑洼	
		(2)防水层涂膜平均厚度不得小于 2.0 mm，无裂缝或起泡脱皮现象	
		(3)新旧防水层连接良好	
	1-2 防护墙	(1)无露筋掉块、裂缝	
		(2)过水孔通畅、防水完好	
	1-3 栏杆	(1)栏杆平直，联结牢固，无扭曲	
		(2)栏杆构件无缺少、裂损	
		(3)梁端断开，活动端处能与梁体共同移动，间隙符合设计要求	
		(4)螺杆、螺帽及垫圈除锈彻底，沾油厚度适宜	
		(5)螺杆无不满帽现象	
		(6)各种垫圈符合标准无缺少	
	1-4 作业通道	(1)钢筋布置、混凝土强度符合要求	
		(2)作业通道板尺寸符合要求，四角整平，联结牢固，混凝土板平整无裂无损，边缝填塞饱满	
		(3)电缆槽防水完好，各过水孔通畅	
	1-5 梁间横向伸装置	(1)伸缩装置无渗漏水	
		(2)排水管与橡胶板连接可靠，排水管畅通，排水管出水口伸出墩台顶帽	
2. 钢结构保护涂装	2-1 钢表面清理	(1)电弧喷铝或涂装环氧富锌底漆时，达到 Sa3 级	
		(2)涂装酚醛、醇酸红丹或聚氨酯底漆，达到 Sa2.5 级	
		(3)箱形梁内表面涂装环氧沥青底漆，达到 Sa2 级	
		(4)维护涂装环氧富锌底漆或热喷锌，达到 Sa2.5 级	
		(5)附属钢结构涂装红丹底漆或维护涂装红丹底漆，达到 St3 级	
		(6)涂装涂料涂层时，钢表面粗糙度为 Rz25～60 μm；电弧喷铝时，钢表面粗糙度为 Rz25～100 μm	
	2-2 涂膜粉化清理	涂层表面打磨、污垢清除彻底，不损伤底漆	
	2-3 腻缝	可能积水的缝隙内的旧漆污垢除净无漏腻，腻子填实压平，无开裂积水	
	2-4 涂装涂层	(1)涂装体系、层数、厚度符合规定	
		(2)涂层表面平整均匀，新旧涂层衔接平顺，色泽不匀不超过 5%	
		(3)无剥落、裂纹、附着力不小于 3 MPa	
		(4)无起泡、气孔	

续上表

分类	工作项目	质量标准	附注
3.混凝土梁拱及墩台	3-1 抹面	抹面压实,裂纹、空响面积不超过1%,砂浆符合规定	
	3-2 压浆及修补	(1)注浆孔位置、深度及灰浆配合比、水灰比符合要求	
		(2)不因钻孔而损坏原圬工,裂缝和空隙内经压水冲洗,并注满浆	
		(3)注浆孔用砂浆填实,无裂纹,淌出灰浆清除干净	
	3-3 裂缝注浆	(1)采用材料、配合比、工艺符合相关标准规定	
		(2)裂缝间关系明确,注浆孔布置准确	
		(3)缝内注浆饱满,无漏注	
		(4)封缝胶、注浆嘴清理干净	
	3-4 排水系统整修	(1)管道畅通,无杂物堵塞	
		(2)排水不污染梁体、墩台	
		(3)管件联结良好,不渗漏水	
		(4)箱梁箱室内不积水	
	3-5 混凝土及钢筋混凝土	(1)混凝土配合比、水灰比、各部尺寸符合要求	
		(2)钢筋的品种规格应符合设计要求,并有相关的检验报告	
		(3)钢筋的锈蚀、油污清除干净、加工正直,组配及弯曲尺寸符合设计要求。在"同一截面"内,受力钢筋闪光接触对焊接头在受拉区不得超过50%,电焊接头应错开,主筋横向位置偏移不大于±7.5 mm,箍筋位置偏移不大于±15 mm,其他钢筋位置偏移不大于±10 mm	
		(4)新旧混凝土连接按规定凿毛并埋设牵钉(牵钉直径、间距及埋深符合设计要求),冲洗干净	
		(5)混凝土拌和均匀,分层灌注,捣固密实,施工接缝连接牢固	
		(6)混凝土表面平整无裂纹、麻面、蜂窝、露石子及突出条痕	
4.整修支座	4-1 支座整修	(1)支座位置平整密实,各部分相互密贴	
		(2)锚拴无松动、缺少	
		(3)排水良好,无翻浆、流锈	
		(4)支座各构件符合相关技术标准	
		(5)支座钢质部分保护涂装符合钢结构涂装要求	
		(6)防尘罩安装符合设计要求	
	4-2 凿埋锚栓	锚拴直径及埋入深度符合规定,位置偏差小于3 mm,螺栓杆正直无松动,周围砂浆填实、无裂纹	

续上表

分类	工作项目	质量标准	附注
4. 整修支座	4-3 支座砂浆	(1)原圬工面凿毛洗净。水灰比、砂浆配合比符合规定，拌和均匀，捣固密实，周围抹面平整，无裂纹、空响	
		(2)与座板间缝隙小于 0.5 mm，深度小于 30 mm	
		(3)排水良好	
		(4)支座螺栓灌浆孔内凿除彻底、清孔干净，灌浆后无空隙，不积水	
5. 涵洞整修	5-1 涵洞整修	(1)勾缝无脱落，节缝无漏水、漏土	混凝土部分标准与梁拱墩台相同
		(2)清除淤积，排水通畅	
		(3)沉降缝填充完好	
6. 整修加固防护及河调建筑物	6-1 浆砌料石或块石	(1)砌体尺寸、材料、砂浆等级符合设计要求	
		(2)石料清洁，无风化、无水锈、无裂纹	
		(3)旧砌体损坏部分清除彻底、清洗干净，并且砂浆抹平，新旧砌体联结牢固	
	6-2 浆砌片石	(1)基底应符合设计要求，岩石基底表面无风化及松软土石。非基底夯实平整，表面无浮土杂物，土质基底铺有砂石垫层，厚度符合规定	
		(2)缝宽：两层片石间错缝不少于 8 cm；三块石料相砌，内切圆不大于 70 mm，砌缝宽度 2～4 cm；灰缝超限处所每 10 m^2 不超过 5 处	
		(3)砌体坡度平顺，用 2 m 弦线量，凹凸不超过±30 mm	
		(4)分层砌筑(每层约 1 m 左右找平)，丁顺相间无松动及空隙，大面向下咬接密实，石块间砂浆饱满	
		(5)泄水孔、伸缩缝设置适当	
	6-3 干砌片石	(1)砌体尺寸符合要求	
		(2)石质无风化、裂纹，片石中部厚度不少于 15 cm	
		(3)碎石垫层夯实平稳，厚度不小于 10 mm	
		(4)大块在底层，大面向下，咬接密实，支垫稳固	
		(5)砌石面坡平顺，用 2 m 弦线丈量凹陷矢度不超过 40 mm	
	6 4 勾缝	(1)勾缝无脱落	
		(2)勾缝深度不小于 30 mm，新旧缝相接良好，砂浆符合规定，勾缝压实。断道空响处所不超过 3%	
7. 整修其他设备	7-1 修理及增设水位标尺	位置、式样符合要求，尺寸准确，描绘整齐鲜明，并标出历史最高洪水位及发生年、月、日	

续上表

分类	工作项目	质量标准	附注
7. 整修其他设备	7-2 整修或增设其他标志	位置、式样符合要求，尺寸字样准确，标志清晰	
	7-3 整修或增设安全检查设备	位置、式样符合要求，质量参照钢结构、混凝土部分标准	
	7-4 整修或增设安全防护设施	位置、式样符合要求，质量参照钢结构、混凝土部分标准	

二、经常保养

经常保养分重点保养和一般保养。重点保养项目根据当月检查情况逐月编制，次月消灭。一般保养项目按周期安排处理。

(1)桥隧设备经常保养工作范围。

①重点保养工作

a. 排水系统的疏通。

b. 梁缝伸缩缝清理。

c. 少量补充作业通道步板，整修危及人身安全的检查设备。

d. 桥面各部位过水孔疏通。

e. 各种标志的刷新和补充。

②一般保养工作

a. 结合梁钢梁和作业通道补充，拧紧少量高强度螺栓，小量油漆涂装。

b. 修补混凝土梁及墩台勾缝。

c. 支座清扫、涂油，整修排水坡。

d. 砌体修理。

(2)工区编制保养月计划，经车间、段批准后实施，实施情况记录在日计划内。

桥涵建筑物保养质量评定工作。

①通过工区自评，车间定期评定和段抽查评定的方式进行。

②每座设备的保养质量评定是根据该设备各部分存在的问题，按照《高速铁路桥隧建筑物保养质量评定标准》规定，根据扣分的情况来评定保养质量的优劣。每座设备扣分的总和，除以该设备的维修长度(取整数)即为该设备的保养质量平均分(取小数点后一位)。保养质量每米平均分在 5 分及以下且无单项质量扣 10 分者为合格，否则为不合格。

③每次评定的情况，均应填写“桥涵建筑物保养质量评定记录表”，以备抽查。

三、桥梁维修单项作业项目

(一)整修伸缩缝作业
(二)增设疏通圬工梁泄水孔作业
(三)整治支座积水作业
(四)更换支座锚螺栓作业标准
(五)预制混凝土人行道板(电缆沟盖板)作业
(六)刷新水标尺作业
(七)桥涵各种标志刷新作业
(八)更换人行道板(电缆沟盖板)作业
(九)搭拆脚手架作业
(十)支座捣垫砂浆作业
(十一)支座涂油防锈作业标准
(十二)人工钢结构除锈及油漆作业
(十三)环氧树脂修补圬工裂纹作业
(十四)圬工勾缝作业
(十五)增设和整修吊栏、围栏作业
(十六)乳胶砂浆修补圬工裂损作业
(十七)清洗钢梁(圬工梁、墩台)作业
(十八)喷砂除锈作业
(十九)防护网整修作业
(二十)限高防护架整修作业
(二十一)漆料调配作业
(二十二)更换高强度螺栓作业
(二十三)喷漆枪喷漆作业
(二十四)钢梁腻缝作业
(二十五)清理桥涵淤积作业
(二十六)人工拌制普通混凝土作业
(二十七)人工拌制砂浆作业

本章小结:高速铁路桥梁具有动力效应大,动车组运行安全性、平稳性和旅客乘坐舒适性要求高等特点。因此,要求其具有较大的竖向、横向、抗扭和纵向刚度,严格的工后沉降控制。为了满足桥梁主体结构耐久性的要求,混凝土梁体、墩台、基础均采用了高性能混凝土。高速铁路大多采用盆式橡胶支座和球形支座。为便于桥涵的检查及养护,设置安全检查设备。桥梁建筑物的维修采取综合维修与经常保养相结合的方式进行，根据设备实际情况全面推行状态修，按照年度维修计划分月组织实施。

思考题

1. 高速铁路桥梁有何特点？
2. 高速铁路桥梁墩台桩基础的埋置深度有何规定？
3. 高速铁路桥梁无砟桥面结构由哪几部分组成？
4. 简述高速铁路桥梁施工工艺控制要点。
5. 高速铁路桥梁盆式橡胶支座会出现哪些病害？

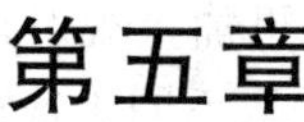

第五章 高速铁路隧道

本章提要:本章介绍了高速铁路隧道的特点、基本构造及其技术标准;介绍了隧道开挖不同的施工方法,重点介绍高速铁路隧道的施工技术与质量验收规范。要求学生了解高速铁路隧道的构造要求,与普通铁路隧道构造的区别与联系,熟悉隧道钻爆法施工的分类与适用特征,掌握隧道支护与衬砌结构施工工艺流程与控制要点。

第一节　高速铁路隧道结构

一、高速铁路隧道的特点

高速铁路以列车运行速度高、线路平顺,具有高安全、高可靠、高舒适、高环保等特点,比其他交通工具有更多的优越性。高速铁路隧道工程具有占地少、环境污染小、结构安全可靠、对城市干扰小等优点,从技术上有以下主要特点:

1. 空气动力学效应

高速动车组通过隧道时会产生一系列特定的空气动力学效应,如压力波动、出口处微气压波、洞内行车阻力增大等。这些影响主要表现为:瞬变压力会造成旅客不适,并对铁路员工和车辆产生危害;微压波会引起爆破噪声并危及洞口建筑物;行车阻力加大则引起对动车组动力和能耗的特殊要求;列车风加剧,影响在隧道中待避的作业人员等。因此,动车组在高速运行的条件下,对隧道结构的空气动力学特性要求是多方面的,构成高速铁路隧道的显著特点。

2. 可靠性和结构耐久性

所谓可靠性,是指结构在规定的时间内,在正常规定的条件下,完成预定功能的能力,包括安全性、适用性和耐久性。所谓结构耐久性,是指结构及其部件在可能引起材料性能劣化的各种条件作用下能够长期维持其应有性能的能力。由于动车组运行速度比较高,对结构和各种运输设施所产生的作用影响也就大,高速铁路隧道对相应工程结构的可靠性和耐久性的要求也就越高。

3. 对环境的影响明显

环境包括自然环境、生态环境和周边人文环境。高速铁路动车组以较高的速度运行，其产生的轮轨噪声、机械噪声、弓网噪声和空气动力学等噪声比普速列车明显要大，对环境的影响也更大。隧道出口形成的微气压波，会对洞口的环境造成一定的影响，严重时会产生爆破声，影响附近的建筑物和居民的正常生活。所以，高速铁路隧道的修建就应该更加重视对环境的影响，围绕降低噪声、减少对自然环境、生态环境和周边人文环境的破坏，采取不同于普速铁路隧道的工程措施。

4. 防灾救援要求高

高速铁路隧道中运行的主要是高速度的动车组，一旦发生事故和灾害，后果比一般铁路要严重得多。如何尽量避免高速动车组在隧道内发生事故和灾害，以及动车组在隧道内因故停车时，如何快速疏散乘客，发生灾害事故时如何快速救援等，是高速铁路隧道应该重点考虑的问题。

二、隧道断面内轮廓

隧道横断面由隧道建筑限界、轨道数量、线间距、应预留空间、空气动力学影响所需的空间和设备安装空间构成。增大隧道横断面面积对空气动力学效应有整体减缓作用。隧道断面内轮廓的确定主要根据三个方面的条件：隧道净空横断面面积应满足空气动力学效应影响标准；满足铁路建筑接近限界要求，双线隧道还应满足线间距要求；养护、维修和救援空间要求。

隧道断面净空面积既充分满足空气动力学效应标准的要求，又要满足救援通道空间的需要。按《铁路隧道设计规范》(TB 10003)计算的曲线隧道的加宽值较小，完全在富裕量以内，故隧道内轮廓可不考虑曲线加宽。

(1)《新建时速 200 公里客货共线铁路设计暂行规定》规定：单线隧道内轨顶面以上净空面积应不小于 50 m^2；双线隧道内轨顶面以上净空面积应不小于 80 m^2。

(2)《高速铁路设计规范》规定：单洞双线隧道断面有效面积不宜小于 100 m^2；单线隧道断面有效面积不宜小于 70 m^2(图 5-1)。限速地段当检算行车速度小于或等于 200 km/h 时，可采用较小的隧道断面有效面积，但双线隧道断面有效面积不应小于 80 m^2；单线隧道断面有效面积不应小于 50 m^2。

(3)在实际设计中除应满足以上条件下外，还应从围岩稳定、结构受力及空间利用等角度对断面形状和尺寸进行优化。

有关隧道净空有效面积标准参见表 5-1。

三、安全空间

《高速铁路设计规范》规定：隧道内安全空间应在距线路中线 3.0 m 以外，单线隧道在救

援通道一侧设置，多线隧道在双侧设置。

安全空间尺寸：高度不应小于 2.2 m，宽度不应小于 0.8 m。

安全区的地面应不低于轨面规定高度，必须平整，允许有 3‰的横向排水坡。

安全空间的地面与接触网设备的带电部件之间的距离不小于 3.95 m。

安全空间示意图如图 5-2 所示。

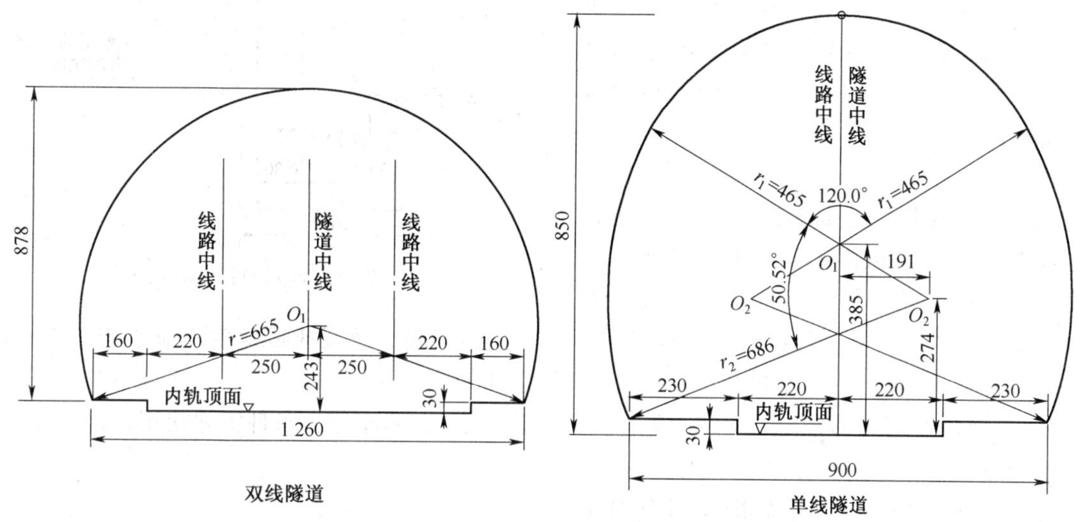

图 5-1　高速铁路隧道断面内轮廓(单位：cm)

表 5-1　高速铁路隧道净空有效面积标准　　单位：m^2

序号	类别	单线	双线
1	200 km/h 客运专线兼顾货物运输	52(53.6)	80(85)
2	250 km/h 高速铁路	58(60)	92
3	300～350 km/h 高速铁路	70	100

注：括号内数值为客运专线兼顾双层集装箱运输条件下，考虑特定接触网调度等因素的面积。

四、隧道衬砌

隧道衬砌采用复合式衬砌或整体衬砌，不得采用喷锚衬砌；隧道均应采用曲墙式衬砌，其中边墙与仰拱内轮廓的连接宜采用顺接断面；仰拱矢跨比应结合隧道衬砌受力和沟槽设置情况确定，取 1/15～1/12 为宜。

Ⅲ～Ⅵ级围岩应采用曲墙带仰拱的衬砌，Ⅰ、Ⅱ级围岩地段可采用曲墙不带仰拱的衬砌。

各级围岩隧道结构及仰拱填充混凝土强度等级不应低于 C25，钢筋混凝土强度等级不应低于 C30；Ⅰ、Ⅱ级围岩底板厚度不应小于 30 cm，混凝土强度等级不应低于 C25。

五、救援通道

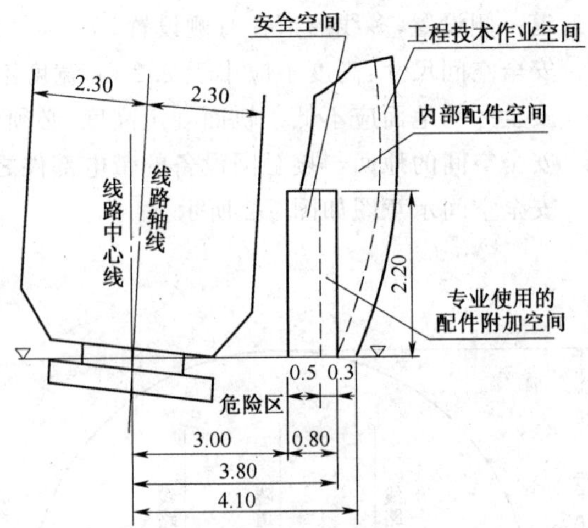

图 5-2　安全空间示意图(单位:m)

(1)《新建时速 200 公里客货共线铁路设计暂行规定》规定：长度在 500 m 以上的隧道应设贯通整个隧道的救援通道，双线隧道在两侧设置，单线隧道在单侧设置；救援通道宽 1.25 m，高 2.2 m，外侧距线路中线不得小于 2.2 m。

(2)《高速铁路设计规范》规定：隧道内应设置贯通的救援道路，用于自救或外部救援。救援通道应设在安全空间一侧，距线路中线不应小于 2.3 m。救援通道走行面应不低于轨面高程。救援通道宽度不应小于 1.5 m，在装设专业设施处，宽度可减少 0.25 m；净高不应小于 2.2 m。

(3)救援通道可部分侵入建筑限界，因为救援通道是在列车停运条件下才使用。

(4)两端洞口救援通道的长度，在配备救援列车时为 1 000 m，无救援列车时为 500 m。实际设计时，紧急出口可与施工辅助坑道一并考虑。救援通道的最小宽度应不小于 1.25 m。

救援通道示意位置图如图 5-3 所示。

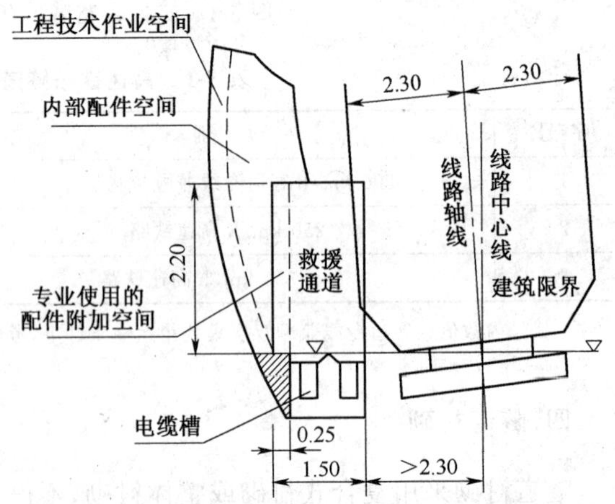

图 5-3　救援通道示意位置图(单位:m)

六、缓冲结构物

(1)《新建时速 200 公里客货共线铁路设计暂行规定》规定：进口缓冲结构的设置应根据出口微压波峰值的大小来确定。当出口外 50 m 范围内无建筑物、出口外 20 m 处的微压波峰值大于 50 Pa 时，应设置缓冲结构；当出口外 50 m 范围内有建筑物且建筑物处的微压波峰值大于 20 Pa，应设置缓冲结构；当建筑物对微压波峰值有特殊要求时，缓冲结构应进行特殊设计。

高速铁路隧道洞口缓冲结构如图 5-4 所示。

缓冲结构断面有效面积应为隧道内轨顶面以上净空面积的1.4～1.5倍，在缓冲结构纵向中心附近沿两侧对称分布开孔，开孔总长宜为1/2缓冲结构长，开孔面积为隧道内轨顶面以上净空面积的0.2～0.3倍，缓冲结构长度不应小于隧道断面的水力直径。

(2)《高速铁路设计规范》规定：一般情况下，隧道洞口可不设置缓冲结构。隧道洞口有建筑物或特殊环境要求时，可考虑设置缓冲结构。

图5-4　高速铁路隧道洞口缓冲结构

缓冲结构形式应从实用美观角度出发，结合洞口附近的地理环境确定。隧道洞口设置缓冲结构应考虑的因素为：动车组类型及长度、隧道长度及横断面净空面积、隧道内轨道类型、隧道洞口附近地形和洞口附近居民情况。缓冲结构侧面或顶面应开减压孔，开孔面积根据实际情况确定，一般开孔面积为隧道断面有效面积的0.2～0.3倍。

(3)对于预留缓冲结构条件的洞口，若有路基挡墙，其挡墙位置应在缓冲结构之外。

七、辅助洞室

隧道内可不设置供维修人员使用的避车洞，但应考虑设置存放维修工具和其他业务部门需要的专用洞室。洞室应沿隧道两侧交错布置，每侧布置间距应为500 m左右。洞室尺寸宜参照现行《铁路隧道设计规范》大避车洞尺寸设计，并满足有关专业的技术要求。

八、防灾与救援

(1)《新建时速200公里客货共线铁路设计暂行规定》规定：隧道内两侧应设紧急呼叫电话，单侧两部电话的距离为500 m，隧道两侧错开设置。电话应安装在器材洞内，并设标示牌。当隧道长度大于1 000 m时，在有条件的情况下宜设置紧急出口。紧急出口上方设标示牌；有条件时，应在两单线隧道间设置联络通道，间距不宜小于500 m。紧急出口通道横断面尺寸为：宽度不小于2.3 m；高度不小于2.5 m；纵向仰角不大于35°；竖井作为出口时井内应设阶梯和送风设备。

(2)《高速铁路设计规范》规定：双线隧道内两侧应设置贯通整个隧道的救援通道。隧道内两侧均应设置紧急呼叫电话，而且呼叫电话应沿隧道两侧交错布置，且单侧电话间距宜为500 m。电话应安装在电话间内，并设标示牌。电话间的尺寸应为：宽0.4 m，深0.8 m，高

1.0 m。电话间地面应高于轨面 0.7 m。

当隧道长度大于 1 000 m 时,在有条件的情况下宜设置紧急出口。紧急出口通道断面最小尺寸应符合:宽度不应小于 2.3 m;高度不小于 2.5 m;纵向仰角不应大于 30°;竖井作为出入口时井内应设旋梯。

救援通道每隔 200 m 应设图像文字标记,指示两个方向分别到下一个洞口或紧急出口的整百米数,并配备灯光显示方向。

九、照明

(1)《新建时速 200 公里客货共线铁路设计暂行规定》规定:长度在 500 m 以上的隧道应设固定式照明设施。500 m 以下的隧道应在洞内装设照明插座。

(2)《高速铁路设计规范》规定:隧道内照明设置应考虑维修养护、满足紧急情况下的人员疏散及救援人员的通行要求。同时也应考虑列车进入隧道后的亮度变化对旅客乘车舒适度的影响。长度大于 100 m 的隧道内应设固定的电力照明;长度不小于 500 m 的隧道内应设置应急照明设备,应急照明灯具安装间隔不大于 50 m,该设备必须在供电中断时能自动接通并能连续工作 2 h 以上;紧急呼叫电话处及紧急出口处、紧急出口通道内均应设置应急照明灯具。

十、抗震设计

基本烈度为 7 度时的Ⅴ～Ⅵ级围岩的双线隧道和基本烈度为 8、9 度时的Ⅳ～Ⅵ级围岩的单线隧道与Ⅲ～Ⅵ级围岩的双线隧道应考虑抗震设防措施,单线隧道设防段长度不宜小于 25 m,双线隧道不宜小于 35 m。

设防地段的隧道宜采用带仰拱的曲墙式衬砌,其中Ⅳ～Ⅵ级围岩地段宜采用钢筋混凝土。隧道洞门宜采用翼墙式,洞门结构宜采用混凝土浇筑。

总之,高速铁路隧道为缓解高速动车组进入隧道诱发的空气动力学效应需采取放大隧道断面有效面积、在隧道洞口修建缓冲结构及增设辅助坑道等工程措施。高速铁路隧道比普通铁路隧道的横断面大,受力比较复杂,且列车运行速度较高,隧道维修有一定的时间限制,对隧道衬砌的安全性、耐久性和防水性能要求提高。另外,高速铁路对隧道底部的强度较普通铁路要求更高,且高速铁路隧道的断面跨度较大,因此对底板厚度、混凝土强度等要求更高。

第二节　隧道施工方法与设备

一、高速铁路隧道力学特征和施工特点

(一)力学特征

高速铁路隧道施工的最大特点是开挖断面大,具有以下力学特征:

(1)开挖后,隧道周边围岩出现大范围的塑性区和更大变形,对围岩自稳要求更高。

(2)隧道拱脚和边墙脚处的应力集中更严重,要求围岩强度或地基承载力更好。

(3)隧道拱顶不稳定,拱顶围岩存在拉应力区,拱顶岩块崩塌的可能性增大。

(4)产生拱作用要求的埋深加深,浅埋隧道的埋深范围变大,浅埋隧道的松弛压力更大,浅埋隧道的辅助施工措施要求增强。

(二)施工特点

高速铁路隧道主要施工特点表现为紧支护、勤量测的重要性增强。对于洞口段、浅埋段、偏压段、破碎带、堆积体、黄土隧道,应坚持"断面化大为小、短进尺、弱爆破、强支护、勤量测、早封闭、衬砌紧跟"的原则。除围岩的整体性外,围岩自身强度对高速铁路大断面隧道施工方法的确定、隧道的稳定与安全有较大影响。

二、隧道施工方法选择

从目前的施工技术水平出发,适合高速铁路大断面隧道的施工方法主要有以下几类:

(1)以爆破为主导的施工方法,如全断面法、下导洞超前法、台阶法、双侧壁导坑法、中壁法等。

(2)以机械开挖为主导的施工方法,如掘进机法、盾构法、铣挖法等。

(3)爆破与机械开挖相结合的施工方法,如 TBM 导坑超前扩挖法等。

高速铁路隧道的施工方法要根据断面形状、隧道长度、工期、地质、周围环境等条件综合确定。选择施工方法时要注意地形、地质的特殊性,是否有限制条件等。要尽量采用能避免围岩松弛的施工方法,尽量使支护及早封闭,避免多次扰动围岩,控制初期支护位移、变形;施工组织的统一协调,在同一隧道中尽量减少工法的频繁转换;尽量采用机械化施工,提高作业效率,加快施工进度。

三、钻爆法

钻爆法是目前国内广泛应用的隧道修建方法。高速铁路隧道开挖常用的方法有全断面法、台阶法、CD 法、CRD 法、双侧壁导坑法,从工程造价和施工速度考虑施工方法选择顺序应为:全断面法→正台阶法→台阶设临时仰拱→CD 法→CRD 法→双侧壁导坑法。从施工安全考虑,顺序正好反过来。如何选择合适的开挖方法,应根据实际情况综合考虑,在工程造价、施工进度、施工安全等各方面求得平衡。钻爆法施工开挖方法比较见表 5-2。

(一)全断面法

全断面开挖法是指将整个隧道开挖断面一次钻孔、一次爆破成形、一次初期支护到位的开挖方法。由于全断面一次开挖成形,开挖跨度较大,高度较高,隧道周边围岩出现更大范围的塑性区和更大变形,隧道拱脚和墙脚处应力集中更严重,隧道拱顶更不稳定,围岩自稳所要求的围岩自身强度较高。对于硬岩隧道，由于其自身强度一般比较高，所以围岩自身强度并不是影响隧道稳定与安全的决定因素。但对于软岩隧道，由于其自身强度偏低，往往成为影响隧道稳定与安全的控制因素。对于按照通常《铁路隧道围岩分级判定标准》判定的围岩等级，在确定隧道开挖方法时应充分考虑围岩自身强度。

表 5-2　钻爆开挖方法比较

施工方法	适用条件	沉降	工期	防水效果	拆除临时支护	造价
全断面法	地层好，跨度≤8 m	一般	最短	好	无	低
正台阶法	地层较差，跨度≤12 m	一般	短	好	无	低
上台阶临时封闭正台阶法	地层差，跨度≤12 m	一般	短	好	小	低
正台阶环形开挖法	地层差，跨度≤12 m	一般	短	好	无	低
单侧壁导坑正台阶法	地层差，跨度≤14 m	较大	较短	好	小	低
中隔壁法(CD 法)	地层差，跨度≤18 m	较大	较短	好	小	偏高
交叉中隔壁法	地层差，跨度≤20 m	较大	长	较差	大	高
双侧壁导坑法(眼镜法)	小跨度，可扩成大跨	大	长	差	大	高

对于高速铁路大断面隧道，全断面法开挖应慎重选用，主要适用于单线隧道Ⅰ、Ⅱ、Ⅲ级围岩，双线隧道Ⅰ、Ⅱ级围岩，地下水处于干燥或潮湿的情况。

全断面开挖法有较大的作业空间，有利于采用大型配套机械化作业，提高施工速度，且工序少，便于施工组织管理，较分部开挖法减少了爆破震动次数。但由于开挖面较大，围岩稳定性降低，且每个循环工作量较大，每次深孔爆破引起的震动较大，因此，要求进行精心钻爆设计，并严格控制爆破作业。

(二)台阶法

台阶法(图 5-5)施工就是将结构断面分成两个或几个部分，且分成上下两断面或几个作业面，分步开挖。综合考虑围岩等级划分中的岩性指标、岩体完整状态等，根据高速铁路大断面隧道自身的力学特征，结合以往类似工程施工经验，台阶法主要适用于单线隧道Ⅲ、Ⅳ级围岩，双线隧道Ⅲ级围岩，地下水处于干燥或潮湿状态的情况。

图 5-5　台阶法开挖示意图

台阶开挖法优点很多，能较早地使支护闭合，有利于控制其结构变形及由此引起的地面沉降，上台阶长度一般控制在 1～1.5 倍洞径，根据地层情况，可选择两步或多步开挖。

台阶法开挖优缺点：

(1)灵活多变，适用性强。凡是软弱围岩地层，均可采用台阶法，是各种不同开挖方法中的基本方法，而当遇到地层变化时能及时变换成其他方法。

(2)具有足够的作业空间和较快的施工速度，台阶有利于开挖面的稳定，尤其是上部开挖支护后，下部作业则较为安全。

(3)台阶法开挖的缺点是上下部作业相互干扰，应注意下部作业时对上部稳定性的影响和台阶法开挖增加围岩被扰动的次数等。

常见的台阶法施工图如图 5-6～图 5-8 所示。

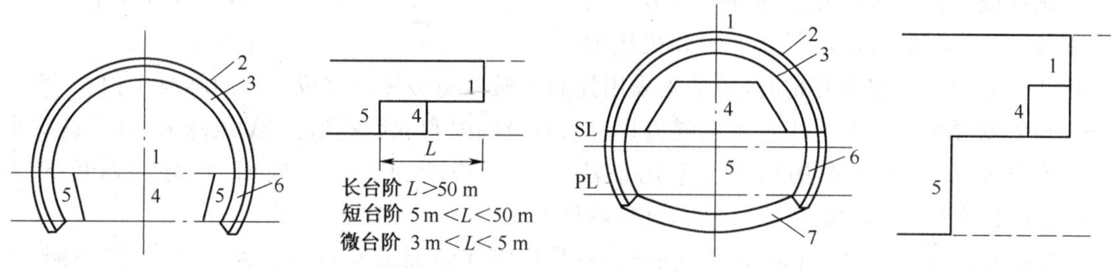

图 5-6　下部中核算开挖示意图　　　　图 5-7　上弧形导坑开挖示意图

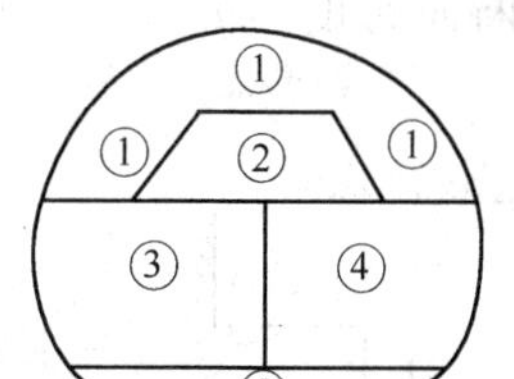

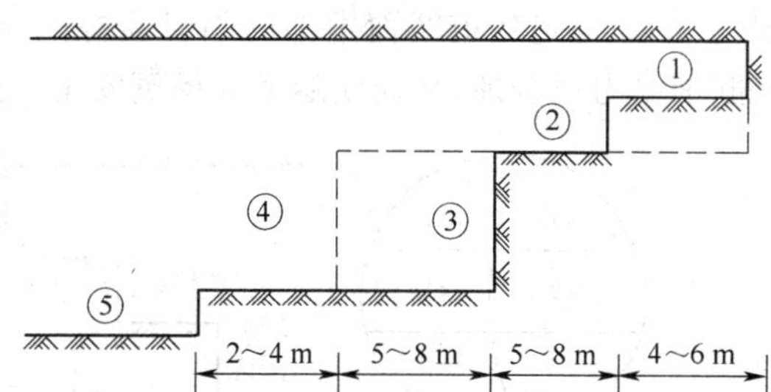

图 5-8　环形开挖预留核心土法示意图

台阶法施工中应根据围岩条件和施工机械配备情况合理确定台阶长度、高度及数量，其各部形状应有利于保持围岩稳定的前提下尽量便于机械作业。当围岩自稳能力较好，隧道开挖跨度不大时，为方便作业，台阶长度宜控制在 10～50 m 以内，围岩稳定性较差时，台阶长度宜控制在 3～10 m。围岩整体性较差时，施工中应采取措施减少下部开挖时对上部围岩和支护的扰动，下部断面开挖应两侧交错进行，下部断面应在上部断面喷混凝土达到一定强度后开挖。当围岩不稳定时进尺宜为 1～1.5 m，落底后应立即施作初期支护。仰拱应及时施作，使支护及早闭合成环。

(三)分部开挖法

分部开挖法是指根据围岩特点，从保持稳定性出发，一次开挖的范围较小，超前一定距离并及时支撑与衬砌，进行分次开挖隧道断面剩余部分的隧道开挖方法。常用的方法有导坑法、单侧壁导坑法、中隔壁法、交叉中隔壁法、双侧壁导坑法。

单侧壁导坑法是指在隧道断面一侧先开挖一导坑，并始终超前一定距离，再开挖隧道断面剩余部分的隧道开挖方法(图 5-9)。采用该法开挖时，单侧壁导坑超前的距离一般在 2 倍洞径以上。为了稳定开挖面须采取超前大管棚、超前锚杆、超前小管棚、超前预注浆等辅助施工措施进行超高加固。一般采用人工开挖、人工和机械合开挖、人工和机械配合出渣。断面剩余部分开挖时，可适当采用控制爆破以免破坏已完成导坑的临时支护。

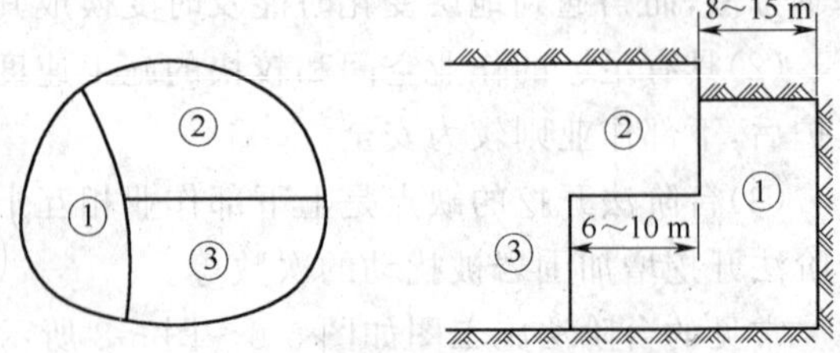

图 5-9　单侧壁导坑法开挖示意图

单侧壁导坑法主要适用于单线隧道Ⅳ、Ⅴ、Ⅵ级围岩和双线隧道Ⅳ、Ⅴ级围岩，以及地下水处于有渗水或股水状态的情况。采用该法可变大跨断面为小跨断面，将导坑跨度定为 4～6 m，则断面剩余跨度为 8～10 m，这样将使隧道开挖更为安全、可靠。

中隔壁法(CD 工法)(Center Diaphragm)是指将隧道断面左右一分为二，先开挖一侧，并在隧道断面中部架设一临时支撑隔墙，待先开挖的一侧超前一定距离后，再开挖另一侧隧道的施工方法(图 5-10)。通过隧道断面中部的临时支撑隔墙，将断面跨度一分为二，减小了开挖断面跨度，使断面受力更合理，从而使隧道开挖更安全、可靠。

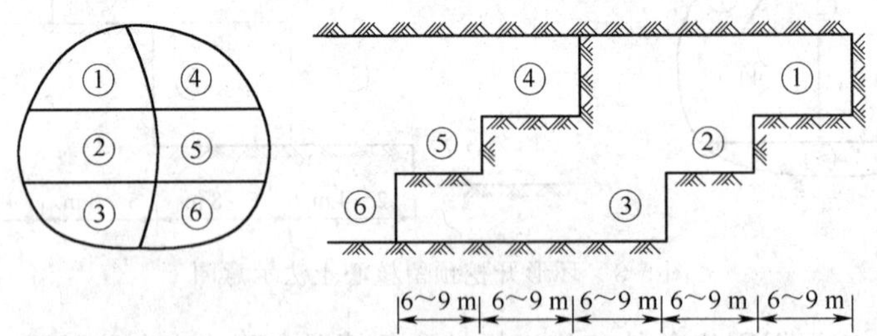

图 5-10　CD 法开挖示意图

CD 工法主要适用于单、双线隧道Ⅴ级围岩、浅埋隧道、三线隧道。采用该法进行隧道开挖时，可根据具体情况，将由中隔壁一分为二的左、右断面再在竖向分成两部或三部，从上往下分台阶进行施工。台阶长度一般为 1～1.5 倍洞径(此处洞径取分部高度和跨度的大值)。先开挖一侧断面的最后一步与后开挖断面的第一步间应拉开 1～1.5 倍洞径的距离。为了稳定工作面，须采取超前大管棚、超前锚杆、超前小管棚、超前预注浆等辅助施工措施进行超前加固。

双侧壁导坑工法是一项边开挖边支护的施工技术。其原理是：利用两个中隔壁把整个隧

道大断面分成左中右三个小断面施工，左、右导洞先行，中间断面紧跟其后；初期支护仰拱成环后，拆除两侧导洞临时支撑，形成全断面。两侧导洞皆为倒鹅蛋形，有利于控制拱顶下沉（图 5-11）。该方法主要适用于黏性土层、砂层、砂卵层等围岩较差的Ⅴ级围岩地层条件。

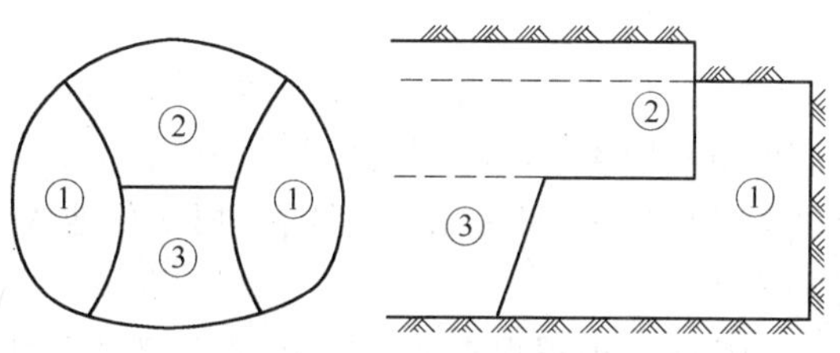

图 5-11 双侧壁导坑法开挖示意图

（四）大断面隧道开挖工法的支护措施和辅助措施

根据新奥法施工原理，主动地使围岩本身成为隧道环状承载结构的一部分，充分发挥围岩自身承载能力，使围岩和初期支护共同承载，结合高速铁路大断面隧道的力学特征，在选择开挖工法时应同时采取适当的支护措施和辅助措施，以确保隧道稳定和施工安全。

施工中要认真做好隧道的全断面光面爆破工作。不仅拱部、墙部要达到规范要求的光爆效果，墙脚、底部、仰拱、交叉口、变形断面处也应按光面爆破进行设计，并同时达到和墙拱一样的光面爆破效果，以减少超欠挖可能产生的应力集中。

开挖后，及时通过初喷混凝土对开挖轮廓岩面进行封闭和找平，减少围岩变形，消除应力集中。尽快完成锚杆、钢架支撑和复喷混凝土施工，使围岩和初期支护共同的承载结构尽快形成。加大锚杆长度，使开挖断面周边形成一个更大范围的承载环，以满足高速铁路大断面隧道受力需要。注意加强对隧道拱顶、拱脚和墙脚的保护，以解决拱顶不稳定和拱脚、墙脚受力较大以及应力集中的问题。仰拱开挖应与整个断面同步进行，并根据围岩情况，控制开挖进尺。仰拱开挖后初期支护应及时进行封闭，仰拱二衬也应紧跟施作。严禁待隧道开挖几百米后才开始仰拱开挖、初期支护和二次衬砌的施工，或仰拱施工与无仰拱段捡铺底同步进行。

四、机械开挖法

机械开挖法主要包括掘进机法、盾构机法等。

（一）掘进机法（TBM）

隧道掘进机（Tunnel Boring Machine，TBM）施工法是用隧道掘进机切削破岩、开凿岩石隧道的施工方法。它始于 20 世纪 30 年代，随着掘进机技术的迅速发展和机械性能的日益完善，隧道掘进机施工得到了很快发展。掘进机施工特别是对于长隧道的施工，较之钻爆法施工有其显著的特点：大大降低工人劳动强度，保证施工人员的安全；掘进速度快，进一步发展将有达到自动化的可能等。

1. 施工特点

与钻爆法开挖隧道施工过程相比，使用掘进机开挖隧道的特点在于施工过程是连续的，具有隧道工程“工厂化”的特点。

(1)优点

①安全。掘进机开挖断面一般为圆形,承压稳定性好。由于用机械方法切削成型,没有爆破法的危险因素,减少了周围岩层松动、冒顶的可能性,因此也减少了支护的工作量。在土质或软弱地层施工,可采用护盾式掘进机,作业人员在司机房内或护盾内工作,大大提高了作业的安全性。

②快速。根据现有使用效果,在均质岩层中,掘进速度一般可达:软岩层 2 m/h,中硬岩层 1 m/h,硬岩层 0.5 m/h。按一般的中硬岩石,掘进机每月掘进约 600 m 以上。一般认为,掘进机的掘进速度较钻爆法的掘进速度可提高 2～2.5 倍。

③经济。用机械方法开挖的断面平整,洞壁光滑,免去爆破应力,通常不需要临时支护(硬岩中),或可用喷锚、钢圈梁、钢丝网等简易支护(软岩或中硬岩中)。而且,超挖量能控制在几厘米之内,能减少清理作业和混凝土用量(混凝土用量约节约 50%),适合于喷射混凝土衬砌。因此,国外有人认为在作业条件适宜时,总成本可降低 20%～30%。但掘进机自身造价高,工程一次性购入成本高。

④省工与降低劳动强度。据统计,一般掘进机施工所需总人数为 40～45 人即能达到月进尺 200 m,而用钻爆法施工欲达到月成洞 200 m 则需 700 人(三班制)。更为重要的是用掘进机施工可以大大减轻劳动强度。

⑤排渣容易。机械法破碎的土屑和岩渣多成中块或粉状,粒度均匀,可由皮带运输机直接排出。如果采用适应于开挖量的转载运输机,则可利用掘进机的换步时间,进行调车作业,尽量不因运输工序而影响掘进速度。

⑥由于集中控制操作,有实现远距离操作和自动化的可能性。

(2)缺点

①一次性投资大,尺寸重量大,机器较复杂(但对于岩层适宜的长隧道,由于掘进机掘进速度高,总的工程成本就不高)。制造周期长,装运费时费事费钱,刀具的消耗和维修费用亦很昂贵。

②对岩层变化的适应性差。就目前试用和使用情况来看,对中硬岩使用较为有效,对软岩和硬岩仍存在许多困难。如遇到破碎岩层及不均匀多变的岩层,掘进速度下降,甚至无法工作,如遇涌水、溶洞及漂石砾石等情况,改为其他方法开挖为好。

③开挖的隧洞断面局限于圆形,对于其他形状的断面,则需进行二次开挖。如要机器本身来完成,则机器构造将更加复杂。

④作业率低。由于隧道施工工序多,要求施工组织严密、配合协调。如机器能否正常运转,电缆延伸、洞壁保护、水管路延长及机器方向调整等工序,一般约占整个作业时间的 50% 左右。

⑤能耗大。纯机械破岩,不像钻爆法利用炸药的化学能,过分破碎石渣而耗费能量,粉状

石渣难于再利用。

2. 掘进机类型

山岭隧道掘进机分为全断面和悬臂式两大类。全断面掘进机（Tunnel Boring Machine，TBM）又分敞开式和护盾式两类。护盾型又分单护盾和双护盾。目前使用的主要是全断面掘进机，悬臂式尚处在发展的初期阶段。一般而言，敞开式掘进机（图 5-12）适合于硬岩隧道的开挖。敞开式和护盾式掘进机的区别在于敞开式掘进机在开挖中依靠撑于岩壁上的水平支撑提供设备推力和扭矩的支撑反力，开挖后的围岩暴露于机械四周。而护盾掘进机则可在掘进中利用尾部已安装的衬砌管片作为推进的支撑，围岩由于有护盾防护，在护盾长度的范围内不暴露，因此护盾掘进机更适用于软岩。

图 5-12　TBM 全断面敞开式掘进机

单护盾掘进机（图 5-13）适用于软岩地层以及自稳时间相对较短的地质条件较差的地层。单护盾掘进机在掘进和安装衬砌管片时是依次顺摩进行的，即不能同时作业。掘进中，它依靠后部的推进千斤顶顶推已安装好的衬砌管片得以向前掘进，掘进停止后，利用管片安装机将分成若干的一环管片安装到隧道上。

双护盾掘进机（图 5-14）在软岩及硬岩中都可以使用。当它在自稳条件不良的地层中施工时，其优越性更突出。它与单护盾掘进机的区别在于增加了一个护盾。在硬岩中施工时利用水平撑靴，支撑到洞壁，传递反力，所以它既可利用尾部的推力千斤顶顶推尾部安装好的衬砌管片推进，也可以在利用水平支撑进行开挖时，同时安装衬砌片。因此，双护盾掘进机使开挖和安装衬砌管片的停机换步时间大大缩短。

3. TBM 的适应性

TBM 施工方法和适应性主要反映在地质、隧道长度、隧道断面及运输方案等方面。

掘进机对掘进通过的岩石地层最为敏感。一般的软岩、硬岩、断层破碎带，可采用不同类型的掘进机辅以必要的预加固和支护设备进行掘进，但对于大型的岩溶暗河发育的隧道、高或

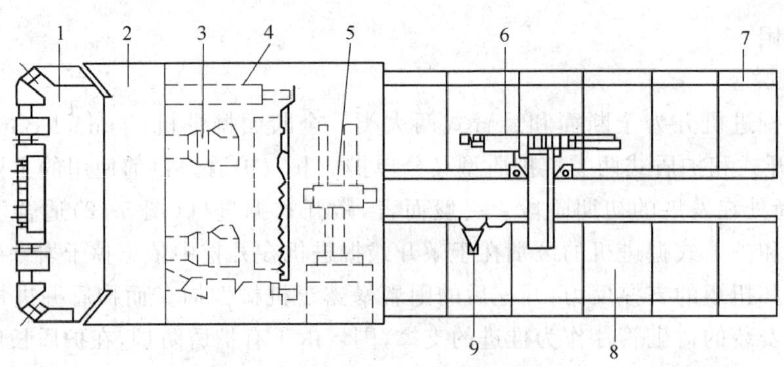

图 5-13　单护盾掘进机示意图

1—刀盘；2—护盾；3—驱动组件；4—推进千斤顶；5—管片安装器；6—超前钻机；7—出渣输送机；8—拼装好的管片；9—提升机

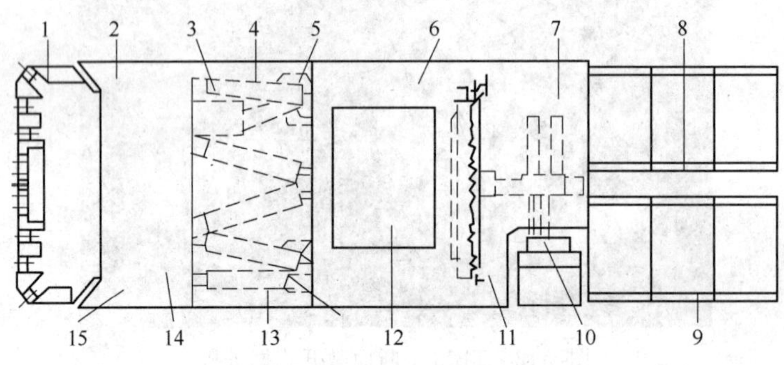

图 5-14　双护盾掘进机示意图

1—刀盘；2—前护盾；3—驱动组件；4—推进油缸；5—铰接油缸；6—撑靴护盾；7—尾护盾；8—出渣输送机；9—拼装好的管片；10—管片安装机；11—辅助推进靴；12—撑靴；13—伸缩护盾；14—主轴承大齿圈；15—刀盘支撑

极高地应力隧道、软岩大变形隧道、可能发生较大规模突水涌泥的隧道等特殊不良地质隧道，不适合采用掘进机施工。在这些情况下，采用钻爆法更能发挥其机动灵活的优越性。

掘进机体积庞大，运输移动较困难，施工准备和辅助施工的配套系统较复杂，加工制造工期长，因此，对于短隧道和中长隧道很难发挥其优越性。国外实践表明，当隧道长度与直径之比大于 600 时，采用掘进机施工是经济的。根据我国国情，一般认为，小于 10 km 的隧道难以发挥掘进机的优越性，而钻爆法则具有经济、快速的优势；对于 10～20 km 的特长隧道，可以对掘进机法和钻爆法进行经济技术比较，根据各隧道的特点，选择适宜的施工方法；对于大于 20 km 的特长隧道，宜优先采用掘进机法施工。

掘进机对隧道的断面大小亦有其适用性。断面直径过小，后配套系统不易布置，施工较困难；而断面过大时，又会带来电能不足、运输困难、造价过大等种种问题。一般认为，较适宜掘进机施工的隧道断面直径为 3～12 m；对于直径为 12～15 m 的隧道，应根据围岩地质情况和

掘进长度、外界条件等因素综合比较;对于直径大于 15m 的隧道,则不宜采用掘进机施工。通常认为,单线铁路隧道断面较适宜掘进机施工。

掘进机设备系统庞大,全套设备重量往往达几千吨,最大部件重量达几十吨甚至几百吨,拼装长度最长达 200 m 以上。洞外配套设施有混凝土拌和系统,管片预制厂,修理车间,各种配件、材料库、供水、电、风系统,运渣和翻渣系统,装卸调运系统,进场场区道路,掘进机的组装场地等,这些对隧道的施工场地和运输方案等都提出了很高的要求。可能有些隧道虽然长度和地质条件较适合采用掘进机施工,但运输道路难以满足要求,或者现场不具备布置掘进机施工场地的条件,而不能考虑采用掘进机施工。

除了以上几点外,掘进机施工还需要高负荷的电力保证、熟练高素质的技术人员和管理队伍、前期购买设备的经济实力等,这些都直接影响到掘进机施工的适应性。

(二)盾构机法

盾构施工法是使用盾构机在地下掘进,在护盾的保护下,在机内安全地进行开挖和衬砌作业,从而构筑成隧道的施工方法。盾构施工法在城市地铁施工中得到了广泛的应用,在我国铁路隧道施工中也得到了应用。

1. 主要施工步骤

(1)在盾构法隧道的起始端和终端各建一个工作井。

(2)盾构在起始端工作井内安装就位。

(3)依靠盾构千斤顶推力将盾构从起始工作井的墙壁开孔处推出。

(4)盾构在地层中沿设计轴线推进,在推进的同时不断出土和安装衬砌管片。

(5)及时地向衬砌背后的空隙注浆,防止地层移动和固定衬砌环的位置。

(6)盾构进入终端工作井并被拆除,如施工需要,也可穿越工作井再向前推进。

2. 盾构机的类型

盾构机是盾构法施工的主要施工机械,按开挖面与作业室之间的隔墙构造可分为全开敞式、半开敞式及密封式三种。种类划分如图 5-15 所示。

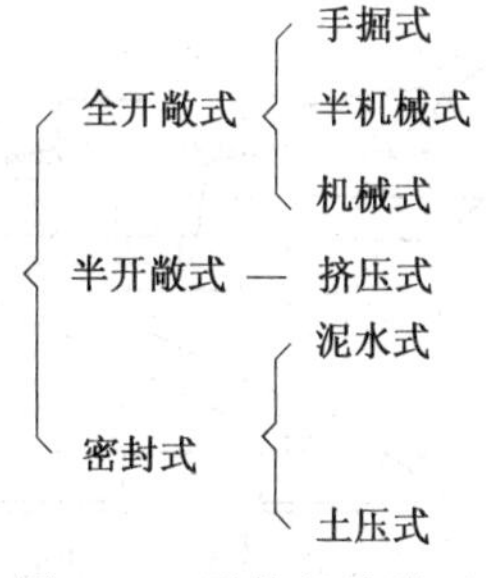

图 5-15　盾构机的类型

(1)全开敞式

全开敞式盾构机是指没有隔墙、开挖面敞露状态的盾构机。根据开挖方式的不同,又分为手掘式、半机械式及机械式三种。这种盾构机适用于开挖面自稳性好的围岩。在遇到开挖面不能自稳的地层时,则需进行地层超前加固等辅助施工方法,以防止开挖面坍塌。

①手掘式盾构机

如图 5-16 所示,手掘式盾构机的正面是开敞的,通常设置防止开挖顶面塌陷的活动前檐及上承千斤顶、工作面千斤顶及防止开挖面塌陷的挡土千斤顶。开挖采用铁锹、镐、碎石机等开挖工具,人工进行。

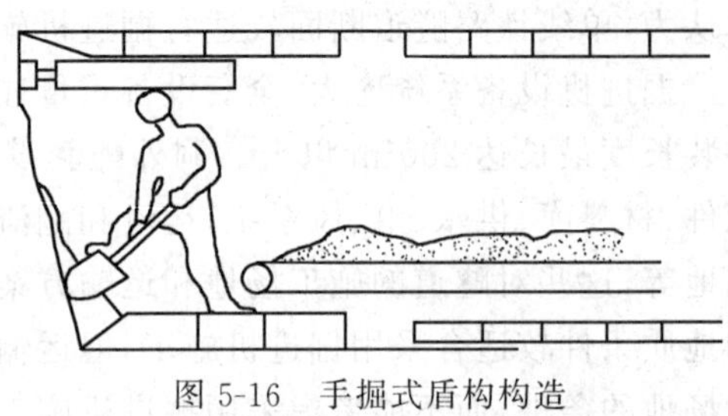
图 5-16　手掘式盾构构造

这种盾构机适应的土质是自稳性强的洪积层压实的砂、砂砾、固结粉砂和黏土。对于开挖面不能自稳和冲积软弱砂层、粉砂和黏土,施工时必须采用稳定开挖面的辅助施工法,如气压施工法、改良地基、降低地下水位等措施。目前手掘式盾构机一般用于开挖断面有障碍物、巨砾石等特殊场合,而且应用逐渐减少。

②半机械式盾构机

如图 5-17 所示,半机械式盾构机进行开挖及装运石渣都采用专用机械,配备液压铲土机,臂式刀盘等挖掘机械和皮带运输机等出渣机械,或配备具有开挖与出渣双重功能的机械,以图省力。为防止开挖面顶部塌陷,盾构机内装备了活动前檐和半月形千斤顶。由于安装了挖掘机,再设置工作面千斤顶等支挡设备是较困难的。

与手掘式盾构机一样,应有确保开挖面稳定的措施。适应土质以洪积层的砂、砂砾、固结粉砂和黏土为主。也可用于软弱冲积层,但须同时采用超前加固,或采取降低地下水位、改良地基等辅助措施。

③机械式盾构机

如图 5-18 所示,机械式盾构机前面装备有旋转式刀盘,增大了盾构机的挖掘能力,切削下的土石靠刀盘上的料斗装载,并卸到皮带输送机上,用矿车运出洞外。

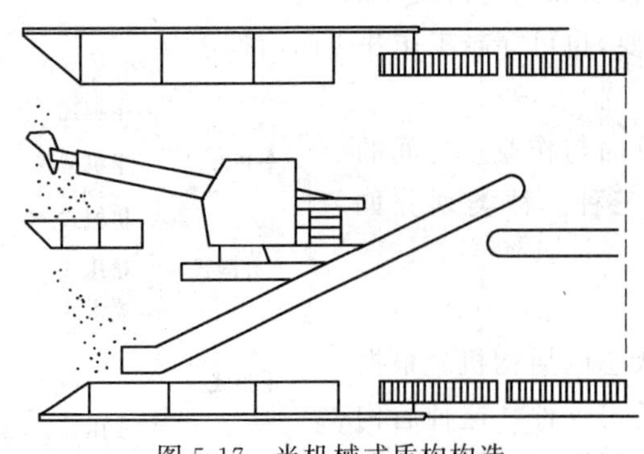
图 5-17　半机械式盾构构造

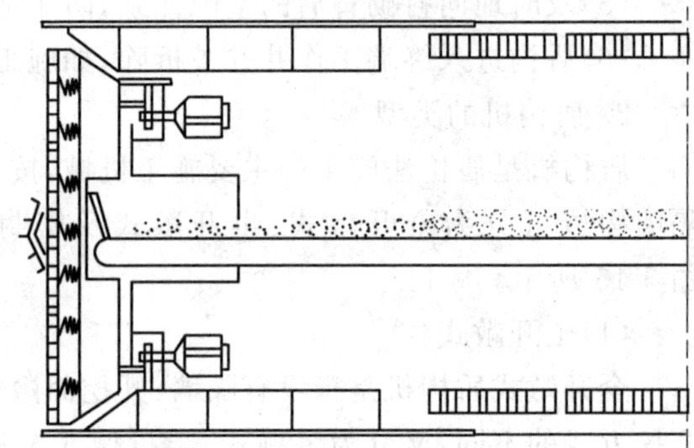
图 5-18　机械式盾构构造

在开挖自稳定性好的围岩时,机械式盾构机适应的土质与手掘式盾构机、半机械式盾构机一样,须采用辅助施工方法。

(2)半开敞式

半开敞式是指挤压式盾构机,它是在开放型盾构的切口环与支撑环之间设置胸板,以支挡

正面土体，但在胸板上有一些开口，当盾构向前推进时，需要排出的土体将从开口处挤入盾构内，然后装车外运，如图 5-19 所示。这种盾构适用于软弱黏土层，在推进过程中要引起较大的地面隆起。

(3)密封式

密封式是指在机械开挖式盾构机内设置隔墙，进入刀盘与隔墙土仓的土体，由泥水压力或土压提供足以使开挖面保持稳定的压力。密封式盾构机又分成局部气压式、泥水平衡式和土压平衡式等。

①局部气压式盾构。在机械式盾构支承环的前边装上隔板，使切口环成为一个密封舱，其中充满压缩空气，达到疏干和稳定开挖面土体的作用，如图 5-20 所示。压缩空气的压力值可根据工作面下 1/3 点的地下静水压力确定。由于这种盾构是靠压缩空气对开挖面进行密封，故要求地层透水性小，渗透系数 K 小于 1×10 m/s，静水压力不大于 0.1 MPa。另外，这种盾构在密封舱、盾尾及管片接缝处易产生漏气，引起工作面土体坍塌，造成地面沉陷。

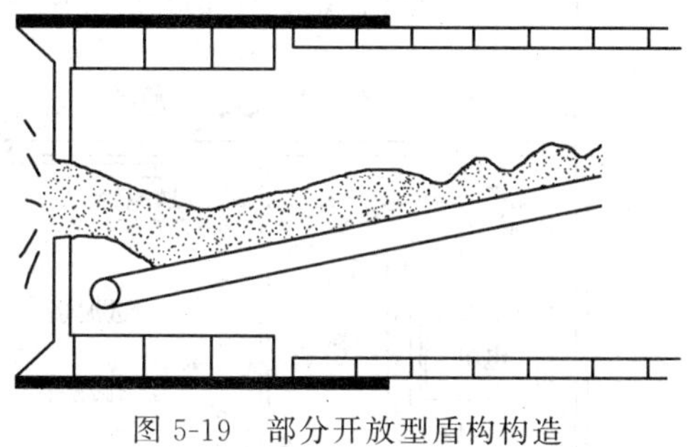

图 5-19　部分开放型盾构构造

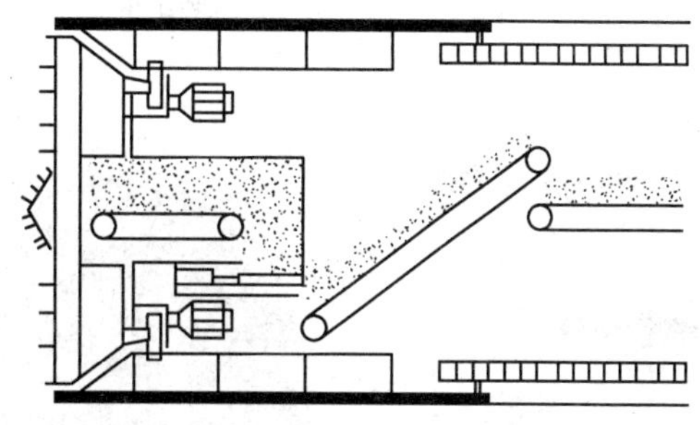

图 5-20　局部气压式盾构构造

②土压平衡式盾构。土压平衡式盾构又称削土密封式或泥土加压式盾构，如图 5-21 所示，其原理如图 5-22 所示。它的前端有一个全断面切削刀盘，在它后面有一个储留切削土体的密封舱，在其中心处或下方装有长筒形的螺旋输送机，在密封舱和螺旋输送机，以及在盾壳四周装设有土压传感装置，根据需要还可装设改善切削土体流动性的塑流化材料的注入设备。

③泥水平衡式盾构。泥水加压式盾构(图 5-23)的总体构造与土压平衡式盾构相似，仅支护开挖面方法和排渣方式有所不同。在泥水加压式盾构的密封舱内充满特殊配制的压力泥浆，刀盘(花板形)浸没在泥浆中工作。如图 5-24 所示，对开挖面支护，通常是由泥浆压力和刀盘面板共同承担，前者主要是在掘进中起支护作用，后者主要是在停止掘进时起支护作用。对于不透水的黏性土，泥浆压力应保持大于围岩主动土压力。对透水性大的砂性土，泥浆会渗入到土层内一定深度，并在很短时间内，于土层表面形成一层泥膜，有助于改善围岩的自承能力，并使泥浆压力能在全开挖面上发挥有效的支护作用。此时，泥浆压力一般以保持高于地下水压 0.2 MPa 为宜。而刀盘留切削下的渣土在密封舱内与泥浆混合后，用排泥泵及管道输送至地面处理，处理后的泥浆再由供泥泵和管道送回盾构重复使用，所以，在采用泥水加压式盾构

时，还需配备一套泥浆处理系统。

图 5-21　土压平衡式盾构机

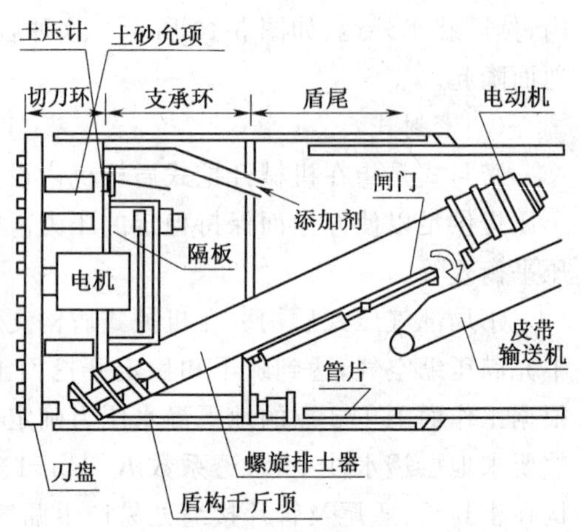

图 5-22　土压平衡式盾构的开挖原理

图 5-23　泥水平衡式盾构机

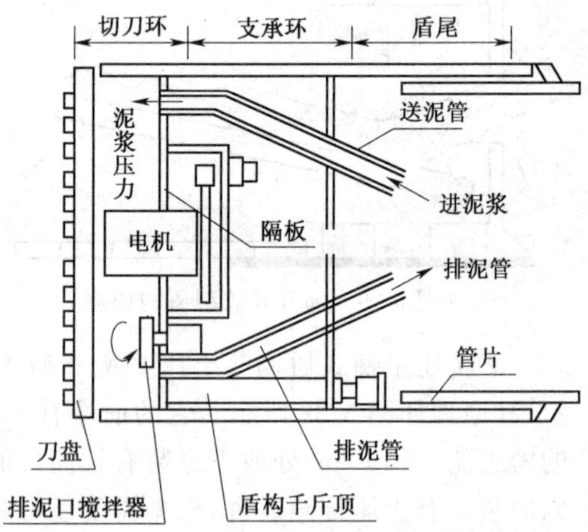

图 5-24　泥水加压式盾构的开挖原理

第三节　隧道施工技术要点

一、掘进技术

(一)钻孔掘进设备

钻孔设备的选择与隧道掘进施工安全、质量、进度等关系密切。目前铁路隧道大多数采用

风动凿岩机钻孔方式。液压凿岩台车在一些隧道中也有所使用。

由施工单位自行设计的风钻台架作为施工平台，其结构用杆件拼装，分上、中、下三层，水、风、电管线均布置在台架上，安装12～18台风动凿岩机，台架可设计成自行式和非自行式两种。风动凿岩机钻进慢、噪声大，工人劳动强度大，施工环境差，但投入低，被绝大多数隧道所采用。

液压凿岩台车是具有国际先进水平的隧道掘进机械，成孔成本在逐渐降低，其钻孔速度越来越快，钻头、钻杆寿命在不断延长。随着液压控制和电子技术的发展和应用，凿岩循环已实现自动化，即自动开孔、防卡钎、自动停机、自动退钎、台车和钻臂自动移位、定位以及遥控操作系统等。液压凿岩台车超前钻孔技术的开发应用，增强了其应对不良地质的能力，如超前探孔、超前长管棚注浆等，但液压凿岩台车的各项配套维护费用比较高。

与液压凿岩台车相比，风动凿岩机容易控制周边眼的外插角方向，也就容易控制超欠挖现象。一般超欠挖值允许范围见表5-3，一般风动凿岩机钻孔深度约3 m，只要掌握得当，可以达到超欠挖值这一要求。

表5-3　隧道允许超欠挖值

单位：cm

开挖部位		硬岩（Ⅰ级围岩）	中硬岩、软岩（Ⅱ～Ⅳ围岩）	破碎松散岩土扩土质（Ⅴ～Ⅵ围岩）
拱部	平均	10	15	10
	最大	20	25	15
边墙、仰拱隧底（平均）		10	10	10

液压凿岩台车与风动凿岩机在隧道施工中各有不同的优势、使用条件和要求，完全放弃液压凿岩台车是技术上的后退，全部采用液压凿岩台车也是不符合国情的，而应因地制宜，努力提高隧道施工机械化水平和技术水平，在具体工程中合理选择。液压凿岩台车与风动凿岩机的适应性参见表5-4。

（二）爆破技术

隧道爆破的实施应根据围岩的变化，严格设计爆破参数，取得爆破效果，确保施工人员、洞顶居民及建筑物安全。当铁路地形、地质条件差，变化多时，施工中往往采用多种爆破方案，确保安全顺利地通过洞口段、不良地质段、浅埋段、洞顶居民区段。新型的爆破技术主要有微振爆破、减振爆破、水压爆破等，同时兼顾全断面光面爆破技术的应用，提高爆破效果（图5-25）。

表 5-4　液压凿岩台车与风动凿岩机的适应性比较

项目	液压凿岩台车	风动凿岩机
工期要求	控制工期的工程，月掘进速度在 200 m 以上	一般性工程隧道，月掘进速度在 150 m 以下
隧道长度	3 km 以上隧道；独头掘进 2 km 以上隧道	中长隧道；独头掘进 2 km 以下隧道
隧道断面	大断面，全断面开挖	各种施工断面
隧道围岩	Ⅰ～Ⅲ级围岩	Ⅴ级围岩
配套要求	水、电、机械配套齐全；设备配置较高	水、风齐全；设备配置一般

图 5-25　隧道光面爆破效果

1. 光面爆破

全断面光面爆破是通过选择爆破参数和正确的施工方法，爆破后达到壁面平整、轮廓整齐、超欠挖量最小的效果。

光面爆破的主要技术参数：

(1)周边眼间距 E

周边眼的爆破，应使炮眼岩壁上产生的冲击力小于三轴应力状态下岩石的高压强度，而大于岩体的极限抗拉强度，即

$$|\delta|_l EL < F < |\delta|_r \mathrm{d}L$$

$$E < \frac{|\delta|_l}{|\delta|_r} \cdot d < K_i \cdot d$$

式中　$|\delta|_l$ ——岩体的极限抗拉强度，MPa；

$|\delta|_r$ ——岩体的极限抗压强度，MPa；

d ——炮眼直径，mm，一般配取 45 mm；

L——炮眼深度，cm，取 300 cm；

K_i ——孔距系数，一般取 10～20。

周边炮眼间距实际应用时取 65～72 cm。

(2)最小抵抗线 W

实践中，通常采用 $W=(13\sim22)d$，且 $W\geqslant E$。

(3)周边眼密集系数 K

$$K=\frac{E}{W}$$

密集系数即周边眼间距与最小抵抗线之比，以 0.8～1.0 为宜，通常取 0.8。

(4)装药集中度 q

若使用 2 号岩石炸药，$q=0.2\sim0.3$ kg/m，取 $q=0.24$ kg/m。

隧道光面爆破参数见表 5-5。

表 5-5　隧道光面爆破参数表

岩石类别	炮眼间距 E (cm)	最小抵抗线 W (cm)	密集系数 K (E/W)	装药集中度 q (kg/m)
硬岩	55～70	60～80	0.7～1.0	0.3～0.35
中硬岩	45～55	60～80	0.7～1.0	0.2～0.3
软岩	35～50	40～50	0.5～0.8	0.07～0.12

2. 微振爆破

为确保隧道洞口区域内的房屋与生产设施的安全及正常运转，隧道爆破采取微振控制爆破技术，爆破震动速度要求不大于 2 cm/s。爆破震动速度与同时起爆的炸药量成正比，与离爆源点的距离成反比，此外还受爆破方式、地质条件的影响。为控制爆破震动速度，确保爆破取得良好效果，可以采用短进尺、单式楔形掏槽、毫秒雷管起爆、线形布孔等方式。

隧道洞口微振爆破炮眼布置、起爆顺序如图 5-26 所示。

3. 减振爆破

当隧道洞口段为滑坡体、堆积体、浅埋段，或穿越公路，密布居民住房及商业网点时，为了保证隧道及其上部建筑物的安全，爆破可采用小导洞超前，毫秒雷管起爆，控制同一段别起爆药量，减小爆破震动。根据国家有关规程规定，对普通砖混结构建筑，最大振速为 2～3 cm/s。针对当地房屋结构差的实际情况，选 2 cm/s 作为施工控制振速，计算同一段别最大装药量，并在施工中加强监测，及时调整爆破参数。

(1)爆破参数选择

设定周边眼间距 60 cm,周边眼抵抗线 75 cm,爆破作用指数 $n=0.8$,装药集中度为 14 kg/m,炮泥堵塞 40 cm,周边眼采用间隔装药,其他孔眼采用连续装药。

(2)最大起爆药量计算

$$Q_{\max}=R^3\left(\frac{v}{CK}\right)^{3/a}$$

式中 $Q_{\max}$——同一段别起爆最大装药量;

R——爆源到房屋处的距离,取最小值 25 m;

v——控制振速,取 2 cm/s;

C——控制爆破休整系数,取 0.9;

K——与介质性质有关的系数,取 100;

a——衰减系数,取 1.5。

(3)起爆网络设计

大断面起爆网络设计原则是毫秒雷管起爆,同一段别起爆药量不超过计算的最大装药量。起爆网络设计如图 5-27 所示。

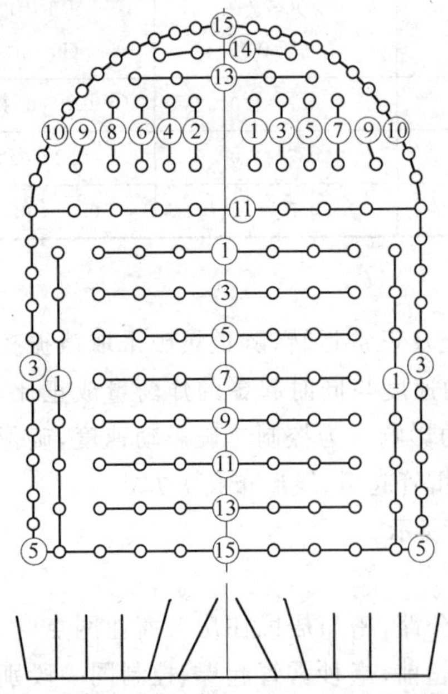

图 5-26 隧道洞口微振爆破炮眼布置、起爆顺序图

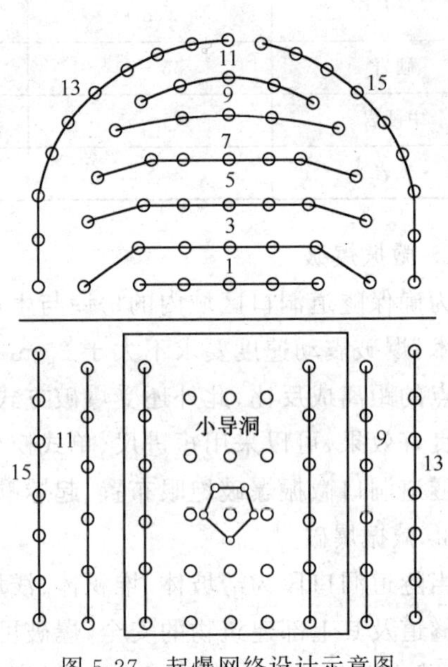

图 5-27 起爆网络设计示意图

(4)振动监控量测

为了监测隧道爆破对建筑物的影响情况,现场用型号为 DSVM-2A、CD-1 的振动测试仪

对爆破震动进行了量测。

振动监测点选择在距爆源最近的地面点，分别对小导洞和全断面进行监测。根据监测结果，及时调整装药量和爆破参数，起爆后最大振动值需满足控制振速要求。

4. 水压爆破

所谓水压爆破，就是水土复合回填堵塞炮孔爆破。其原理是利用水的不可压缩性把爆炸产生的能量无损失地经过水传递到炮眼围岩中，有利于岩石均匀受力而破碎，提高能量利用率。水压爆破时，炮眼内壁首先受到岩石和水传播应力波的作用，使岩石沿炮眼的径向和切向产生拉应力，当拉应力超过岩石的极限抗拉强度时，岩石中将产生大量的径向和切向裂纹、裂隙，而冲击波在水中发生反射，在炮眼内壁形成强荷载，岩石进一步发生变形和位移，在炮眼内壁形成空化区，随后，在爆炸高压气团作用下所形成的水球迅速向外膨胀，使空化区消失，并将能量传递给岩石周围，形成一次突跃的加载，加剧岩石的破坏。此外，具有残压的水汽从裂缝向外溢出，并裹携粉尘起到雾化降尘作用，改善了洞内环境。水压爆破运用水土复合回填堵塞炮孔的爆破技术，具有提高炸药能量利用率、提高炮眼利用率、提高掘进速度、降低粉尘、节省炸药、缩短爆堆抛散距离等优点，有利于环境保护和提高经济效益。

（三）出渣

隧道出渣分有轨和无轨运输两种形式，根据隧道长度、开挖断面，地质条件、隧道设计等因素来选择。长大隧道、瓦斯隧道等采用有轨运输，瓦斯隧道设备按防爆要求配置；一般隧道独头掘进在 1 500 m 以内，无瓦斯情况下采用无轨运输。有轨运输和无轨运输出渣设备根据施工进度需要进行合理配置，力求充分发挥资源利用率。

1. 有轨运输

有轨运输出渣设备主要有履带式挖掘装载机、装载机、电瓶车、梭式矿车等。德国产ITC312 履带式挖掘装载机机体有内燃和电力两种工作方式，内燃 112 kW，电力 90 kW，工作效率 250～300 m^3/h。长隧道基本选择电力作为动力，避免洞内空气污染超标。电瓶车有CDXT-12 直流变交流蓄电池机车，该机车牵引力大、制动性强、维修简单、可靠性强，可牵引 2 台搭接 16 m^3 梭式矿车，适应坡度 5‰，黏着力≥120 kN，最小曲线半径 12 m。每台机车一般配 2 副电瓶组（1 副备用）和 1 台充电机。梭矿一般配有效容积 14～16 m^3，有 1 车 1 组的，也有 2 车 1 组配备的，轨距 900 mm。16 m^3 梭矿长 1 2840 mm，宽 1 580 mm，高 2 490 mm，载重 32 t，理论最大时速 15 km，每台功率 15 kW。

梭矿需用量计算：

（1）每循环松渣量为 $V=SL\psi$ 。其中 S 为开挖断面面积（含超挖量），L 为平均每循环进尺，ψ 为松散系数。

（2）挖掘装载机生产能力为 $A=Pa$ 。其中 P 为挖掘装载机额定生产能力，a 为折减系数。

(3)梭矿每循环需用量为 $N=V/mV_L$ 。其中 m 为装满系数，V_L 为梭矿有效容积。

(4)梭矿实际配备量按掘进 2 km 运距计算(含洞外运距 150 m)，平均行车速度 8 km/h。平均一列出渣车往返循环时间为 $t=2(t_1+t_2)+t_3+t_4+\Delta t$ ，其中 t_1 为单程行车时间，t_2 为中途过道岔及调车时间，t_3 为装车时间，t_4 为卸车时间，Δt 为等待时间。通常按 3 h 内完成一个循环的出渣任务来计算梭矿车组数，进行调度和施工组织。

通过以上计算，一般隧道单口掘进 1～2 km 配 4～6 台、单口掘进 2～3 km 配 6～8 台梭矿出渣较为合理。

2. 无轨运输

无轨运输出渣设备主要有装载机、挖掘机、自卸汽车等，如图 5-28 所示。无轨运输在铁路隧道施工中运用得比较多，有着丰富的经验。

图 5-28　隧道施工中履带挖掘机、装载机

二、支护技术

初期支护一般由锚杆、喷射混凝土、钢架、钢筋网等组成，它是现代隧道工程中最常用的支护形式和方法。初期支护施作后即成为永久性承载结构的一部分，它与围岩共同构成了永久的隧道结构承载体系。

(一)施工顺序

在开挖出渣完成后进行断面检查，检查合格后按以下顺序施作初期支护：

(1)初喷 5 cm 厚混凝土。

(2)架立格栅拱架或型钢钢架。

(3)焊接连接钢筋。

(4)挂钢筋网。

(5)施作注浆锚杆。

(6)复喷至设计厚度。

(二)喷射混凝土

高速铁路隧道一般采用 C25 喷混凝土或其他纤维类喷混凝土。为了降低成本和提高喷混凝土的功能，高黏性、高强度喷混凝土技术得到了广泛的运用。采用高黏性、高强度喷混凝土可以改善喷混凝土与围岩之间的黏结性能，提高喷射混凝土的密实度，从而改善喷混凝土的支护功能，保证其耐久性。

目前常用的高黏性、高强度喷混凝土主要是在喷混凝土中添加各种结合材料、混合剂、石灰石微粉等。根据试验结果，在聚丙烯纤维和钢纤维喷混凝土中添加 30 kg/m^3 的硅粉，抗压强度分别提高了 6.15%和 11%，与围岩的黏结强度分别提高了 21.5%和 27.3%，平均渗水深度分别减少 71.1%和 58.7%。

1. 施工工艺流程

在施工过程中严格按照设计配合比做好混凝土的拌和，特别是对水灰比的控制。喷射混凝土之前先用高压风水冲洗受喷面，将虚渣及杂物除去，并湿润受喷面。喷射作业应分段分片依次进行，分层喷射混凝土到设计厚度，每层厚 8～10 cm；喷射顺序应自下而上，分段长度不宜大于 6 m；先将凹洼部分找平，然后喷射凸出部分，并使其平顺连接。沿水平方向以螺旋形划圈移动，喷头与受喷面垂直，喷嘴口至受喷面距离 0.8～1.2 m。混凝土施工工艺流程如图 5-29 所示。

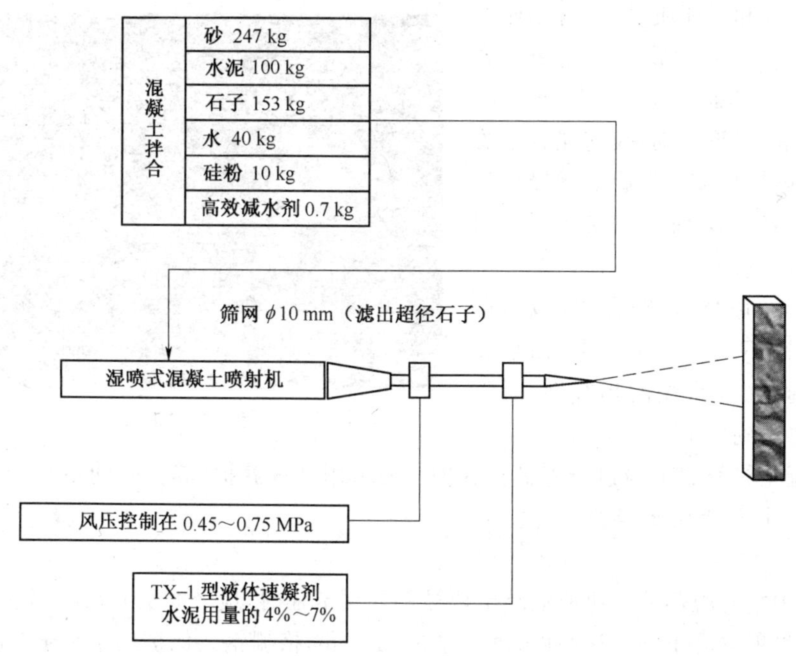

图 5-29　混凝土施工工艺流程图

粗骨料加入拌和前要再次过筛，以防超径骨料混入，造成堵管。细骨料应堆放在防雨料库，以控制含水量。

喷射微纤维混凝土中的石子最大粒径不宜大于 10 mm，骨料级配宜采用连续级配；混凝土搅拌宜优先采用将钢纤维、水泥、骨料先干拌后加水湿拌的方法，且干拌时间不得少于 1.5 min。

混凝土喷射机安装调试好后，在料斗上安装振动筛（筛孔 10 mm），以避免超粒径骨料进入喷射机。

喷射时，送风之前先打开计量泵，送风后调整风压，使之控制在 0.45～0.70 MPa 之间，若风压过大，粗骨料碰围岩后会回弹；风压小，喷射动能小，粗骨料冲不进砂浆层而脱落，都将导致回弹量增大。以混凝土回弹量小、表面湿润有光泽、易黏着为度来控制喷射压力。

喷射方向与受喷面垂直等距喷射，若受喷面被钢架、钢筋网覆盖时，可将喷嘴稍加偏斜，但不宜小于 70°。

一次喷射厚度不宜超过 8～10 cm，过大会削弱混凝土颗粒间的凝聚力，使喷层因自重过大而大片脱落，或使拱顶处喷层与围岩面形成空隙；过小则粗骨料容易弹回。分次喷至设计厚度，两层喷射的时间间隔为 15～20 min。影响喷层厚度的主要原因是速凝剂作用效果和气温。

为提高工效和保证质量，喷射作业应分片进行。为防止回弹物附着在未喷岩面上影响喷层与岩面间的黏结力，按照从下往上施喷，呈“S”形运动；喷前先找平受喷面的凹处，再将喷头成螺旋形缓慢均匀移动，保证混凝土层面平顺光滑，如图 5-30 所示。

图 5-30　隧道喷射混凝土施工实景图

喷混凝土的原材料、配合比（包括速凝剂的添加量）不仅要满足要求，而且速凝剂的凝结时间、与水泥的相容性、对强度的影响都要达到要求。

喷射混凝土终凝 2 h，应进行养护。养护一般采用洒水养护，养护时间不小于 14 d。当气温低于＋5 ℃时，不得洒水养护。

2. 施工注意事项

（1）喷射中如有脱落的土块或混凝土块被钢筋网卡住时，应及时清除后再喷射混凝土。

（2）分层喷射混凝土到设计厚度，每层厚 8～10 cm，格栅钢架保护层不小于 5 cm。整个喷射混凝土表面要平顺。喷射作业分段分片依次进行，喷射顺序自下而上，分段长度不大于 6 m。

（3）分层喷射时，后一层喷射在前一层混凝土终凝后进行，若终凝 1 h 后复喷时，应先用高压风、水清洗喷层表面。

（4）喷射混凝土终凝后 4 h 内不得进行爆破作业。

（5）喷射混凝土终凝后 2 h 起，开始洒水养护，养护时间不少于 7 d。

(6)在喷射下台阶及仰拱时，需将上半断面喷射时的回弹物清理干净，防止将回弹物卷入下部喷层中形成“蜂窝”，而降低支护强度。

(三)锚杆

高速铁路隧道边墙采用砂浆锚杆，拱部采用中空注浆锚杆。

1. 砂浆锚杆施工

砂浆锚杆施工时应注意：锚杆钻孔位置及孔深必须准确；锚杆要除去油污、铁锈和杂质，进行防腐处理；锚杆体插入孔内不小于设计长度的95%，钻孔方向尽可能垂直结构面或初喷混凝土表面；锚杆孔比杆径大15 mm，锚杆施工应在喷混凝土后进行，以保证锚杆垫板有较平整的基面。锚杆孔内灌注水泥浆应饱满密实。水泥浆达到设计强度后才能上紧垫板螺母。

2. 中空注浆锚杆施工

中空注浆锚杆由中空锚杆杆体和垫板、螺母、排气管等附件组成，主要设在开挖断面的拱部及围岩较差地段的拱墙。

施工时应注意：

(1)自钻式锚杆安装前，应检查锚杆体中孔和钻头的水孔是否畅通，若有异物堵塞，应及时清理。

(2)锚杆体钻进至设计深度后，应用水和空气洗孔，直至孔口返水或返气，方可将钻机和连接套卸下，并及时安装垫板及螺母，临时固定杆体。

(3)锚杆注浆料宜采用纯水泥浆或1∶1水泥砂浆，水灰比宜为0.4～0.5。采用水泥砂浆时砂子粒径不应大于1.0 mm。

(4)注浆料应由杆体中孔灌入，水泥浆体强度达10.0 MPa后方可上紧螺母。

(四)钢拱架

无论是采用喷射混凝土还是锚杆(抑或是加长、加密锚杆)或是在混凝土中加入钢筋网、钢纤维，都主要是利用其柔性和韧性，而对其整体刚度并未过多要求。这对支护不太破碎的围岩使其稳定是可行的。但当围岩软弱破碎严重、其自稳性差时，开挖后要求早期支护具有较大的刚度，以阻止围岩的过度变形和承受部分松弛荷载。钢拱架就具有这样的力学性能。

1. 构造组成

钢拱架可以采用型钢、工字钢、钢管或钢筋制成。现场采用以钢筋制作的格栅钢架较多，如图5-31所示。

2. 施工方法

工作面开挖后，经检查无欠挖，及时初喷混凝土后安装格栅钢架，安装前清除格栅拱脚处的虚渣及杂物。为了增大接触面积，有效地防止下沉，必要时拱脚下面垫设槽钢。

格栅钢架拼装在开挖面以外进行，各节格栅钢架间以螺栓来连接，连接板密贴。沿格栅钢架外缘每隔2 m用钢楔或混凝土预制块楔紧。格栅钢架尽量密贴初喷混凝土面，格栅钢架之

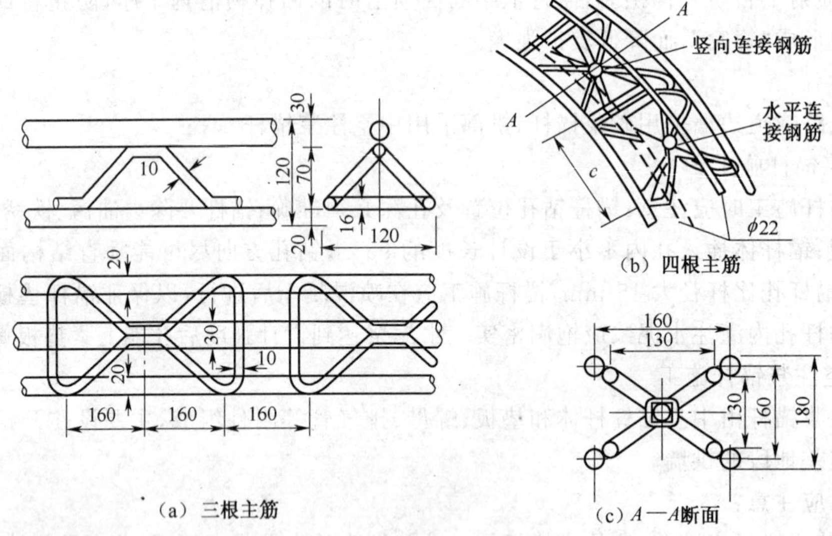

图 5-31 钢拱架构造(单位:mm)

间按设计纵向连接筋连接。下台阶开挖后格栅钢架及时落底接长。格栅钢架与喷混凝土形成一体,格栅钢架与初喷混凝土面间的间隙用喷射混凝土充填密实;格栅钢架全部被喷射混凝土覆盖,保护层厚度不得小于 50 mm。

3. 检验标准

钢架安装允许偏差:钢架间距、横向位置设计位置的偏差不超过±2 cm,高程不小于设计高程,垂直度误差为±1°。

现场检查格栅钢架连接板是否对齐密贴,连接螺栓是否拧紧;用全站仪复核格栅安装位置及结构尺寸,在允许偏差范围内方可进行下道工序施工。

4. 控制要点

(1)安装前应清除脚下的虚渣、虚土及杂物。

(2)格栅钢架连接板要密贴,格栅固定牢固,喷混凝土后严禁对格栅进行碰撞,如格栅变形或与喷混凝土之间出现裂缝,需拆除后按设计重新安装格栅,喷混凝土等。

(3)格栅钢架和初喷混凝土层间有较大间隙时每隔 2 m 应用骑马或 C20 楔形垫块顶紧。

三、衬砌施工工艺

(一)仰拱施工工艺

为保证隧道衬砌的整体性及仰拱的防水效果,高速铁路隧道施工中要求仰拱分段一次整体浇筑。因此,为保证洞内的正常运输一般情况下需要采用仰拱栈桥施工。仰拱栈桥全貌如

图 5-32 所示。

(二)墙、拱混凝土施工

1. 二次衬砌施工方法

按照现代支护理论和新奥法施工原则,二次衬砌是在围岩与支护基本稳定后施作的,此时隧道已成型,为保证衬砌质量,衬砌施工按先仰拱、后墙拱,即由下到上的顺序连续灌注。在隧道纵向,则需分段进行,分段长度一般为 9～12 m。

图 5-32　仰拱栈桥

2. 模板类型

常用的模板有:整体移动式模板台车、穿越式(分体移动)模板台车、拼装式拱架模板。

(1)整体移动式模板台车

整体移动式模板台车主要由大块曲模板、机械或液压脱模、背附式振捣设备集装成整体,并在轨道上走行。有的还设有自行设备,从而缩短立模时间,墙拱连续灌注,加快衬砌施工速度。图 5-33、图 5-34 为现场常用的衬砌台车。

图 5-33　暗挖段衬砌台车

图 5-34　明洞衬砌台车

(2)穿越式(分体移动)模板台车

这种台车是将走行机构与整体模板分离,因此,一套走行机构可以解决几套模板的移动问题,既提高了走行机构的利用率,又可以多段衬砌同时施作。

(3)拼装式拱架模板

拼装式拱架模板的拱架可采用型钢制作或现场用钢筋加工成桁架式拱架。为便于安装和运输,常将整榀拱架分解为2～4节,进行现场组装,其组装连接方式有夹板连接和端板连接两种形式。为减少安装和拆卸工作量,可以做成简易移动式拱架,即将几榀拱架连成整体,并安设简易滑移轨道。

拼装式模板多采用厂制定型组合钢模板,其厚度均为5.5 cm,宽度有10 cm、15 cm、20 cm、25 cm、30 cm,长度有90 cm、120 cm、150 cm等。局部异形及挡头板可采用木板加工。

拼装式拱架模板的一次模筑长度,应与围岩地质条件、施工进度要求、混凝土生产能力以及开挖后围岩的动态等情况相适应。一般分段长度为2～9 m,松软地段最长不超过6 m。拱架间距应视未凝混凝土荷载大小及隧道断面大小而定,一般可采用90 cm、120 cm及150 cm。拼装式拱架模板的灵活性大,适应性强,尤其适用于曲线地段。因其安装架设较费时费力,故生产能力较模板台车低。在中小型隧道及分部开挖时,使用较多。传统的施工方法中,因受开挖方法及支护条件的限制,其衬砌施作多采用拼装式拱架模板。

3. 衬砌施工准备工作

在灌注衬砌混凝土之前,要进行隧道中线和水平测量,检查开挖断面,放线定位,混凝土制备和运输等准备工作。

这些准备工作,除应按模筑混凝土工程的一般要求进行外,还应注意以下各点:

(1)断面检查

根据隧道中线和水平测量,检查开挖断面是否符合设计要求,欠挖部分按规范要求进行修凿,并做好断面检查记录。

墙脚地基应挖至设计标高,并在灌注前清除虚渣,排除积水,找平支承面。

(2)放线定位

根据隧道中线和标高及断面设计尺寸,测量确定衬砌立模位置,并放线定位。

采用整体移动式模板台车时,实际是确定轨道的铺设位置。轨道铺设应稳固。其位移和沉降量均应符合施工误差要求。轨道铺设和台车就位后,都应进行位置、尺寸检查。放线定位时,为了保证衬砌不侵入建筑限界,须预留误差量和预留沉落量,并注意曲线加宽。

预留误差量是考虑到放线测量误差和拱架模板就位误差,为保证衬砌净空尺寸,一般将衬砌内轮廓尺寸扩大5 cm。

预留沉落量是考虑到未凝混凝土的荷载作用会使拱架模板变形和下沉;后期围岩压力作用和衬砌自重作用(尤其是先拱后墙法施工时的拱部衬砌)会使衬砌变形和下沉。故须预留沉落量。这部分预留沉落量根据实测数据确定或参照经验确定。

预留误差量和预留沉落量应在拱架模板定位放线时一并考虑确定,并按此架设拱架模板和确定模板架的加工尺寸。

(3)拱架模板准备

使用拼装式拱架模板时，立模前应在洞外样台上将拱架和模板进行试拼，检查其尺寸、形状，不符合要求的应予修整。配齐配件，模板表面要涂抹防锈剂。洞内重复使用时亦应注意检查修整。拱架模板尺寸应按计算的施工尺寸放样到放样台上，并注意曲线加宽后的衬砌及模板尺寸。

使用整体移动式模板台车时，在洞外组装并调试好各机构的工作状态，检查好各部尺寸，保证进洞后投入正常使用。每次脱模后应予检修。

4. 混凝土的灌注、养护与拆模

在做好上述准备工作后，即可进行混凝土灌注。隧道衬砌混凝土的灌注应保证捣固密实，使衬砌具有良好的抗渗防水性能，尤其应处理好施工缝。整体模筑时，应注意对称灌注，两侧同时或交替进行，以防止未凝混凝土对拱架模板产生偏压而使衬砌尺寸不合要求。衬砌的分段施工缝应与设计沉降缝、伸缩缝及设备洞位置统一考虑，合理确定位置。

多数情况下隧道施工过程中，洞内的湿度能够满足混凝土的养护条件。但在干燥无水的地下条件下，则应注意进行洒水养护。采用普遍硅酸盐水泥拌制的混凝土，其养护时间一般不少于 7 d；掺有外加剂或有抗渗要求的混凝土，一般不少于 14 d。养护用水的温度应与环境温度基本相同。

二次衬砌的拆模时间，应根据混凝土强度增长情况来确定。一般应在混凝土达到施工规范要求强度时，方可拆模。有承载要求时，应根据具体受力条件来确定。

四、防排水施工工艺

(一)防水标准

为了保证高速铁路安全运行和设备正常运转，根据《铁路隧道工程施工技术指南》(TZ 204—2008)和《高速铁路隧道工程施工质量验收标准》(TB 10753—2010)，隧道衬砌和设备洞室衬砌的防水等级应达到《地下工程防水技术规范》(GB 50108—2008)规定的一级防水标准，即二次衬砌不允许渗水、二次衬砌表面无湿渍。

(二)防排水原则

高速铁路隧道防排水应遵循“防、排、截、堵相结合，因地制宜，综合治理”的原则，在设计时需要考虑水文和气候因素；地下水类型、水位，以及补给径流和排泄特征；地下水化学成分(是否具有侵蚀性或腐蚀性)；地下水排放对周围生态环境的影响；隧道开挖方法和隧道衬砌设计等。

隧道可分为防水型隧道和排水型隧道两类。

1. 防水型隧道(承受水压)

防水型隧道通过采取各种措施，如防水层、止水带等，将水封堵在隧道衬砌之外。不排水的全封闭防水型隧道在静水头不超过 30 m 的地方广泛采用。经过大量的工程实践，人们认识到 60 m 水头是防水型隧道的上限，虽然超过 60 m 水头从技术上来讲防水问题仍然可以解决，但是对隧道防水材料和结构的要求都将大大提高。在防水型隧道中也要设置排水系统，为隧道渗漏水预留排水通道。防水型隧道在支护结构设计和防水板材料选用时，必须考虑水压作用。

2. 排水型隧道

排水型隧道包括控制排水型，在高水位以及不允许过量排放地下水处修建隧道时，应采取"以堵为主，限量排放"，即"控制排放"的原则。地下水允许排放量是根据隧道周围的具体情况确定的。对于海底隧道段，按排水设备能力和经济考虑，确定允许排放量；在排水对地面生态环境影响不是很大的地区，一般可不控制排水，而是利用衬砌背后的盲沟等排水系统，让水流入隧道内排水沟排出洞外，但必须保证初期支护和二次衬砌的排水系统畅通。任何排水系统的堵塞，都将导致隧道承受水压。

在下列条件下，需优先设计防水型隧道：

(1)地面生态和社会环境敏感，要求严格限制排水以免对其造成影响，特别是在隧道地区居民分布密集或存在地下水供水水源，大量排水会对环境等造成重大影响的场合。

(2)地表下沉影响较大，从而危及结构物正常使用及周边环境场合。

(3)地下水具有腐蚀性，需要将地下水与混凝土隔离的场合。

在一座隧道的不同区段，也可能同时存在以排为主的排水型和全周防水的防水型。在这种隧道的设计中，必须充分考虑到防水型和排水型之间设计合理的过渡措施。

(三)防水工程措施

隧道防水工程措施包括围岩注浆堵水，初期支护喷射混凝土防渗，防水层，施工缝、变形缝防水，衬砌混凝土自防水，衬砌背后回填注浆等。

1. 围岩注浆堵水

围岩注浆是将注浆材料按一定配合比制成的浆液，通过一定的方式压入隧道围岩或衬砌背后的空隙中，经凝结、硬化后起到堵水和加固围岩作用的一种辅助施工方法。围岩注浆是隧道通过软弱围岩地段的常用工程手段，其作用有：加固围岩，增强围岩的自身强度、承载能力、自稳能力；提高围岩的密实性，减少地下水的渗透量，承担外水压力；减轻初期支护喷射混凝土层承受的外荷载，降低其刚度，增强其柔性，提高其抗渗能力。

注浆方法主要包括小导管预注浆工法、帷幕注浆工法、径向局部注浆工法、地表旋喷桩加固工法等。

2. 防水层

山岭隧道复合式衬砌中的防水层是隧道防排水技术的核心，是保证隧道防水功能的重要

措施。防水层为不透水表面光滑的高分子卷材，它不仅起到将地层渗水拒于二次衬砌之外的防水作用，而且对初期支护与二次衬砌还起到润滑作用，使衬砌支护喷射混凝土对二次衬砌模筑混凝土的约束应力减少，从而避免二衬混凝土产生裂缝，提高了二次衬砌的防水抗渗能力。防水层通常由缓冲垫层与防水板两部分组成。缓冲垫层直接安设在基层上作为防止静力穿刺的保护层，也提供一定的排水能力。

用于隧道复合式衬砌中的防水层多为各类塑料防水板，包括 PVC（聚氯乙烯）、ECB（乙烯、醋酸乙烯与沥青共聚物）、EVA（乙烯—醋酸乙烯共聚物）、LDPE（低密度聚乙烯）及 HDPE（高密度聚乙烯）类或其他性能相近的材料。在敷设防水板时要重视对防水材料的保护，采用细石混凝土找平喷射混凝土基面和铺设＞300 g/m^2 土工缓冲材料来加强防护。

3. 施工缝、变形缝防水

施工缝是由于隧道衬砌混凝土施工所产生的冷接缝，是防水薄弱环节之一，也是隧道中最易发生渗漏的地方。隧道衬砌施工缝处理不好，不仅会造成衬砌混凝土裂缝及洞内漏水，严重影响隧道的正常使用和行车安全，而且还会降低结构的强度和耐久性。为防止由于衬砌不均匀下沉而引起裂损，在地质条件变化显著、衬砌受力不均匀地段，应设置沉降缝，为防止由于温度变化剧烈或混凝土凝结时的收缩影响而引起衬砌开裂，应设置伸缩缝。这两种结构缝统称变形缝。变形缝应采用柔性材料做防水处理。

变形缝应满足密封防水、适应变形、施工方便、检修容易等要求。严寒地区洞口段应设多条伸缩缝。变形缝处混凝土结构的厚度不宜小于 30 cm。用于沉降的变形缝，其最大允许沉降量差值不应大于 30 mm。当计算沉降量大于 30 mm 时，应在设计时采取措施。用于沉降的变形缝宽度宜为 20～30 mm，用于伸缩的变形缝的宽度宜小于此值。

变形缝的材料包括橡胶止水带、钢边止水带、遇水膨胀橡胶条和嵌缝填料，均需满足一定的性能指标要求。其中嵌缝填料的最大拉伸强度不应小于 0.2 MPa，最大伸长率应大于 300％。普速铁路隧道与高速铁路隧道施工缝及变形缝的结构形式如图 5-35～图 5-39 所示。

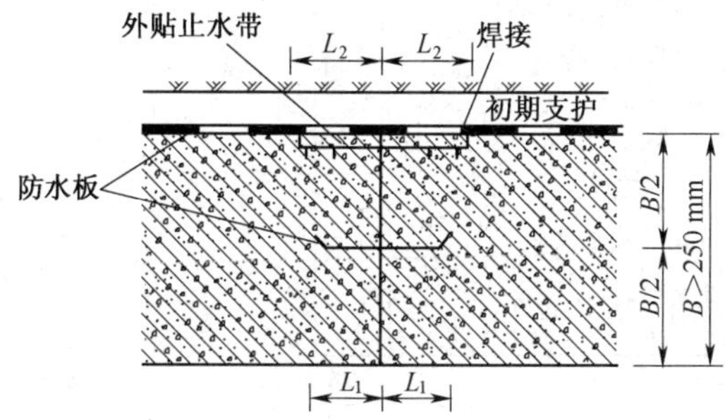

图 5-35　普速铁路隧道施工缝构造形式之一

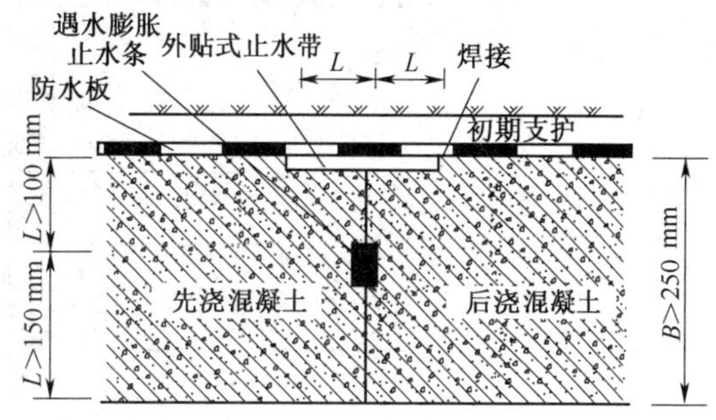

图 5-36　普速铁路隧道施工缝构造形式之二

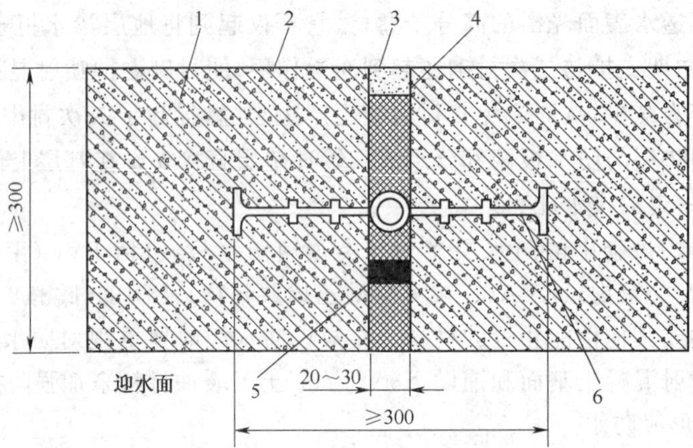

图 5-37 普速铁路隧道中埋式止水带与遇水膨胀橡胶条、嵌缝材料复合使用的变形缝(单位:mm)

1—混凝土结构;2—填缝材料;3—嵌缝材料;4—背衬材料;5—遇水膨胀橡胶条;6—中埋式止水带

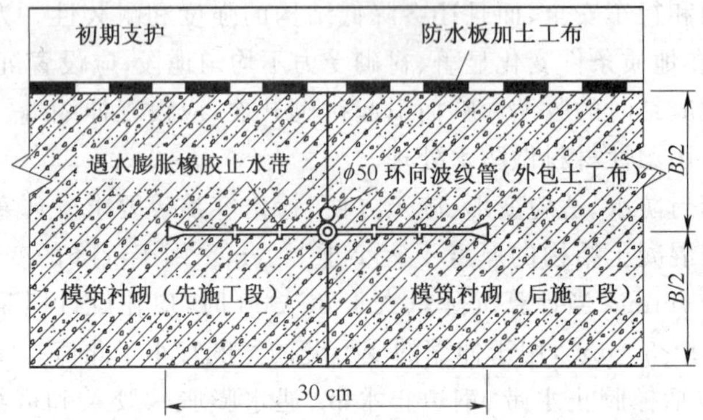

图 5-38 高速铁路隧道施工缝构造形式

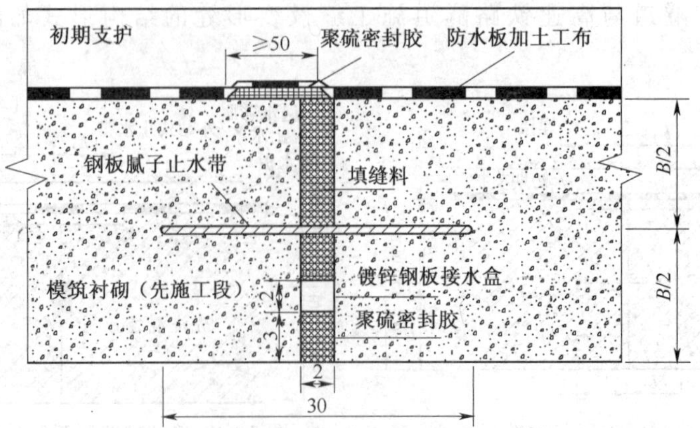

图 5-39 高速铁路隧道带接水盒的变形缝构造形式(单位:cm)

从上面所列举的普速铁路隧道与高速铁路隧道施工缝及变形缝设计示意图对比可知，高速铁路隧道在接缝防水设计上考虑更加周全。

4. 防水混凝土

隧道二次衬砌混凝土既是外力的承载结构，也是防水的最后一道防线，因此要求衬砌要有足够的强度，还要具有一定的抗渗性。防水混凝土是以水泥、砂、石为原料，通过规定的级配比，并掺入少量外加剂，通过调整配合比、抑制或减少空隙率、改变空隙特征、增加各原材料界面间的密实性等方法，配制成的具有一定抗渗能力的防水混凝土。根据《铁路隧道工程施工技术指南》要求，二次衬砌防水混凝土抗渗等级不得低于 P8。

防水混凝土施工过程中要严格控制质量，按照配合比进行配料，不得随意增减。防水混凝土必须用搅拌机进行搅拌。掺外加剂时，严格按外加剂的技术要求确定搅拌时间。加强对水灰比的检测，尤其在高温天气时更应加强。浇筑时要清除模板内杂物，浇筑高度不应超过 2 m，并分层浇筑，每层厚度不大于 50 mm。必须使用振捣器进行振捣，振捣时间为 10～30 s，振捣器的插入间距不大于 500 mm，并置入下层不小于 50 mm。可通过掺入外加剂（如减水剂、缓凝剂或粉煤灰）控制大体积混凝土的收缩裂缝。

5. 衬砌背后回填注浆

回填注浆是二次衬砌完成后，为了填充二次衬砌与防水板之间的空隙而进行的注浆。回填注浆应在衬砌混凝土强度达到 70%后进行。一般来说，通过在浇筑二次衬砌时拱顶按一定间距预埋的垂向注浆管可进行回填注浆。

注浆材料应根据工程地质与水文地质条件、注浆目的、注浆工艺、设备和成本等因素，按下列规定选用：衬砌背后回填注浆宜选用水泥浆液、水泥砂浆或掺石灰、黏土、膨润土、粉煤灰的水泥浆液。水泥类浆液宜选用不低于 32.5 级的普通硅酸盐水泥，其他浆液材料应符合有关规定。回填注浆应在衬砌混凝土达到设计强度的 70%后进行。回填注浆及衬砌内注浆的压力小于 0.5 MPa。

（四）排水工程措施

在排水型隧道中，必须做好衬砌背后的排水系统，使水能通畅排出。隧道排水系统主要包括环向排水盲管、纵向排水盲管、侧沟、横向排水盲管和中央排水管（沟）这一体系。图 5-40 是高速铁路隧道一种横向排水系统断面示意图。

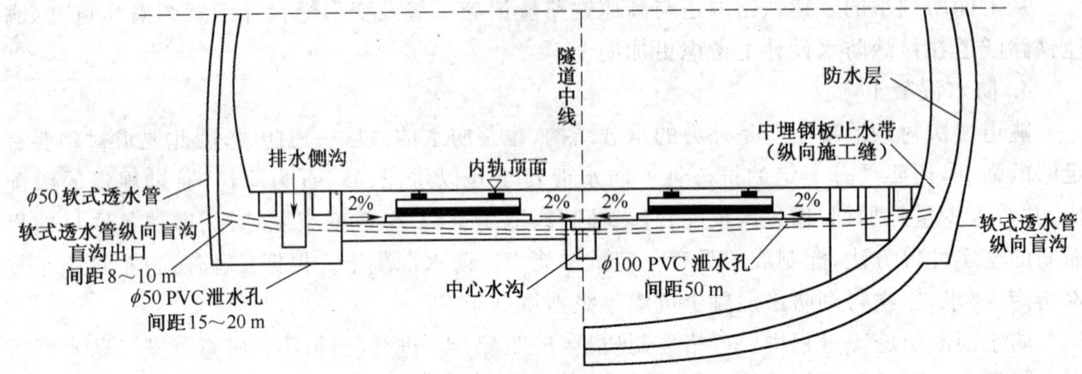

图 5-40　高速铁路隧道横向排水系统断面

本章小结：高速运行的动车组在隧道空间会形成比在普通铁路隧道更显著的空气动力学效应。因此，高速铁路不仅对线路有高平顺性、高精度、高安全、高舒适度的要求，且对其隧道构造也提出了更高的要求。《新建时速 200 公里客货共线铁路设计暂行规定》、《高速铁路设计规范》等标准明确规定高速铁路隧道基本构造，提出了隧道的断面内轮廓、仰拱结构与洞口的缓冲结构等一系列高速铁路隧道的特殊要求。基于高速铁路隧道力学特征，其施工方法中突出强调了“紧支护、勤量测”的原则。支护结构材料选择要求注重高性能与高稳定性；为增强隧道整体性，提高衬砌质量，隧道设置仰拱并按先仰拱、后墙拱方法进行施工。隧道防排水应遵循“防、排、截、堵相结合，因地制宜，综合治理”的原则，衬砌的防水等级应达到《地下工程防水技术规范》(GB 50108—2008)规定的一级防水标准。

思考题

1. 什么是铁路隧道的净空，它是怎么确定的？
2. 隧道喷射混凝土、锚杆支护质量检查有哪些内容？
3. 防水层铺设有哪些技术要求？
4. 隧道内模筑混凝土衬砌应注意哪些问题？
5. 全断面掘进机的施工特点和适用范围是什么？

第六章
高速铁路检测

本章要点:本章主要介绍高速铁路检测基准——测量控制网;主要检测设备——综合检测车和轨检小车;检测工作组织及实施。通过本章的学习,要求学生了解高速铁路检测的目的和任务,测量控制网的主要内容和布设形式,主要检测设备及工具和检测工作组织机构;熟悉高速综合检测列车的型号和主要检测内容,检测工作周期,静态检测作业流程;掌握CPⅢ控制点的布设方法和主要技术要求,安博格轨检小车检测内容、方法和流程。

第一节 概　　述

高速铁路检测是判断高速铁路线路高平顺性、高稳定性、高可靠性的必要途径,测量控制网是检测的重要基准,设备及工具是检测的必要物质条件,方法是检测的必要途径,组织是检测的基本保证。

一、检测目的和任务

高速铁路在运营中,受高速动车组的频繁作用及区域地质及环境的影响,线路会发生一定变化,尤其是轨道几何状态会有一定变化。检测的目的就是查找这些变化的区域和点位,测量几何形态的变化量,判断其是否超限。

高速铁路检测应坚持"动态检测为主,动静检测相结合,结构检查与几何尺寸检测并重"的原则。具体任务是高速综合检测列车和车载式线路检测仪进行动态检测,根据数据分析结果,可以确定出问题区域;使用轨检小车实施静态检测,查找出问题区域的具体点位。

二、检测组织

高速铁路检测组织机构,分三个层级,即中国铁路总公司基础设施检测中心、铁路局或集团公司工务检测所、基层工务段。中国铁路总公司基础设施检测中心是中国铁道科学研究院下设机构，其主要任务是对全路基础设施运用状态从总体上实施监控和日常的安全检测，同时承担全路相关检测行业的技术管理和技术服务工作。对高铁而言，该中心负责高速综合检测列车的日常管理和定期检测，及时将各类检测报告通报相关铁路局。铁路局工务检测中心（或工务检测所），属铁路局工务处下设机构，主要任务是根据总公司基础设施检测中心的检测报告，协助工务处，分析可能的病害区域，下发任务给基层工务段。工务段（或桥工段）负责高速铁路的静态检测，随车添乘等，定期进行线路静态检查，并对几何尺寸超限的地点进行维修。

三、测量控制网分类

为统一高速铁路工程测量的技术要求，保证其测量成果质量满足勘测、施工、运营维护各个阶段测量的要求，适应高速铁路工程建设和运营管理的需要，须建立高速铁路工程测量控制网。

高速铁路工程测量控制网分为平面控制网和高程控制网，平面坐标系应采用独立坐标系统，高程系统应采用 1985 国家高程基准。

高速铁路工程测量的平面、高程控制网，按施测阶段、施测目的及功能可分为勘测控制网、施工控制网、运营维护控制网，三网应合一。各阶段平面控制测量应以基础平面控制网（CPⅠ）为基准，高程控制测量应以线路水准基点控制网为基准。

高速铁路工程测量平面控制网应在框架控制网（CP0）基础上分三级布设，第一级为基础平面控制网（CPⅠ），主要为勘测、施工、运营维护提供坐标基准；第二级为线路平面控制网（CPⅡ），主要为勘测和施工提供控制基准；第三级为为轨道控制网（CPⅢ），主要为轨道铺设和运营维护提供控制基准。

高速铁路工程测量高程控制网分二级布设，第一级线路水准基点控制网，为高速铁路工程勘测设计、施工提供高程基准；第二级轨道控制网（CPⅢ），为高速铁路轨道施工、维护提供高程基准。

四、平面控制网

高速铁路工程平面控制测量应按逐级控制的原则布设。

1. 框架控制网（CP0）

CP0 控制网应在初测前采用 GPS 测量方法建立，全线一次性布网，统一测量，整体平差。CP0 控制点应沿线路走向每 50 km 左右布设一个点，在线路起点、终点或与其他线路衔接地段，应至少有 1 个 CP0 控制点。当国家既有 GPS 控制点的精度和位置满足 CP0 控制网要求时，应将其作为高速铁路 CP0 控制点。

CP0 控制点标石埋设应符合图 6-1 要求。

2. 基础平面控制网(CPⅠ)

CPⅠ控制网应沿线路走向布设,并附合于 CP0 控制网上。控制点宜设在距线路中心50～1 000 m 范围内不易被施工破坏、稳定可靠、便于测量的地方。点位布设宜兼顾桥梁、隧道及其他大型构(建)筑物布设施工控制网的要求,并按图 6-2 的规定埋石。标石埋设完成后,应现场填写点位说明,丈量标石至明显地物的距离,绘制点位示意图,做好点之记。

CPⅠ控制网应与沿线的国家或城市三等及以上平面控制点联测,一般每 50 km 宜联测一个平面控制点,全线(段)联测平面控制点的总数不宜少于 3 个,特殊情况下不得少于 2 个。当联测点数为 2 个时,应尽量分布在网的两端;当联测点数为 3 个及其以上时,宜在网中均匀分布。

CPⅠ控制点标石埋设应符合图 6-2 要求。

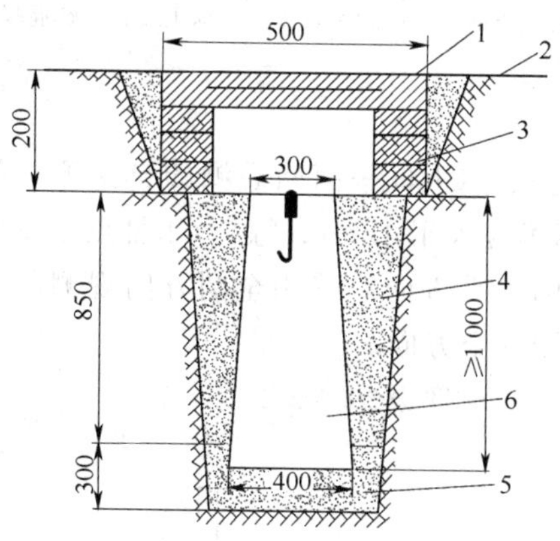

图 6-1　CP0 控制点标石埋设示意图(单位:mm)

1—盖;2—土面;3—砖;4—素土;5—冻土;6—贫混凝土

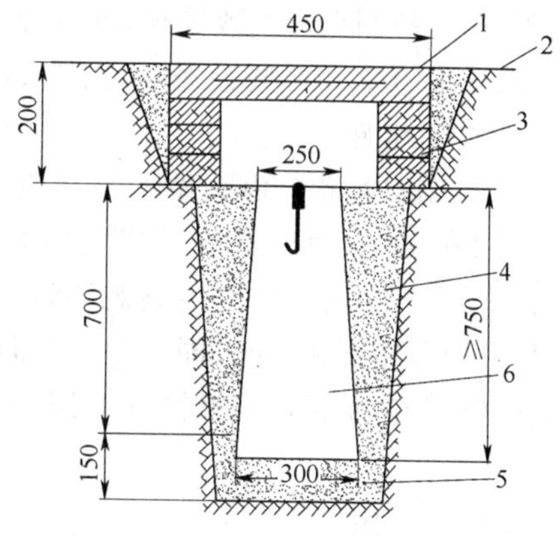

图 6-2　CPⅠ 控制点标石埋设示意图(单位:mm)

1—盖;2—土面;3—砖;4—素土;5—冻土线;6—贫混凝土

3. 线路平面控制网(CPⅡ)

CPⅡ控制网宜在定测阶段完成,采用 GPS 测量或导线测量方法施测,沿线路布设,并附合于 CPⅠ控制网上。CPⅡ控制点宜选在距线路中线 50～200 m 范围内、稳定可靠、便于测量的地方,并按图 6-3 的规定埋石。标石埋设完成后,应现场填写点位说明,丈量标石至明显地物的距离,绘制点位示意图,做好点之记。在线路勘测设计起、终点及不同测量单位衔接地段,应联测 2 个及以上 CPⅡ控制点作为共用点,并在测量成果中反映出相互关系。

4. 轨道控制网(CPⅢ)

CPⅢ平面网测量应采用自由测站边角交会法施测,控制网设计应在线下工程竣工,通过沉降变形评估后施测。CPⅢ测量前应对全线的 CPⅠ、CPⅡ控制网进行复测,并采用复测后合格的CPⅠ、CPⅡ成果进行CPⅢ控制网测设。

CPⅢ平面网应附合于CPⅠ、CPⅡ控制点上，每600 m左右（400～800 m）应联测一个CPⅠ或CPⅡ控制点，自由测站至CPⅠ、CPⅡ控制点的距离不宜大于300 m。当CPⅡ点位密度和位置不满足CPⅢ联测要求时，应按同精度扩展方式增设CPⅡ控制点。CPⅢ点应设置强制对中标志，标志连接件的加工误差不应大于0.05 mm。

CPⅢ标志一般埋设于接触网杆基础、桥梁固定支座端的防撞墙、隧道边墙或排水沟上，相邻CPⅢ控制点应大致等高，其位置应高于设计轨道面0.3 m。同一条铁路应采用统一的CPⅢ棱镜组件。

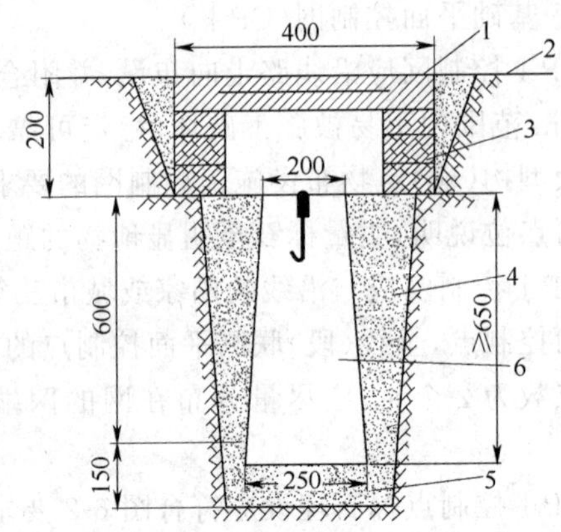

图6-3　CPⅡ 控制点标石埋设示意图（单位：mm）

1—盖；2—土面；3—砖；4—素土；5—冻土线；6—贫混凝土

CPⅢ控制点号和自由测站的编号应唯一，便于查找。CPⅢ平面网观测的自由测站间距一般约为120 m，自由测站到CPⅢ点的最远观测距离不应大于180 m；每个CPⅢ点至少应保证有三个自由测站的方向和距离观测量。CPⅢ平面网水平方向应采用全圆方向观测法进行观测，如采用分组观测，应以同一归零方向，并重复观测一个方向。

无砟轨道CPⅢ控制点按图6-4、图6-5、图6-6所示要求埋设。

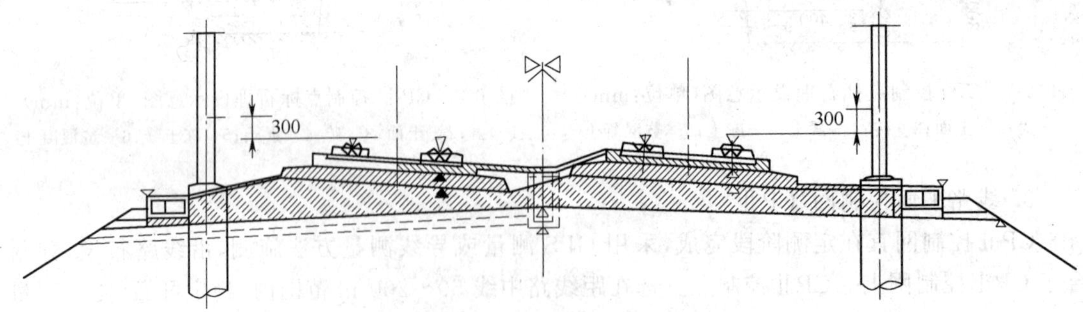

图6-4　路基地段CPⅢ埋设示意图（单位：mm）

CPⅢ控制网测量网形如图6-7所示。

五、高程控制网

高程控制测量等级的划分，依次为二等、精密水准、三等、四等、五等。线路水准基点控制网、轨道控制网（CPⅢ）的高程控制测量等级及布点要求，应按表6-1的要求执行。长大桥梁、

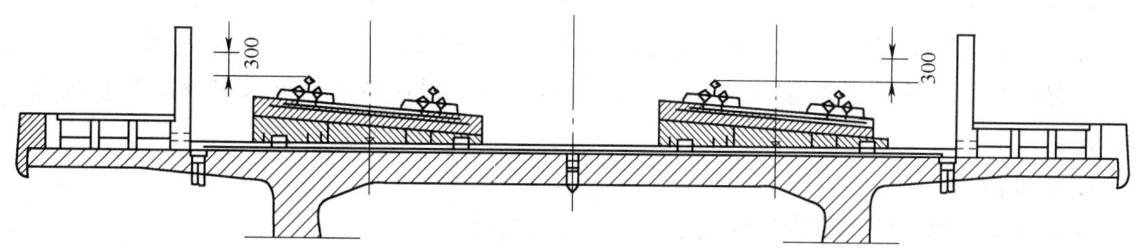

图 6-5 桥梁上 CPⅢ控制点埋设示意图(单位:mm)

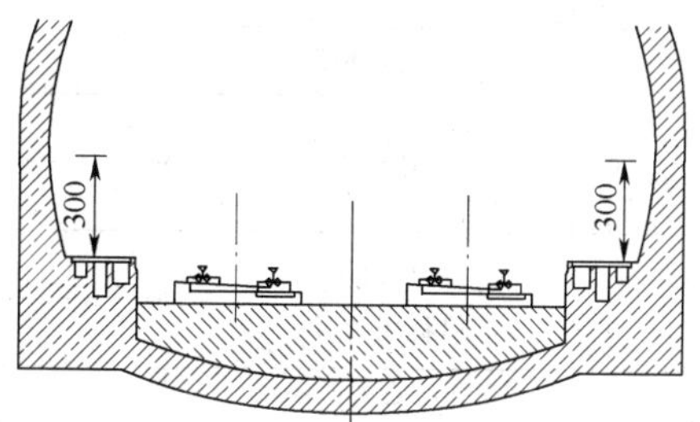

图 6-6 隧道内 CPⅢ控制点埋设示意图(单位:mm)

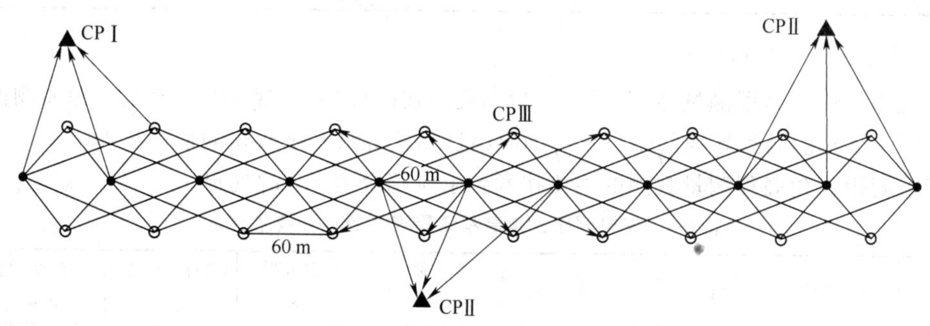

图 6-7 CPⅢ平面控制网测量网形示意图

表 6-1 高程控制测量等级及布点要求

控制网级别	测量方法	测量等级	点间距
基岩点	水准	一、二等	50 km
深埋点	水准	二等	10 km
普通水准点	水准	二等	2 km
CPⅢ	水准	精密水准	50～70 m

隧道及特殊路基结构等施工的高程控制网应根据相关专业要求确定测量等级和布点要求。

各级高程控制测量宜采用水准测量。山岭、沼泽及水网地区，水准测量有困难时，三等及以下高程控制测量可采用光电测距三角高程测量，二等高程控制测量可采用精密光电测距三角高程测量。

1. 水准测量

各等级水准测量的观测方法应按表 6-2 的规定执行。

表 6-2 水准测量的观测方法

等级	观测方式		观测顺序
	与已知点联测	附合或环线	
二等	往返	往返	奇数站：后—前—前—后
			偶数站：前—后—后—前
精密水准	往返	往返 单程闭合环	奇数站：后—前—前—后
			偶数站：前—后—后—前
三等	往返/左右路线	往返/左右路线	后—前—前—后
四等	往返/左右路线	往返/左右路线	后—后—前—前 或后—前—前—后
五等	单程	单程	后—前

2. 光电测距三角高程测量

光电测距三角高程测量，宜布设成三角高程网或高程导线，视线高度和离开障碍物的距离不得小于 1.2 m。高程导线的闭合长度不应超过相应等级水准线路的最大长度。

光电测距三角高程测量观测的主要技术要求应符合表 6-3 的规定。

表 6-3 光电测距三角高程测量观测的主要技术要求

等级	仪器等级	边长(m)	观测方式	测距边测回数	垂直角测回数	指标差较差(″)	测回间垂直角较差(″)
三等	1″	≤600	2 组对向观测	2	4	5	5
四等	2″	≤800	对向观测	2	3	7	7
五等	2″	≤1 000	对向观测	1	2	10	10

三等光电测距三角高程测量应按单程双对向或双程对向方法进行两组独立对向观测。测站间两组对向观测高差的平均值之较差不应大于±12Dmm。

3. 精密光电测距三角高程测量

精密光电测距三角高程测量主要用于困难山区代替二等水准测量，所采用的全站仪应具

自动目标识别功能，仪器标称精度不应低于0.5″，1 mm+1 ppm，使用的全站仪应经过特殊加工，能在全站仪把手上安装反射棱镜，反射棱镜的安装误差不得大于0.1 mm，并使用特制的水准点对中棱镜杆。

精密光电测距三角高程测量观测时应采用两台全站仪同时对向观测，在一个测段上对向观测的边数为偶数，不量取仪器高和觇标高，观测距离一般不大于500 m，最长不应超过1 000 m，竖直角不宜超过10°。测段起、止点观测应为同一全站仪、棱镜杆，观测距离在20 m内，距离大致相等。

4. 线路水准基点测量

线路水准基点应沿线路布设成附合路线或闭合环，每2 km布设一个水准基点，重点工程（大桥、长隧及特殊路基结构）地段应根据实际情况增设水准基点。点位距线路中线50～300 m为宜。

水准点埋设应满足以下要求：

(1)水准点应选在土质坚实、安全僻静、观测方便和利于长期保存的地方。

(2)严寒冻土地区普通水准点标石应埋设至冻土线0.3 m以下，以保证线路水准基点的稳定。

(3)普通水准点标石可采用预制桩或现浇桩。

(4)水准基点可与平面控制点共用。共桩点的埋设标石规格应符合水准点埋设的标石规格要求，在地表沉降不均匀及地质不良地区，宜按每10 km设置一个深埋水准点，每50 km设置一个基岩水准点。

线路水准基点按二等水准测量要求施测。水准路线一般150 km宜与国家一、二等水准点联测，最长不应超过400 km。线路水准基点控制网应全线(段)一次布网测量。

二等水准点标石埋设规格应符合图6-8的规定。

三等水准点标石埋设规格应符合图6-9的规定。

四等水准点标石埋设规格应符合图6-10的规定。

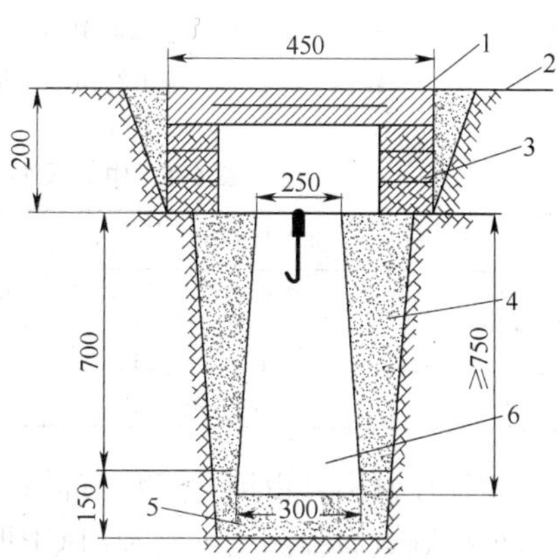

图6-8 二等水准点标石埋设示意图(单位：mm)

1—盖；2—地面；3—砖；4—素土；5—冻土线；6—贫混凝土

5. 轨道控制网(CPⅢ)水准测量

CPⅢ控制点水准测量应附合于线路水准基点，按精密水准测量技术要求施测，水准路线附合长度不得大于3 km。CPⅢ水准网与线路水准基点联测时，应按精密水准测量要求进行往返观测。

控制点水准测量应对相邻 4 个 CPⅢ点所构成的水准闭合环进行环闭合差检核，相邻 CPⅢ点的水准环闭合差不得大于 1 mm。相邻 CPⅢ点高差中误差范围不应超过 ±0.5 mm。

当桥面与地面间高差大于 3 m，线路水准基点高程直接传递到桥面 CPⅢ控制点上困难时，宜采用不量仪器高和棱镜高的中间设站光电测距三角高程测量法传递中间设站，光电测距三角高程测量外业观测应符合表 6-4 的规定。仪器与棱镜的距离一般不大于 100 m，最大不得超过 150 m，前、后视距差不应超过 5 m。前后视必须是同一个棱镜且观测时棱镜高度不变。

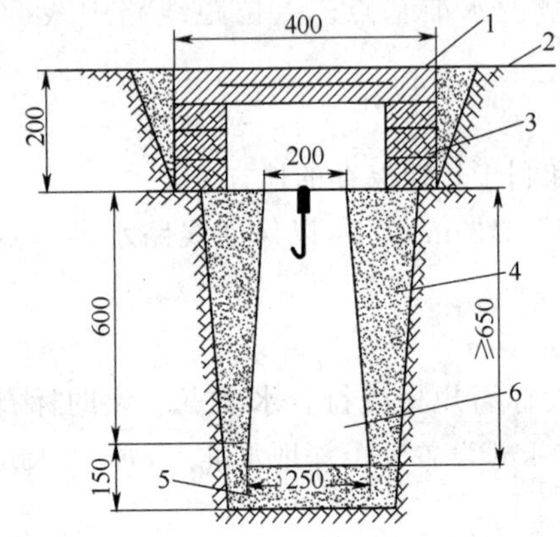

图 6-9　三等水准点标石埋设示意图(单位:mm)

1—盖;2—地面;3—砖;4—素土;5—冻土线;6—贫混凝土

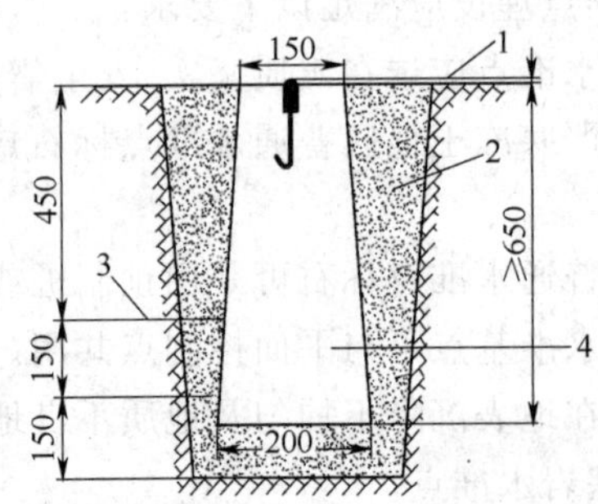

图 6-10　四等水准点标石埋设图(单位:mm)

1—地面;2—素土;3—冻土线;4—贫混凝土

表 6-4　中间设站三角高程测量外业观测技术要求

垂直角测量			距离测量		
测回数	指标差较差(″)	测回间较差(″)	测回数	测回内较差(mm)	测回间校差(mm)
4	5.0	5.0	4	2.0	2.0

6. CPⅢ控制网自由测站三角高程测量

CPⅢ控制点高程测量可以利用 CPⅢ平面网测量的边角观测值，采用 CPⅢ控制网自由测站三角高程测量方法与 CPⅢ平面控制测量合并进行。CPⅢ控制网自由测站三角高程测量应采用不同测站所测得的相邻点的高差，按规定构网。

用于构建 CPⅢ控制网自由测站三角高程的观测值，除满足 CPⅢ平面网的外业观测要求外，还应满足表 6-5 的规定。

表 6-5　CPⅢ控制网自由测站三角高程外业观测的主要技术要求

全站仪标称精度	测回数	测回间距离较差	测回间竖盘指标差互差	测回间竖直角互差
≤1″,1 mm+1 ppm	≥3	≤1 mm	≤9″	≤6″

CPⅢ自由测站三角高程网应附合于线路水准基点，每 2 km 左右与线路水准基点进行高程联测。CPⅢ高程网与线路水准基点联测时，应按精密水准测量要求进行往返观测。

第二节　轨道监测与维修

一、轨道检查

轨道监测时需要进行轨道检查，重点检查钢轨、扣件、垫板、焊缝等。

(1)钢轨。全面查看，应无污染、无低塌、无掉块、无硬弯等缺陷。

(2)扣件。应安装正确，无缺少、无损坏、无污染，扭力矩达到设计标准，弹条中部前端下颏与轨距块间隙小于 0.5 mm，轨底外侧边缘与轨距块间隙小于 0.5 mm，轨枕挡肩与轨距块间隙小于 0.3 mm。全面查看，重点抽查，每公里连续抽查 100 套。

(3)垫板。应安装正确，无缺少、无损坏、无偏斜、无污染、无空吊(间隙小于 0.3 mm)。全面查看，重点抽查，每公里连续抽查 100 处。

(4)焊缝。全部检查，主要测量焊缝平顺性，顶面 0～+0.2 mm，工作边 −0.2～0 mm，圆弧面 −0.2～0 mm。凡达不到上述要求的，应及时处理。

二、沉降观测点移设位置

无砟轨道施工后，路基段无砟轨道在原观测点断面上、下行轨道外侧，距支承层边缘 200 mm 处支承层台面上各设一个新沉降观测点。

观测点采用 $\phi16$～$\phi20$、$L=80$ mm 上端为圆头的不锈钢钢件埋入支承层内，钢件上端露出支承层表面 3～5 mm，用砂浆或锚固剂锚固，在设点支承层端侧面上标注红色“↑”标记，如图 6-11 所示。

观测断面间距一般地段间距为 50 m，地势平坦、地基条件均匀的路堑，高度小于 5 m 的路堤，间距可为 100 m；过渡段在原不同结构物起点及距起点 5～20 m 内各设置一个观测断面，涵洞顶及两侧 5～20 m 内各设置一个观测断面；在过渡段原设点断面处设置观测点。

三、轨道调整

1. 轨道调整阶段

无缝线路铺设完成，长钢轨应力放散、锁定后即可开展轨道精调工作。轨道精调可分为静态调整和动态调整两个阶段。

(1)轨道静态调整是在联调联试之前根据轨道小车静态测量数据对轨道进行全面、系统地调整，将轨道几何尺寸调整到允许范围内，对轨道线形(轨向和轨面高程)进行优化调整，合理控制轨距变化率和水平变化率，使轨道静态精度满足 350 km/h 及以上高速行车条件。

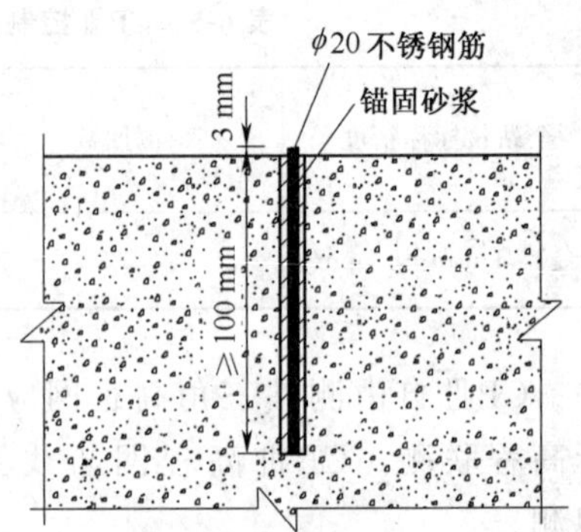

图 6-11　路基沉降观测点、梁徐变观测点设置示意图

注：图中钢筋长度以文中说明为准

(2)轨道动态调整是在联调联试期间根据轨道动态检测情况，对轨道局部缺陷进行修复，对部分区段几何尺寸进行微调，对轨道线形进一步优化，使轮轨关系匹配良好，进一步提高高速行车的安全性、平稳性和乘坐舒适度，是对轨道状态和精度进一步完善、提高的过程，从而使轨道动静态精度全面达到 350 km/h 及以上行车条件。

(3)目前主要的动态检测手段：低速轨道检测车、高速轨道检测车、高速轨道动力学检测车、动态车载式添乘检测仪。

2. 基本原则

(1)“先轨向，后轨距”、“先高低，后水平”。

(2)轨向调整。应先选定一股钢轨作为基准股(曲线地段选择上股，直线地段选择与前方曲线上股同侧钢轨)，对基准股钢轨方向进行精确调整，短波(30 m)2 mm 合格率 100%，1 mm合格率≥96%；长波(300 m)10 mm 合格率 100%；线形平顺，无突变，无周期性小幅振荡。

(3)轨距调整。固定基准股钢轨，调整另一股钢轨，轨距精度控制：±2 mm 合格率 100%，±1 mm合格率≥96%，轨距变化率≤1.5‰；该股钢轨方向线形应平顺，无突变，无周期性小幅振荡。

(4)高低调整。应先选定一股钢轨为基准股(曲线地段选择下股，直线地段选择与前方曲线下股同侧钢轨)，对基准股钢轨高低进行精确调整，短波(30 m)2 mm 合格率 100%，1 mm 合格率≥96%；长波(300 m)10 mm 合格率 100%；线形平顺，无突变，无周期性小幅振荡。

(5)水平调整。固定基准股钢轨，调整另一股钢轨高低，校核水平精度，1 mm 合格率 100%；水平变化率，相邻两根轨枕≤1 mm，间隔三根轨枕≤2 mm；该股钢轨高低线形应平顺，无突变，无周期性小幅振荡。

3. 静态调整

根据调整量表，对计划调整地段在现场进行标示，严格按照确定原则和顺序对轨向、轨距，高低、水平进行调整。

轨距、轨向调整(轨道平面调整)，区间轨道通过更换轨距块来实现；车站道岔通过更换偏心锥来实现。

(1)轨距调整。

①根据设计要求，300－1 扣件系统的轨距调整范围为±16 mm。

②轨距调节是通过更换不同宽度的轨距挡板，实现±8 mm 范围内的横向调节，每步调节 1.0 mm。

③高低、水平调整(轨面高程调整)，区间轨道、车站道岔均通过更换轨底垫板来实现。

(2)高程调整：根据设计要求，300－1 扣件系统的高程调整范围为＋56/－4 mm。

(3)三种高度调整方式，分别通过嵌入塑料调整垫、Zw692 轨垫和 Ap20 钢制调节板实现。

①利用轨垫调节－4～＋2 mm 范围内的高度调节，通过更换轨垫每步调节 1 mm，并根据高度调节量选择正确的轨枕螺栓。

②通过嵌入 Ap20 塑料调整垫和 Zw692 轨垫实现＋3～＋28 mm 范围内的高度调节，并根据高度调节量选择正确的轨枕螺栓。

③通过嵌入 Ap20 塑料调整垫、钢制调节板和 Zw692 轨垫实现＋29～＋56 mm 范围内的高度调节，并根据高度调节量选择正确的轨枕螺栓。

(4)轨道调整过程中，连续松开扣件数量不应超过规定。

(5)调整完毕，全面拧紧扣件螺栓，达到设计标准。

(6)回收更换下来的调整件，按照规格型号分类存放。

(7)根据现场实际调整情况，形成“调整件使用情况详表”。

4. 轨道动态调整

(1)调整步骤

分析检测资料、编制检查计划、现场检查、核实、制定调整方案、现场调整、复检。

(2)轨道检测资料分析

正线采用 300 km/h$\leqslant v \leqslant$350 km/h 动态管理标准进行检测，侧线采用 $v \leqslant$120 km/h 动态管理标准(表 6-6)。

(3)分析轨道检测波形图

①根据轨道Ⅰ～Ⅳ级超限报告表，在波形图中确定准确里程范围，用于现场查找和检查核对。

②长波不平顺(含临界Ⅰ级超限)。

③波形突变点(含临界Ⅰ级超限)。

表 6-6　轨道动态管理标准

项　目		$v\leqslant 120$ km/h				300 km/h$\leqslant v\leqslant$350 km/h			
		Ⅰ级	Ⅱ级	Ⅲ级	Ⅳ级	Ⅰ级	Ⅱ级	Ⅲ级	Ⅳ级
轨距(mm)		+8 −6	+12 −8	+20 −10	+24 −12	+4 −3	+6 −4	+7 −5	+8 −6
水平(mm)		8	12	18	22	5	6	7	8
三角坑(基长 2.5 m)(mm)		8	10	14	16	4	6	7	8
高低(mm)	波长 1.5～42 m	8	12	20	24	5	8	10	11
轨向(mm)		8	10	16	20	4	5	6	7
高低(mm)	波长 1.5～70 m	—	—	—	—	7	9	12	15
轨向(mm)		—	—	—	—	6	8	10	12
车体垂向加速度(m/s^2)		1.0	1.5	2.0	2.5	1.0	1.5	2.0	2.5
车体横向加速度(m/s^2)		0.6	0.9	1.5	2.0	0.6	0.9	1.5	2.0
轨距变化率(基长 2.5 m)(‰)		2.0	2.5	—	—	—	—	—	—
曲率变化率(基长 18 m)($1/m/m\times 10^{-6}$)		5.0	6.5	—	—	—	—	—	—
横向加速度变化率(基长 18 m)(m/s^3)		1.0	3.0	—	—	—	—	—	—

注:①高低和轨向偏差为计算零线到波峰的幅值。

②水平限值不包含曲线按规定设置的超高值及超高顺坡量。

③三角坑限值包含缓和曲线超高顺坡造成的扭曲量。

④车体垂向加速度采用 20 Hz 低通滤波,车体横向加速度采用 10 Hz 低通滤波;加速度等速检测速度应在 $v_{max}\times(1\pm 10\%)$范围内。

⑤避免出现连续多波不平顺和轨向、水平逆向复合不平顺。

⑥轨道检测报告,主要有:轨道Ⅰ～Ⅳ级超限报告表、公里小结报告表、区段总结报告表、TQI 等。

④连续多波不平顺(含临界Ⅰ级超限)。

⑤轨向、水平逆向复合不平顺(含临界Ⅰ级超限)。

(4)分析轨道动力学检测报告

①检测和评价标准(表 6-7)

表 6-7　轨道动力学检测评价标准

检测项目	评 价 标 准
轮轴向力(kN)	48.03
脱轨数 Q/P	0.80
轮轴减率 $\Delta P/P$	0.80(双峰)
横向稳性	优:≤2.5;良好:2.5～2.75;合格:2.75～3.0
垂向稳性	优:≤2.5;良好:2.5～2.75;合格:2.75～3.0

②分析检测报告

重点分析力学指标超限处所分布情况，与轨道检测的不平顺信息之间是否存在相互关系，与前阶段检测是否重复出现等。

③分析动态车载添乘仪报警数据

重点分析添乘仪报警数据(地点、峰值、类型)与轨道检测波形图中的不平顺信息之间的相互关系。

④分析明显感觉晃车处所

重点分析明显感觉晃车处所与轨道检测波形图中的不平顺信息之间的相互关系。

⑤编制现场检查计划

根据以上综合分析，制定现场核对检查计划。

5. 现场核对检查

(1)局部短波(波长 1～10 m)不平顺的检查

①轨向：用 10 m、20 m 弦线检查钢轨，逐根轨枕连续测量。

②轨距：用轨距尺检查，逐根轨枕连续测量。

③水平：用轨距尺检查，逐根轨枕连续测量。

④三角坑(基长 2.5 m)：根据水平测量值，每隔三根轨枕计算水平变化率。

⑤高低：用 10 m 弦线检查，逐根轨枕连续测量。

⑥焊缝：用 1 m 直钢尺检查，塞尺测量钢轨顶面、工作边和圆弧面，检查所有焊接接头。

⑦减载率：重点检查焊缝平顺度，扣件、垫板状况。

⑧脱轨系数：重点检查扣件、垫板状况，多为扣件扣压力不足、吊板所致。

⑨轨道横向力：重点检查轨向、水平，多为轨向和水平的复合不平顺的叠加所致，可以结合波形图一并检查分析，同样还应重点检查扣件、垫板密贴状况。

(2)长波不平顺的检查

根据轨道检测报告和波形图分析的轨向、高低长波(波长 70 m)不平顺，采用轨道小车在波峰或波谷里程前后各 300 m 范围内进行测量。

(3)连续短波不平顺的检查

根据轨道检测车波形图分析，轨向、高低存在的连续短波不平顺(波幅 1.5～4 mm，波长 6～9 m)，可以采用轨道小车测量，也可以采用人工拉弦线的方法进行测量。

(4)确定调整方案

①短波不平顺的调整

根据现场检查、测量情况可以当即确定调整方案，形成调整量表。

②长波不平顺的调整

根据轨道小车测量情况，对轨道超限指标进行调整，并对线线进行合理优化后形成调整量计算表，其程序及要求等同于轨道静态调整。

(5)安全管理

①对全员进行安全培训和教育，使其准确理解“铁路局关于营业线路施工管理办法”的相关规定。

②严禁点外作业，严格执行“行车不施工”、“施工不行车”的规定。

③加强轨道调整后的复检，施工单位在开通线路之前，必须对轨道进行全面复检，并经监理检查确认后方可办理手续。

第三节　高速铁路运营监测

在工程设计阶段，应对高速铁路变形测量的内容、方法、范围和监测频率进行规划和设计；变形监测工作实施前，应制定监测技术方案。变形监测工作应根据线下工程施工的开工时间、工程进度适时开展。首次观测，宜获取监测体初始状态的观测数据。

为保证精测网稳定和精度，应定期对精测网进行复测，平面控制网复测周期不宜超过 3 年，沉降区段复测周期应适当缩短；高程控制网复测周期，取决于地质条件，地质条件较好、建设期沉降不大的地区，复测周期不宜超过 3 年，其他地区，复测周期不宜超过 1 年。

变形监测应充分利用已有精测网的控制点，按工程需要的精度建立监测网，并一次布网完成。变形测量点分为基准点、工作基点和变形观测点。

新建高速铁路投入运营，必须定期对精测网进行复测，观测构筑物及区域沉降地段变形，及时发现问题，解决问题，保证轨道始终处于完好的几何状态。

一、运营监测及其任务

运营监测的对象包括线路轨道、轨道板、混凝土底座和桥涵、隧道、路基等构筑物以及受线路运营影响的周边变形区内的道路、建筑、管线和桥梁等。运营监测的项目应依据设计要求和相关规范确定允许变形值。当实测变形值大于允许变形值的 2/3 时，应及时上报，并启动应急变形监测方案。

二、运营变形监测的范围

(1)施工阶段的监测对象仍未稳定，需要继续进行监测的项目。

(2)不良岩土条件和特殊岩土条件的地区(段)。

(3)地面沉降变化大的地区和不均匀沉降段落。

(4)邻近线路两侧进行建设施工的地段。

(5)新建线路和既有线路衔接、交叉、穿越的地段。

(6)新建线路穿越地下工程和大型管线的地段。

(7)地震、列车振动等外力作用对线路产生较大影响的地段。

三、运营监测的要求

运营监测采用的仪器应进行检定,并在检定有效期内,每周期观测前,对所使用的仪器和设备进行检验校正,并保留检验记录。每周期变形观测时,宜按下列规定执行:

(1)采用相同的图形或观测路线和观测方法。

(2)使用同一仪器和设备。

(3)固定观测人员。

(4)固定基准点和工作基点。

(5)在基本相同的环境和观测条件下工作。

变形监测频率应根据监测目的、变形量的大小和变形速率等因素进行设计。变形监测频率既要系统地反映变形过程,不遗漏变形的时刻,又要科学制定以降低监测的工作量。

四、变形监测基准网

变形监测应建立基准网,监测网应符合规定要求。

1. 水平位移监测网

建立水平位移监测网,应符合下列规定:水平位移监测网可采用独立坐标系统一次布设;控制点宜采用有强制归心装置的观测墩;照准标志采用强制对中装置的觇牌或红外测距反射片。在设计水平位移监测网时,应进行精度预估,选用最优方案。

2. 垂直位移监测网

建立垂直位移监测网应符合下列规定:垂直位移监测网应布设成闭合环状、结点或附合水准路线等形式;水准基点应埋设在变形区以外的基岩或原状土层上,亦可利用稳固的建筑物、构筑物设立墙上水准点。

五、线下结构变形监测

1. 路基变形监测

路基变形监测主要包括:路基面的沉降观测,路基基底沉降观测,路基坡脚位移观测和过渡段沉降观测。

路基工程沉降变形观测以路基面沉降观测和地基沉降观测为主,应根据不同的结构部位、填方高度、地基条件、堆载预压等具体情况来设置沉降变形观测断面。同时应根据施工过程中掌握的地形、地质变化情况调整或增设观测断面。

2. 桥涵变形测量

桥梁变形观测包括桥梁承台、墩身和梁体徐变变形观测；涵洞变形观测包括涵洞自身及涵顶填土沉降观测。为满足桥梁变形观测的需要，应在梁体及每个桥梁承台及墩身上设置观测标。

观测标具体埋设应符合以下原则：

(1)桥台观测标应设置在台顶(台帽及背墙顶)，测点数量不少于4处，分别设在台帽两侧及背墙两侧(横桥向)。

(2)承台观测标为临时观测标，当墩身观测标正常使用后，承台观测标随基坑回填将不再使用。承台观测标分为观测标－1、观测标－2，承台观测标－1设置于底层承台左侧小里程角上；承台观测标－2设置于底层承台右侧大里程角上。

(3)墩身观测标埋设，当墩全高＞14 m时(指承台顶至墩台垫石顶)，需要埋设两个墩身观测标；当墩全高＝14 m时，埋设一个墩身观测标。墩身观测标一般设置在墩底部高出地面或常水位0.5 m左右的位置；当墩身较矮，梁底距离地面净空较低不便于立尺观测时，墩身观测标可设置在对应墩身埋标位置的顶帽上。特殊情况可按照确保观测精度、观测方便、利于测点保护的原则，确定相应的位置。

3. 隧道变形测量

隧道变形测量应在隧道主体工程完工后进行，变形观测期一般不应少于3个月。观测数据不足或工后沉降评估不能满足设计要求时，应适当延长观测期。

观测断面的布设应符合下列规定：隧道洞门结构范围内布设一个观测断面；隧道内围岩变化处布设一个观测断面；隧道内一般地段观测断面的布设根据地质围岩级别确定，Ⅱ级围岩段原则上不设变形观测点，必要时每800 m设一处变形观测断面，Ⅲ级围岩每400 m、Ⅳ级围岩每300 m、Ⅴ级围岩每200 m布设一个观测断面，地应力较大、断层破碎带等不良和复杂地质区段应适当加密布设；隧道洞口、明暗分界处和变形缝处均应进行沉降观测。每个观测断面在仰拱填充面距离水沟电缆槽侧壁10 cm处埋设一对沉降观测点。

变形观测点及观测元器件的埋设位置应标设准确、埋设稳定。观测期间应对观测点采取有效保护措施，防止施工机械的碰撞，人为因素的破坏。隧道变形观测所使用的仪器和设备应进行定期检查并做出详细记录；每次测量宜采用同一仪器，固定观测人员，采用相同的观测路线和观测方法，在基本相同的环境和观测条件下工作。隧道沉降观测点按三等垂直位移精度要求施测，读数取位至0.1 mm。

4. 区域地表沉降监测

高速铁路在设计阶段，应对区域性地面沉降的监测方法、范围和监测频率进行设计；实施前，应制定监测技术方案。区域沉降监测网设计时，应收集国家或地方各级部门开展的沉降监测资料、地质、地表水位、水井分布及地下水抽取量、降雨量、水文地质条件的变化趋势等资料。

区域沉降监测可综合运用水准测量、GPS、InSAR 和分层标、地下水位监测等技术手段。高速铁路沿线区域应建立区域地表沉降监测网，定期观测，评估分析区域地表沉降对高速铁路施工和运营的影响。区域沉降监测网沿正线宜每公里设置一个观测断面，每个观测断面设置三个控制点，分别设置在线路中线附近、两侧各 1 km 左右的位置。区域沉降监测网控制点应优先选用精测网控制点和线下工程沉降监测基准点，不足时按照按要求埋设标石。

区域沉降监测网按本规范二等水准测量要求施测，起闭于基岩水准点或国家一等水准点，并联测线路水准基点，形成附合水准线路、水准环或水准网。首期观测（即零观测）应连续进行二次观测，并以其平均值作为首期观测值。

GPS 测量宜按照 CP0 的技术要求施测，GPS 控制点应与线路水准基点进行联测。采用 InSAR 技术进行监测应进行专门的技术设计，确定选用的 SAR 影像分辨率和监测周期。可采用永久散射体技术、人工角反射标技术等，并根据需要埋设一定数量的人工角反射标。

区域沉降监测宜每半年观测一次，对于沉降变化较快或地质条件复杂的地区，应适当增加观测频次。应对各类区域沉降监测资料进行综合分析，预测沉降发展趋势，分析对工程施工和运营的影响。

六、轨道几何形位检测

按照国务院批准的《中长期铁路网规划》，我国省会城市及大中城市间将建成快速客运通道，具体包括 1.2 万 km 以上“四纵四横”快速客运通道以及三个城际快速客运系统。

高速铁路轨道建成交付运营后，从长远的角度看，确保轨道平顺性和列车正常运营的关键技术管理是轨道的检测与精调。

当投入正式运营后，作业环境、程序、工艺和组织管理等无一不受“天窗点”的限制和影响，保线路几何形位的良好状态与保正常行车之间的矛盾将随着运行年限的增加更加突出。

高速铁路运营期间线路的检测分为两部分：一是由高速综合检测列车定期对线路进行综合检测和分析评估，及时向有关单位提供指导性意见；二是站段日常巡检与重点检查相结合，重点检查的对象除自查病害外，动检车提供的信息则是主要依据。在此基础上，制订综合方案进行精调作业。

七、检测工作周期

根据中国铁路总公司颁布的《高速铁路无砟轨道线路维修规则》和《高速铁路有砟轨道线路维修规则》的要求，高速铁路线路应定期进行检测。

1. 线路动态检测周期

（1）综合检测列车每 10～15 d 检查 1 遍。

（2）动车组应安装车载式线路检查仪，每天至少对线路检查 1 遍。

(3)工务段应使用便携式线路检查仪添乘检查线路,每月至少2遍。

(4)应采用巡检设备检查线路设备状态,每半年不少于1遍。

总公司基础设施检测中心应及时将动态检测报告提交给有关单位,并向中国铁路总公司提报月度和年度检测分析报告(含综合检测列车线路评分统计报告表)。

2. 线路静态检测周期

基层工务段应对线路设备进行周期性检查,并做好详细记录,掌握线路设备状态及变化规律,具体办法由铁路局规定。

(1)轨道几何尺寸检查每年不少于1遍,重点地段应加强检查。对重点病害或轨道不平顺地段,应使用轨道测量仪、轨道检查仪进行检查。

(2)无砟道床静态检查内容及周期每半年检查1遍。

(3)对未处理的Ⅱ级伤损处所每季度检查1遍。

(4)扣件系统静态检查内容和周期按表6-8执行。

表6-8 扣件检查内容和周期

序号	检查内容	检查周期
1	扣件安装状态、部件缺损、预埋套管等	每半年检查1遍
2	弹条紧固状态(WJ-7、WJ-8、300-1型扣件)	每半年检查1遍,每公里连续抽查50个
3	弹条扣压状态(SFC型扣件)	每半年检查1遍,每公里连续抽查50个
4	钢轨与绝缘块(绝缘轨距块)、轨距挡板间隙	每半年检查1遍,每公里连续抽查50个
5	锚固螺栓扭矩(WJ-7、SFC型扣件)	每半年检查1遍
6	弹性垫板刚度	每年抽检1次,抽检数量3块/50 km

第四节 检测设备

高速铁路检测设备主要有轨道检测车、综合检测车、轨检小车等,检测重点不同,检测内容各异。轨道检测车、综合检测车实施动态检测,轨检小车实施静态检测。

一、轨道检查车

(一)轨道检查车及其发展

轨道检查车是用来检测轨道的几何状态和不平顺状况的特种车辆,简称轨检车。它是保障行车安全、平稳、舒适和指导轨道养护维修的重要工具。根据轨检车的记录,可以发现轨道平顺状态不良的地点,以便采取紧急补修或限速措施,并确定应进行维修的里程段落,编制维修作业计划。此外,根据轨检车的记录也可评定轨道的养护水平和整修作业质量。

早期轨道状态采用人工检测,以后发展为用人力推行小车和机动的检测小车检测轨道,这

些方法不能反映轨道在列车车轮荷载作用下的几何状态。因此，在 19 世纪 70～80 年代，欧洲有些国家开始研究在普通客车上装备检测设备，并出现了一些雏形的轨道检查车。20 世纪初，俄国、德国和美国铁路正式使用轴重较大的客车式机械轨检车，检测在轮载作用下的轨道几何状态，从而进入轨道动态检测新阶段。机械轨检车是借助检测车轮、重砣、杠杆、滑轮、弹簧等机件，由钢丝绳直接牵动绘图笔在纸带上记录检测的结果。这种轨检车的检测速度低，误差大。20 世纪 50 年代末，苏、日等国制成电气轨道检查车。此后各种电测装置逐渐取代了机械检测系统。

近年来，各国使用的现代轨道检查车由检测和数据处理系统、发电供电系统、空气调节系统、仪表工作室、瞭望台以及走行转向架等几部分组成。其检测项目有轨道的高低、水平、三角坑、方向、轨距，以及里程和行车速度等。有的还能测量曲线超高、曲率，以及高低方向等轨道不平顺的变化率、曲线通过的均衡速度等。还有的轨检车通过测量车体和轴箱的振动加速度、轮轨作用噪声，以及轮轨间的垂直力、水平力、脱轨系数等，为更全面地评价轨道的状态提供依据。现代轨检车能及时提供直观反映轨道状态的波形图，并能提供经车载计算机处理打印成的轨道状态报告表，以及记录在磁带上的轨道状态资料等。有的还可在轨道状态严重不良和需紧急补修的地方，直接在轨道上喷上颜色标记。将磁带记录送地面计算机进一步处理，便可编制出各种轨道状态管理图和轨道整修作业计划表。

（二）我国轨道检测车的发展

我国于 1953 年自行研制出第一辆轨检车，该车为机械式轨检车。1971 年研制出电气轨道检查车——TSK22，轨道检测车，其长 26 m，自重 62 t，能同特快列车连挂。这种电气轨检车采用旋转变压器作位移传感器，借助三个轮对所构成的 18.5 m 不对称弦测量轨道高低，用三轴转向架的三个轮对构成的 3.4 m 对称弦测量钢轨接头低陷；轨道水平状态由陀螺装置测量，三角坑由相距 15.1 m 的两个轮对测得。测量结果用电磁笔记录仪记录在纸带上。20 世纪 70 年代中期，我国开始轨检新技术的研究，先后研制出能测量轨道高低、水平、轨面不平顺的“基准轨道不平顺检测装置”和“轨道超高检测装置”、“充电式轨距检测装置”、“多功能振动检测装置”等新装置。目前正在研制用这些新装置和其他先进设备（如计算机等）装备的新型轨道检测车。

二、高速综合检测列车

高速综合检测列车是为时速 200 km 以上高速铁路实施定期检测、综合检测和高速检测的重要装备，拥有对轨道、接触网、通信信号等基础设施的综合检测能力。截至 2012 年 2 月，我国共有 7 组综合检测列车，直属中国铁路总公司及中国铁道科学研究院管理和运用。

高速综合检测列车的主要装备包括：录像装置、架线间隔测定装置、ATC 测定装置、列车无线设备测定装置及测定台；轴重横压测定轴、轴箱测定加速度计；轨道高低变位和车辆摇动测定装置、线路状态监视装置、轮重横压数据处理装置和录像装置；架线磨耗偏位高低测定装置、集电状态监视装置、受电弓观测装置；电力测定台、数据处理装置、供电回路测定装置、车次号地面设备测定装置。

（一）CRH2-010A 型高速综合检测列车

CRH2-010A 型高速综合检测列车（图 6-12），是我国第一列高速综合检测列车，是在 CRH2A 型电力动车组的基础上加装检测设备改造而成。列车由南车青岛四方机车车辆股份有限公司制造，于 2006 年 7 月 31 日下线交付使用，该车为 0 号高速综合检测列车的研发提供了参考，也满足了“0 号高速综合检测列车”交付之前的线路检测需要。

图 6-12　CRH2-010A 型高速综合检测列车实物图

CRH2-010A 型高速综合检测列车是由 CRH2 型车改装而成的，动力比日本的 E2-1000 系 6M2T 编组小，标称时速 200 km，最高营运时速为 250 km，装有两副受电弓。该列车用于对 ATP、信号参数、无线场强、弓网、轨道几何状态、动力学与加速度进行检测，对设备及线路进行监视的系统。第六次大提速后，对既有提速 200～250 km/h 区段进行每月 3 次的周期性检测。根据中国铁路总公司运输局调度安排，该综合检测车于 2007 年，对京沪线、京广线、京哈线、陇海线徐宝段、沪昆线沪株段、广深线、胶济线等既有提速干线的轨道几何状态、动力学、接触网、信号、ATP、无线通信、线路环境等进行即时检测。

CRH2-010A 高速综合检测列车为 8 辆编组，其编组方式是 4 节动车配 4 节拖车（4M4T）。01 车：主控车，信号检测系统，乘坐席为资料获取和 ATP 工作间；02 车：无线场强检测系统，运行图像同步显示车；03～07 车：工作休息车；03 车厢：临时休息车；04 车厢：轨道几何状态检测系统和弓网检测感测器；05 车厢：动力学检测系统的测力轮对；06 车厢：受电弓检测装置，弓网检测系统和视频监测系统；07 车厢：动力学测试装置，动力学检测系统；08 车厢：从控车，信号检测系统和动力学检测系统的测力轮对。

(二)CRH5-000 型高速综合检测列车(也称"0 号高速综合检测列车")

CRH5-000 型高速综合检测列车(图 6-13、图 6-14,现编号为 CIT001)是以 CRH5A 型动车组为基础的时速 250 km 综合检测列车,正式名称为"0 号高速综合检测列车",车身为黄色,命名为 0 号——其含义取自中国铁路总公司对中国高速铁路的要求,0 误差、0 缺陷、0 故障。为时速 250 km 动态智能化综合检测车。它可以进行信号系统、无线通信、轨道、弓网等上百项检测任务。其基本原理是在车底安装感应器,在不接触铁轨和列车的情况下,将各项数据读出、传回、比对,生成一个是否正常的结论,虽然时速仅 250 km,但可以通过数据类比的方式对 300 km 以上时速的列车进行检测,是我国轨道技术高科技的集成,整列车造价近 4 亿元。

"0 号高速综合检测列车"由通信信号检测车、会议车、接触网检测车、数据综合处理车、轨道检测车、餐车、卧铺车和信号检测车 8 辆组成(5 动 3 拖),由两个动力单元组成的动力分散型动车组,最高检测速度 250 km/h,最大牵引功率 5 500 kW。它集成了世界最先进的专用检测系统,具有对线路轨道、牵引供电、通信信号等基础设施,轮轨和弓网接触状态及列车舒适性指标等进行高速动态时空同步检测,并具有实时数据传输、存储和分析处理功能,实现了现代测量、时空定位同步、大容量数据交换、实时图像识别和数据综合处理等先进技术,是提高高速铁路基础设施检测效率、指导养护维修、确保高速铁路运营安全的重要技术装备。

(三)其他型号高速综合检测列车

1. CRH2-061C 型高速综合检测列车

CRH2-061C 型高速综合检测列车,是中国第一列时速 300 km 高速综合检测列车,是在 CRH2C 型动车组的基础上加装检测设备改造而成,同时也是第一列 CRH2C 型动车组。列车由南车青岛四方机车车辆股份有限公司制造,于 2007 年 12 月 22 日下线交付使用。

图 6-13　CRH5-000 型高速综合检测列车车头部分实物图

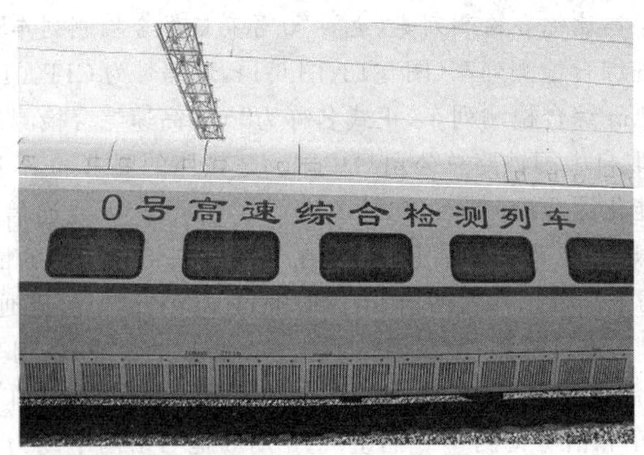

图 6-14 CRH5-000 型高速综合检测列车车身部分实物图

2. CRH2-068C 型高速综合检测列车

CRH2-068C(图 6-15),是中国第二列时速 300 km 高速综合检测列车。为满足京广高速铁路的南段(武汉—广州段)开通前的检测需要,南车青岛四方机车车辆股份,于 2009 年 1 月在第 8 列 CRH2C 型动车组的基础上加装检测设备,改造成高速综合检测列车。

图 6-15 CRH2-068C 型高速综合检测列车实景图

3. CIT380A 型高速综合检测列车

CIT380A(图 6-16 和图 6-17),是时速 350 km 高速综合检测列车,原编号 CRH2-150C,原是最后一列 CRH2C 型电力动车组,同时也是 CRH380A 型动车组的原型试验车。

这列试验车于 2010 年 4 月底下线,车身标示为"试验车 CRH380A"。2010 年 4 月 26 日,试验动车组被运送至中国国家铁道试验中心北京环行铁道,安装各种试验设备并布线;2010

图 6-16　CIT380A 型高速综合检测列车实物图

图 6-17　CIT380A 在京沪高铁进行检测实验实景图

年 5 月 4 日，列车由北京出发经京广铁路赴郑州；5 月 11 日起，试验车开始于徐兰高速铁路中段（郑州—西安段）进行时速 160 km 以下调试试验，6 月 7 日开始正式高速试验，通常每天往返郑州和灵宝西共三个来回，试验一直持续至 8 月。CRH380A 以 CRH2C 型动车组为基础，持续运营速度 350 km/h，最高运行速度 380 km/h。2010 年 9 月初，这列试验车转往京广高速铁路南段（武汉—广州段）继续进行试验工作。至同年 11 月，根据统一安排，时速 350 km 的 CRH2-150C 高速综合检测列车正式配属上海铁路局，作为综合检测车之用，并用于京沪高铁联调联试，该车外形采用的是新一代 CRH380A 高速动车组试验列车的外观，现在已被改造成专用的 380KM 级的检测车，定型为 CIT380A。

4. CIT400A 型高速综合检测列车

CIT400A 型高速综合检测列车（CRH380A-001，原编号 CRH400A-001，如图 6-18 所示）是时速

400 km 高速综合检测列车。列车以 CRH380A 型动车组为基础，为 8 节编组(7M1T)，设计最高试验速度 500 km/h。列车由南车青岛四方机车车辆股份研制，全车拥有独一无二的动力分配——7 动 1 拖，总功率 11 200 kW，搭载 Stemmann DSA380 高速受电弓，装备了最先进的综合检测设备，于 2011 年 2 月 22 日下线交付使用，3 月 3 日起赴京沪高速铁路开始担当检测任务。

图 6-18　CIT400A 型高速综合检测列车实景图

该车具备对高速铁路轨道、轮轨动力学和车辆动态响应、接触网、通信、信号等数百个参数进行实时检测的能力，技术指标代表世界高速检测列车最先进水平，成为我国高速铁路技术引领未来的重要标志性装备。在国产新一代 CRH380 高速动车组基础上，依托国家 863 计划，中国北车以集成设计技术为核心，重点研究并突破检测设备安装及接口、专用供电、环境控制、电磁兼容等独有的关键技术；研究高速检测列车动车组转向架、车体、牵引传动与制动、网络控制、辅助供电、空调系统、车内设施等子系统的适配技术而研制的综合性高速铁路检测装备。开发了适应京沪高铁的综合检测列车。

5. CIT400B 型高速综合检测列车

CIT400B 型高速综合检测列车(原编号 CRH380B-002，如图 6-19 所示)，是以 CRH380B 型电力动车组为基础，采用北车 CRH380C 新头型的时速 400 km 高速综合检测列车，设计最高试验速度 500(6M+2T)/600(8M)km/h。该列车在功能和技术上都远远超过了国际先进水平，具有完全自主知识产权，国外目前尚无此速度等级的综合检测车，是世界上速度等级最高的高速铁路综合检测轨道装备。

CRH380B-002 高速综合检测列车分别在除 5、6 号车之外的车顶、车内和车下安装了 GPS 天线、语音检测天线、数据检测天线、激光位移传感器、摄像头、火花传感器等上千个传感器和相关检测设施，具备了对高速铁路轨道、接触网、轮轨、动力学、通信、信号等六大系统 200 多个参数进行实时同步检测、试验及综合处理的能力，并可将数据通过车地无线数据传输系统传至

地面控制中心。

图 6-19　CRH380B-002 型高速综合检测列车实景图

CRH380B-002 高速综合检测列车为 8 辆编组，采用 6 动 2 拖配置结构，外观黄色腰线装饰，检测车没有成排的座椅，靠窗排列的办公桌修长的桌面上一台台电脑承担着不同的任务。列车编组设置和任务分别为：01 通信信号检测车、02 接触网综合检测车、03 轨道与动力学检测车、04 会议车、05 设备车、06 生活车、07 接触网及卧铺车、08 试验车。

6. CIT500 型高速综合检测列车

CIT500 型高速综合检测列车(图 6-20)的正式名称：更高速度综合检测试验列车，为 6 节全动车编组(6M)，是中国铁路最新的高速综合检测试验列车。该列车以 CRH380A 型电力机车组为基础，头车和尾车分别采用两种不同的新头型，牵引总功率达到 22 800 kW，设有风阻制动，并试验应用了碳纤维、镁合金、新型纳米隔声等新材料。列车已于 2011 年 12 月 23 日下线。

图 6-20　CIT500 型高速综合检测列车实物图

三、铁路轨道检测系统(通称轨检小车)

铁路轨道检测系统,可以根据预先输入的设计线线,自动检测线路中线位置、轨顶高程以及轨距、超高等轨道静态参数,并自动进行记录整理的轻型轨道检测设备。应用这种检测系统,对高速铁路线路进行静态检测和轨道精调。

工务部门应用的轨道检测系统,有进口产品,如德国产的 GEDOCE、瑞士产的 GRP,也有国内自主研发的产品,如日月明、TRIG1000 铁路轨道检测仪、南方高铁轨检系统、悦诚、中铁咨询轨道检测系统等。下面以瑞士产的安博格 GRP1000(图 6-21)为例,介绍轨道检测系统的主要组成、技术参数、检测内容、检测方法与流程。

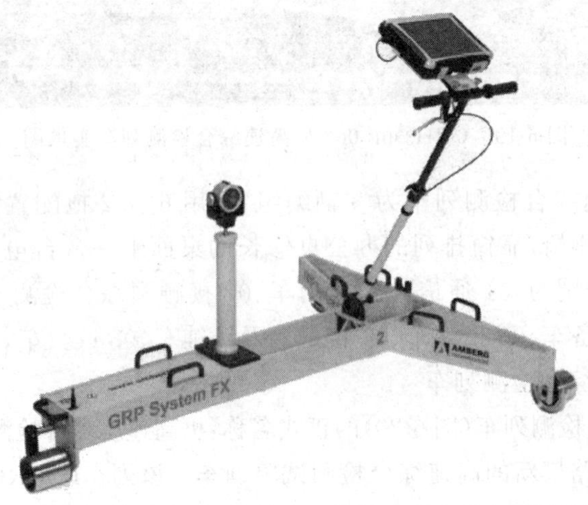

图 6-21　安博格 GRP 1000 轨道检测小车实物图

安博格轨道检测小车为瑞士生产,是一种检测静态轨道不平顺的便捷工具。它采用电测传感器、专用便携式计算机等先进检测和数据处理设备,可检测高低、水平、扭曲、轨向等轨道不平顺参数。国外铁路在动静态不平顺差异较小的高平顺线路、无砟轨道线路,以及在新线施工中,整道、检查铺设精度、验收作业质量时,广泛应用轨道检测小车。

GRP 1000 测量系统主要由手推式轨检小车和分析软件包两大部分组成。即可单独测量轨道水平、轨距等相对结合参数,也可配合 LEICATPS 全站仪(图 6-22)来实现平面位置和高程的绝对定位测量。绝对定位测量通过全站仪的自动目标照准

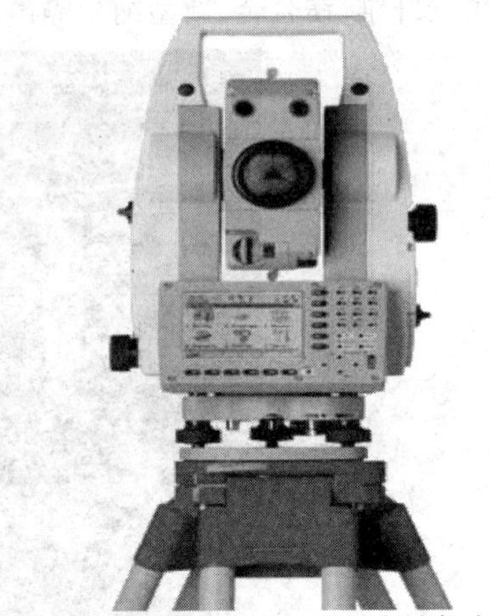

图 6-22　LEICATCRP1201 全站仪实物图

功能以及与 GRP 1000 之间持续无线电通信来完成。

测量外业完成后，系统能产生轨道几何测量的综合报表。用户可根据需要定义报表的输出界面，选择性的输出轨道位置、轨距、水平、轨向（短波和长波）、高低（短波和长波）等几何参数。GRP1000 在德国高铁竣工测量、西班牙高铁无砟轨道施工、京津城际轨道第三方检测及京广高速铁路南段（武汉—广州段）施工中得到了很好的应用。GRP1000 轨检小车精度见表 6-9。

表 6-9　GRP1000 轨检小车精度表

项　目	精　度
1. 里程	光电计数器测量方式
里程测量误差	<0.5%
里程分辨率	±5 mm
2. 轨距	标准轨距 1 435 mm
轨距传感器量程	−25～+65 mm
轨距传感器精度	±0.3 mm
3. 水平传感器	测角仪
水平传感器量程	−10°～+10°换算成高差±225 mm
水平传感器精度	±0.5 mm
4. 平面和高程测量精度	±1 mm

（一）检测内容

1. 中线坐标及轨面高程

在进行轨道中线坐标和轨面高程检测时，使用高精度全站仪实测出轨检小车上棱镜中心的三维坐标，然后结合事先严格标定的轨检小车的几何参数、小车的定向参数、水平传感器所测横向倾角及实测轨距，即可换算出对应里程处的中线位置和内轨的轨面高程。进而与该里程处的设计中线坐标和设计轨面高程进行比较，得到实测的线路绝对位置与理论设计之间的差值，根据技术指标对轨道的绝对位置精度进行评价。

2. 轨距检测

轨检小车的横梁长度须事先严格标定，则轨距可由横梁的固定长度加上轨距传感器测量的可变长度而得到，进而进行实测轨距与设计轨距的比较。轨距检查示意如图 6-23 所示。

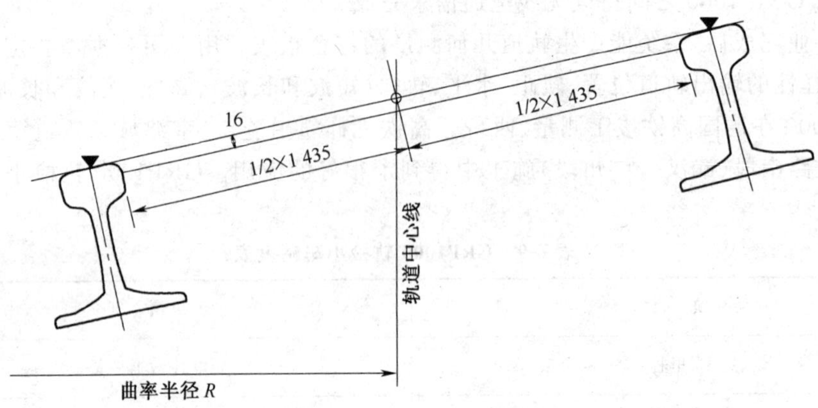

图 6-23　轨距检测示意图(单位:mm)

3. 水平(超高)检测

检测时,由轨检小车上搭载的水平传感器测出小车的横向倾角,再结合两股钢轨顶面中心间的距离,即可求出线路超高,进而进行实测超高与设计超高的比较。在每次作业前,水平传感器必须校准。超高检查示意如图 6-24 所示。

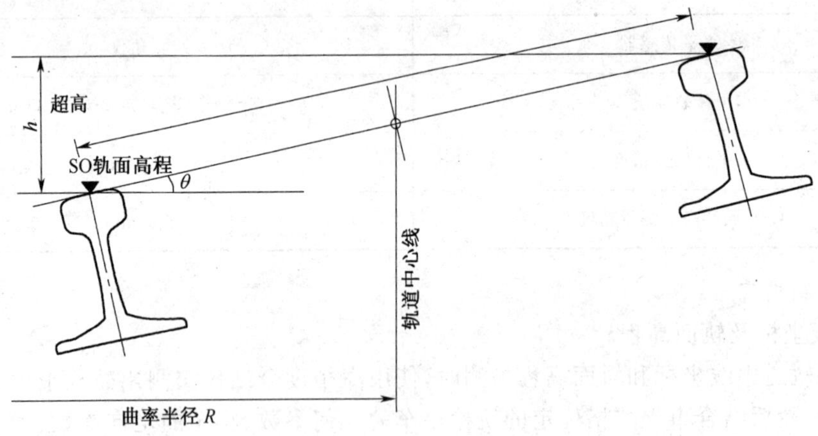

图 6-24　超高检测示意图

4. 轨向、高低检测

实测中线平面坐标得到以后,在给定弦长的情况下,可计算出任一实测点的正矢值;该实测点向设计平曲线投影,则可计算出投影点的设计正矢值,实测正矢和设计正矢的偏差即为轨向/高低值。轨向/高低(10 m 弦长为例)检测示意如图 6-25 所示。

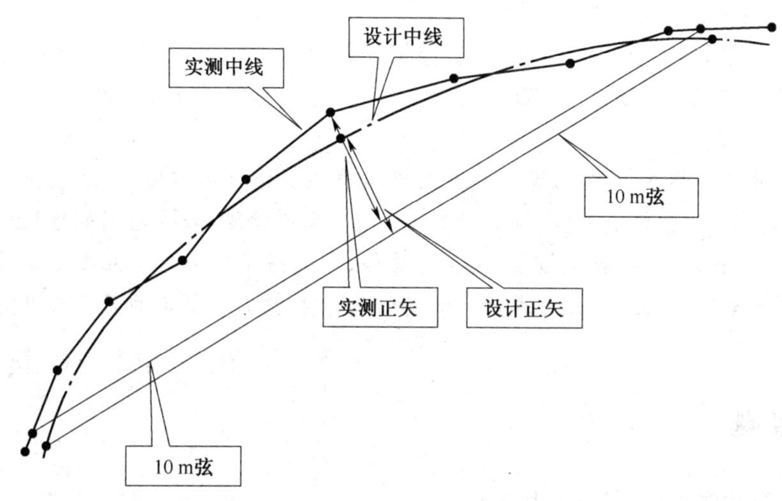

图 6-25　轨向/高低检测示意图

（二）检测方法及流程

1. 基础资料的准备

（1）CPⅢ控制点测量成果。

（2）经批准的设计文件及变更的设计文件（包含五大桩坐标表、曲线要素表、断链表、坡度标对照表、曲线超高表）分左线、右线分别收集。

2. 检测作业流程

线路中心处自由设站，后视 8 个 CPⅢ控制点，由机载软件解算出测站三维坐标后，开始配合轨检小车进行轨道检测。轨检小车由人推着在轨道上缓慢移动，由远及近地靠向全站仪。检测点一般位于轨枕之上。作业流程如下：

（1）前往现场检测之前在计算机中对设计数据（平曲线、竖曲线、超高）复核无误后输入到测量控制软件中。

（2）把 CPⅢ成果输入到全站仪中。到达现场后对控制点进行检查，确保控制点数据（平面坐标及高程）正确无误，检查控制点是否受到破坏。

（3）为了确保全站仪与轨检小车之间的通视，以及测量的精度，测量区域应尽量避免其他施工作业。

（4）使用 8 个控制点（CPⅢ）进行自由设站，全站仪自由设站时，平差后东坐标、北坐标和高程的中误差应在 1 mm 以内，方向的中误差应在 2″以内，否则应重新设站。

（5）进行正确的测量设置，比如高程以内轨为基准、超高以 1.5 m 为基长等。

（6）轨检小车每次测量作业之前都要对超高传感器进行校准。

(7)全站仪搬站后前后两个区间的测量需交叠5～10 m。

(8)测量完成后，输出轨道几何参数，制作报表并进行评价。可根据需要定义报表的输出内容，选择性的输出轨道平面位置、轨面高程、轨距、水平/超高、轨向(长波和短波)、高低(长波和短波)等参数的偏差。

本章小结：高速铁路在运营中，受动车组频繁作用和区域自然作用，轨道几何状态必然会有一定变化。高速铁路运营维护机构，应定期对线路进行动态检测，查找出问题区域，在问题区域，用静态检测方法查找问题点，若有超限，应及时维修，保证高速铁路应有的高平顺性。高速铁路的检测工作，要严格遵守铁路总公司颁布的规范和规则，按铁路局制定的规章组织实施。

思考题

1. 高速铁路检测目的、任务是什么？
2. 高速铁路工程测量平面控制网是怎样布设的？
3. 怎样布设无砟轨道CPⅢ控制点？如何测量其平面坐标和高程？
4. 高速铁路检测的主要设备、工具有哪些？各设备及工具检测的主要内容是什么？
5. 轨检小车的检测内容有哪些？检测流程如何？

第七章

高速铁路防护技术及设备

本章要点:本章重点介绍高速铁路安全防护技术和防护设备,以及防灾减灾的具体办法、实施和操作标准等。通过学习,要求学生了解世界高速铁路灾害防护系统状况,熟悉大风、雨雪、地震以及异物侵入等防护技术与防护设备设置及要求;熟悉高速铁路线路设施的灾害诊断、监测与运行管制规定;了解国外高速铁路安全保障体系的基本构成。

在高速铁路,当列车运行速度达 300～350 km/h 时,任何灾害或事故的发生都可能造成毁灭性的灾难或损失,轻者列车脱轨、中断行车,重者线路、桥梁或隧道遭受破坏性损坏,且车毁人亡。2004 年 10 月 23 日在日本新泻县中越地区发生地震时,新干线列车“朱鹮 325”号正以 200km/h 的速度行驶在震中,由于有“早期地震监测报警系统”使驾驶员及时了解地震情况,在驾驶员已感到强烈摇晃时仍能沉着冷静地操作,对列车采取减速措施。在 10 节车厢中有 8 节脱轨的情况下,列车仍行进约 1.6km。虽然铁轨弯曲变形、车身倾斜 30°,在牢固的桥梁基础设施作保障下没有出现翻车,151 名旅客安然无恙。

高速铁路发达的日本、法国、德国,以及采用引进技术的西班牙、韩国和中国台湾高速铁路,均采用先进的灾害防护技术来加强对灾害的有效防护。

我国在《高速铁路设计规范》中对各种灾害的防护明确规定了设计要求:①选线:绕避不良地质体;②抗震:线路、桥梁及隧道工程按国家标准《铁路工程抗震设计规范》进行抗震设计;③防洪:按照防灾减灾要求,提高基础设施抵抗连续强降雨、洪水等自然灾害的能力;④防风降噪:在强风地段设置风屏障;在人口密集地段设置声屏障;⑤防冰雪:道岔设置除雪融雪装置,接触网设计考虑温度、覆冰厚度等气候条件要求;⑥防雷及防电磁干扰:电子电气设备考虑防雷、防电磁干扰设计。

第一节 高速铁路安全防护体系

一、高速铁路灾害种类

高速铁路主要灾害的种类和防护措施见表 7-1。

表 7-1 主要灾害及防护措施

灾害种类	灾害后果	工程防护措施	防灾安全监控	
			监测设备	处理方法
风灾	危及行车安全,使行驶的列车不平稳。达到某临界状态时易侧翻颠覆	结合地形在线路迎风侧设置挡风墙	风监测	监测危险地段的风向风速值,根据风向风速值、列车运行工况、线路设施状态对列车进行限速
水灾	雨、洪水易引发线路积水、塌方、泥石流、滑坡、洪水冲垮桥梁及路基等	依靠牢固坚实的线路桥梁等基础设施作保障	雨、洪水监测	监测危险地段的降雨量和洪水水位值,根据监测值和线路设施状态等对线路及时巡检和对列车进行限速
地震	破坏线路桥梁,易使行驶的列车发生车毁人亡	线路桥梁基础设施加强抗震设防	地震监测	监测地震波形数据,当达到报警门限值时切断接触网供电电源,迫使行驶的列车紧急停车
异物侵限	山体风化发生崩坍。铁路处落物,侵入限界,危及行车安全,易发生车毁人亡事故	危险地段加强防护工程。采取钢结构、钢丝绳网等防护措施	异物侵限监测	采用双层监测报警电网实时监测,当监测到预警或故障时,通知维修;当监测到报警信息时,立即对列车进行停车

二、国外高速铁路防护系统

目前,国外高速铁路防护系统可分为三个体系,分别以日本、德国、法国为代表。

1. 日本新干线防灾安全系统

日本新干线采用综合防灾系统(ARISS),包括地震检测系统、台风预警系统、雨量超标报警、落石报警、积雪深度计、水位报警预警系统等子系统,这些系统都与运输调度指挥中心连接。当自然灾害袭来时通过切断供电电源或经自动控制系统控制列车减速运行,调度指挥中心建设有完备的安全防灾监控系统,各个防灾监测点采集到的地震、风速、降雨等信息能实时传输至调度指挥中心,一旦达到设定警戒线就会自动报警,根据设定程序触发设备动作或提示调度员及时采取相应措施。

2. 法国 TCV 高速线调度防灾系统

法国 TCV 高速线综合调度防灾系统主要是以调度集中为核心，依靠车—地间的可靠通信将列车、沿线设备和控制中心联系起来形成一个完整的系统，调度控制中心与车载设备（包括 TVM300 或 TVM430 机车信号、故障监测和诊断装置，车载局域网等）相连接，通过网络将沿线分布的接触网、热轴、风、雨、雪、桥隧落物等各种监测设备的预警信息进行处理后，进行列车运行调整控制。

3. 德国 ICE 高速铁路调度防灾系统

德国 ICE 高速铁路调度防灾系统主要是基于 LZB 系统，列车—地面间实现双向通信，列车上装设的险情报警信息系统（包括风、雪、塌方、热轴等子系统）、车载无线故障监视诊断系统与地面控制中心和维修中心构成了集行车调度指挥、控制、故障监测、维护等功能于一体的防灾系统。

综合世界各国的高速铁路灾害防护安全系统可以发现一个共同点：防灾系统的指导思想都是当灾害发生时，防灾系统能第一时间发出预警或采取动作，使正在运行的列车停车或降速，最大程度地减少灾害引发的列车运行人身伤亡事故。通过制定灾害发生后的应急组织措施以避免发生更大的次生灾害。

三、我国高速铁路安全防护监控体系的建立

我国高速铁路安全防护体系的构建原则是：灾害防护以相应工程措施的主动防护为主，根据沿线的气象、地形地貌、地质条件以及线路周边环境、运营速度，选用相应的子系统，合理构建客运专线防灾安全监控系统。安全防护系统是风监测、雨量监测、雪深监测、地震监控以及异物侵限监控等子系统的集成系统（图 7-1、图 7-2）。

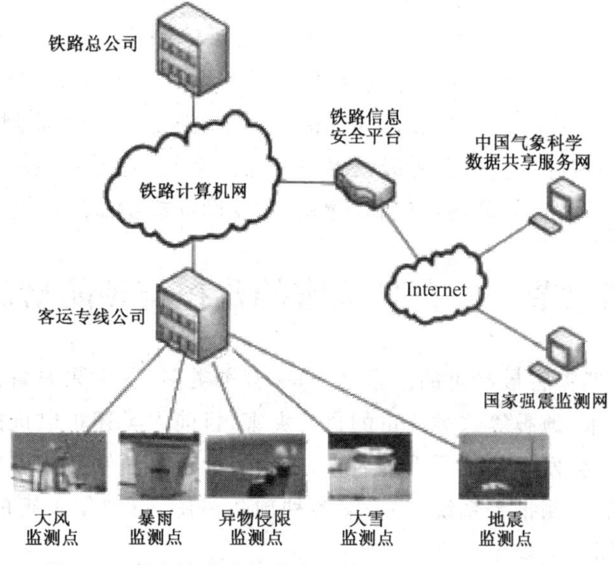

图 7-1　高速铁路防护安全监控系统网络结构示意图

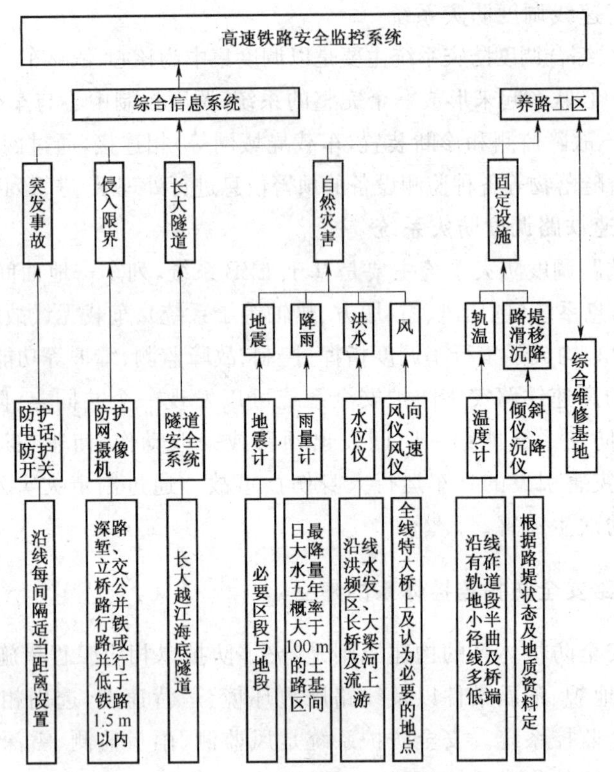

图 7-2 高速铁路安全监控系统框图

我国的高速铁路防灾安全监控系统总体要求：①风监测系统，沿线风速值超过15 m/s的地区建立风监测系统；②雨量监测系统，沿线年降雨量大于 200 mm 的地区设置雨量监测系统；③降雪监测系统，10 年最大积雪深度 36 cm 以上的地区设置降雪监测系统；④地震监测系统，目前已开始在京津城际高速铁路等线设置地震监测系统；⑤异物侵限监测系统，公跨铁桥梁上方、部分公铁并行路段、部分隧道口和高路堑地段设置落物监测系统。

第二节　自然灾害的监控与预防措施

我国是世界上自然灾害最严重的国家之一，灾害种类多、发生频率高、分布地域广、造成损失大。强风、暴雨、洪水、地震等这类严重的自然灾害，目前人类还难以抗拒。高速运行的列车如遇到这类灾害，可能会发生十分严重的后果。因此，针对高速铁路通过地区实际可能发生的自然灾害，建立相应的监测报警系统，并采取各种预防措施，以便使灾害的破坏降低到最小程度，或避免灾害的破坏。

防灾安全监控系统主要是对危及高速铁路列车运行安全的自然灾害(风、雨、雪)、异物侵限及非法侵入等进行监测报警，提供经处理后的灾害预警、限速、停运等信息，为列车调度员进行列车运行计划调整，发布行车限速、抢险救援等命令提供依据，保证列车运行安全。

防灾安全监控系统是确保动车组运行安全的重要基础装备之一，属重要的行车设备，按《铁路技术管理规程(高速铁路部分)》第134条中一类设备进行管理，由建设、设备管理牵头单位负责按规定落实相关电源。

防灾安全监控系统应具备实时性、可靠性、准确性、安全性，采用的现场监测设备应具有免维护或少维护功能，系统功能和设置应符合中国铁路总公司、铁路局有关规定，经建设、运营管理部门组织有关单位验收合格后方可投入运行。

一、风灾

1. 探测器的设置和列车限速标准

特大桥梁、车站、变电所一般要设风向风速计；空旷地带风期长、风力强劲的风口地区也应设置风向风速计。气象部门一般只提供大范围的气象概况，这种粗略的天气形势不能可靠地对具体的行车地段进行预报。强风时的行车警戒值通常以瞬时值为基准，风的危害与地区条件关系密切，在所有重要的区段都必须进行实时监测。

在环境风风速不大于6级风时，列车可以正常速度运行；当有7级风(13.9～17.1 m/s)时列车限速250 km/h；8级风(17.2～20.7 m/s)时列车限速160 km/h；9级风(20.8～24.4 m/s)时列车限速120 km/h；10级风(24.5～28.4 m/s)时应封锁线路。

在邻靠站台线路办理动车组列车通过时，风速不大于15 m/s情况下，速度不得超过80 km/h；当风速超过15 m/s时，动车组运行速度不得超过45 km/h。

当环境风继续加大或逐步减弱达到一个限速等级时，防灾安全监控系统自动发出相对应的报警信息。列车调度员应根据不同的报警信息，及时向动车组列车发布限速调度命令。

防灾安全监控系统工作异常以及监控终端接收不到风速监测点的数据时，工务段监控终端，调度所列车调度、工务处调度监控终端自动报警，工务段调度员应立即报告调度所列车调度员和铁路局工务调度员，并做好设备故障登记。同时，通知并组织车间及设备厂商技术人员赶赴现场进行修复。

当防灾安全监控系统风速监测子系统故障尚未解除前，如遇风速监测子系统故障区段天气预报7级及以上大风天气时，由设备所属工务段在相应车站或调度台“行车设备检查登记簿”内登记限速条件，列车调度员按照登记限速条件向相关列车司机发布限速调度命令。限速规定如下：7级(含)运行速度不大于250 km/h，8级(含)运行速度不大于160 km/h，9级(含)运行速度不大于120 km/h，10级及以上禁止列车进入风区。风速监测子系统故障区段风速减弱后，设备所属工务段在相应车站或调度台“行车设备检查登记簿”内销记。风监测子系统故障解除后，按系统提示要求运行。

风级风速换算见表 7-2。

表 7-2 风级风速换算表

风级	风速(m/s)	风级	风速(m/s)	风级	风速(m/s)
0	不足 0.3	6	10.8～13.8	12	32.7～36.9
1	0.3～1.5	7	13.9～17.1	13	37.0～41.4
2	1.6～3.3	8	17.2～20.7	14	41.5～46.1
3	3.4～5.4	9	20.8～24.4	15	46.2～50.9
4	5.5～7.9	10	24.5～28.4	16	51.0～56.0
5	8.0～10.7	11	28.5～32.6	17	56.1～61.2

风向风速探测器的设置地点，根据当地地理环境和铁路构造物的结构决定。由于铁路的修建，影响到当地的自然环境，所以在设备布置时，要对修建完的铁路线路进行测量，对每个要设置风向风速探测器的地点进行风险评估研究，根据风的影响情况进行选位，合理布设风向风速探测器。高铁防灾安全监控系统风速风向计采用每个监测点设置 2 套，其中超声波式风速风向计具有雨量监测功能。风速风向计托架安装在接触网支柱上，垂直于线路方向，安装在托架上的风速风向计高度距轨面 4 m。现场控制箱采用小型化结构，固定在接触网支柱的位置。大风监测设施实景图如图 7-3 所示。

(a)

(b)

图 7-3 大风监测设施实景图

2. 挡风墙的作用

侧风对列车行车安全的影响主要表现为列车的倾覆和脱轨事故。随着列车不断提速以及

高速列车大面积的开行，列车由于侧风失稳而脱轨和倾覆的事故偶有发生，其中日本自从1986年12月余部事故以后的10年间又发生了3起强风引起的铁路事故。我国兰新铁路多次发生列车被大风吹翻的事故。2007年2月28日，一列从新疆乌鲁木齐驶往阿克苏的5807次列车行至南疆线吐鲁番境内时，因13级大风造成11节车厢被吹翻，导致3人死亡，34名旅客受伤，南疆线被迫中断行车。解决风对行车安全影响问题主要可以从两方面着手：合理的车辆运行管理；合理的工程措施。风障，尤其是在强侧风作用下，是解决桥面行车安全和舒适性问题的主要手段。

基于列车空气动力学和列车系统动力学数值模拟横风下高速列车通过挡风墙的动力学性能。以运行速度为350 km/h的高速列车通过一类挡风墙为例，分析高速列车通过挡风墙的气动力和动力学响应。当高速列车进入和离开挡风墙时，列车的安全性和舒适性指标明显变差。当横风速度为9.56 m/s时，车体横向振动加速度最大值达到2.5 m/s^2；当横风速度为15.0 m/s时，列车的脱轨系数超过0.7且轮重减载率超过0.8。在此基础上提出一类具有缓冲装置的挡风墙，使高速列车通过挡风墙时的安全性和舒适性明显改善。

据有关资料介绍，挡风墙效果明显，当挡风墙高度为3 m时，其墙后水平距离45 m位置的倾覆力矩系数为零。设有挡风墙，同样风速的情况下，可减少停运次数，提高车速。日本新干线经验证明：设置挡风墙的路段，大大降低了风对列车的影响。

挡风墙有下列各项指标：

(1)直线区间高度为1.3 m。

(2)超高90 mm以下的曲线区间高度为1.8 m。

(3)超高90 mm以上的曲线区间高度为2.3 m。

3. 声屏障的设置

随着我国交通运输事业的日益发展，尤其是近年来高速铁路、城市轨道交通和高速公路的快速发展，铁路、公路和城市轨道沿线噪声污染状况越来越严重，严重地干扰了沿线居民的生活、学习、工作等，损害了人们的身体健康。如何减少线路两侧的噪声影响成为亟待妥善解决的问题。铁路沿线的噪声是交通噪声的重要组成部分，在目前从声源上降低铁路噪声难以达到令人满意效果的情形下，设置铁路声屏障成为解决铁路噪声污染的一种有效的重要措施(图7-4)。

为了解决我国铁路尤其是高速铁路声屏障的降噪效果，对合宁铁路、合武铁路和京津城际铁路等线路的声屏障降噪效果进行实测，针对高速铁路列车运行噪声特性对声屏障降噪效果的影响因素进行分析，从而为新建高速铁路环境影响评价，声屏障设计、建设及相应的环境管理提供技术依据。声屏障降噪效果测量，测量方法按国家现行标准《声屏障声学设计和测量规范》(HJ/T 90—2004)和《声学各种户外声屏障插入损失的现场测定》(GB/T 19884—2005)中

图 7-4 高速铁路声屏障

规定的测量方法进行。测量结果对于开行 250 km/h 以下动车组的合宁、合武铁路，距铁路外侧轨道中心线 3.0 m，高于地面 1.5 m 处，3.05 m 高声屏障的降噪效果为 5～8 dB(A)。对于开行 350 km/h 动车组的京津城际铁路，测点位置、高度不变的情况下，当动车组运行速度为 300～350 km/h 时，声屏障的降噪效果为 3～6 dB(A)。

我国铁路的高速发展，在带来方便快捷的运输条件时，也给铁路沿线的环境造成一定影响。当对列车噪声源采取措施后仍然不能够满足环境质量要求时，可以在列车运行辐射噪声的传播过程中，通过设置声屏障阻隔噪声的传递，达到保护环境的目的。声屏障的降噪原理及其基本类型在产生噪声的声源和噪声的受声点之间存在一个物体时，就会导致声源发出的声音在传至受声点的过程中受到阻碍，与没有该物体存在时比较，产生了更多的衰减，减小了受声点处的噪声。声屏障就是根据这一声学原理设计的降噪设施。当声源受到障碍物遮挡时，在其后面形成声影区。在此区域内声音可明显地减小。理论上声屏障最高可降低噪声24 dB，但实际在声屏障“声影区”内，一般情况下噪声只能降低 5～10 dB。

目前国内外采用的铁路声屏障按照形式可分为直立型、倾斜型、倒 L 形、Y 形、T 形和全封闭型等；按照声屏障的结构可分为金属结构、砖结构、混凝土结构、木结构、有机材料结构等；在结构上还经常采用声学结构来提高声屏障的降噪性能，如内侧吸声结构、顶端吸声结构以及干涉结构等。

根据有关技术标准设置不同结构形式、不同高度的声屏障。声屏障的高度不宜超过轨面以上 20 mm，特殊地段声屏障高度超过轨面以上 20 mm 部分宜采用透明材料。

声屏障应设置伸缩缝，接头处应采用柔性连接，并必须做密封处理。设置声屏障的桥梁，其桥面应予密封。声屏障设置应符合铁路建筑限界的规定，并符合铁路设施检修和维护的要求，严禁对铁路视觉信号形成遮蔽。

二、水灾

高速铁路线路路基、桥梁等基础设施设计标准高，抗洪水灾害能力比普速铁路强。但据国外有关资料报道，仍有洪水冲毁线路路基的情况发生。为保证高速铁路的安全行车，还应加强对洪水监测、报警和预防，及时巡检和对列车进行控制。

探测器的设置和列车限速标准，应根据地形、气象资料（降水记录）、线路状况等条件综合考虑，所需地段设置雨量探测器，大江河流地段设置水位探测器。

1. 雨量及放行列车条件

防洪重点地段：当小时降雨量达到或超过 45 mm，限速 120 km/h；当小时降雨量达到或超过 60 mm，限速 45 km/h。其他地段：当小时降雨量达到或超过 45 mm，限速 160 km/h。

当降雨量达到临界值时（具体警戒值见表 7-3），防灾安全监控系统监控终端自动报警，列车调度员应根据报警信息立即向动车组列车发布限速调度命令（防灾系统自动生成限速里程及限速值，下同），对来不及发布调度命令的列车，应立即通知动车组司机限速运行，动车组司机应按相应的限速要求运行。

表 7-3　高速铁路降雨量警戒值表

线名	区段	出巡警戒值(mm)	限速警戒值(mm)			
		12 h	1 h	3 h	连续	限速(km/h)
郑西高铁	郑州西—荥阳南	20	30	60	100	由巡视或添乘人员根据现场情况进行限速
京广高速	管内全线（含郑州东联络线）	25	45	—	—	120
			60	—	—	45

工务段应根据高速铁路防洪管理办法，执行降雨量（洪水位）警戒防范制度，切实做好冒雨检查和汛期重点地段临时监护工作。根据雨量报警信息安排人员进行冒雨巡查或登乘机车检查；需申请开行轨道车检查或临时停点登乘机车检查时，列车调度员应及时发布调度命令。

工务人员巡查确认线路路基设备安全后，应立即向本单位调度汇报。工务段调度填写《暴风雨天气取消或提高列车临时限速申请书》盖章后传真至铁路局工务调度，并电话确认。当报警监测点的 1 h 降雨量降至 20 mm 及以下，且持续 30 min 以上，可解除限速。工务调度员接到报告后，应通过监控终端确认报警监测点的降雨量，并向列车调度员申请取消动车组临时限速运行的调度命令（通过铁路局工务调度监控终端设置取消），并电话确认。

2. 雨量及洪水监测系统

雨量及洪水监测系统由水文气象数据采集终端(风速、风向、气温、气压、雨量、水位、冲刷探测、洪水测量及防撞监视等)、数据处理与预报(中央装置)、数据传输与控制三大部分组成,系统结构如图 7-5 所示。

高速铁路受降雨及洪水的破坏,主要表现在路堤、桥梁破坏以及路堑自然边坡破坏三大方面。路堤破坏类型主要有边坡侵蚀、堤内水位上升、排水不良、周围环境影响;桥梁破坏主要有桥墩台过度冲刷、桥梁撞击、水位过高;路堑自然边坡破坏,很大一部分也是由雨水冲刷造成的。因此,应针对上述情况考虑设计相应的探测及数据采集设备。

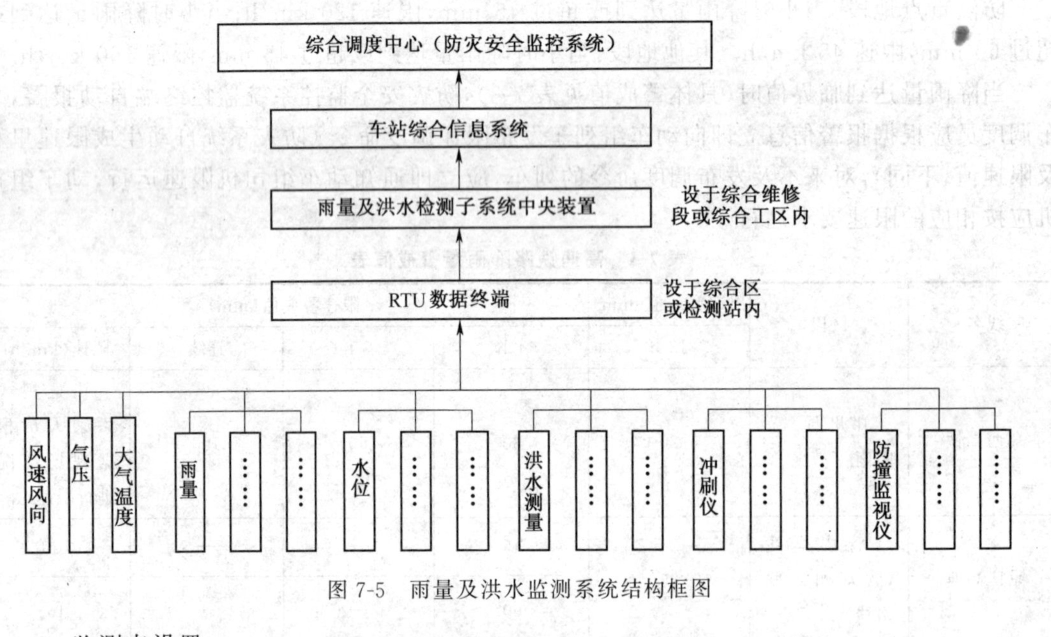

图 7-5 雨量及洪水监测系统结构框图

3. 监测点设置

(1)沿线 5 年一遇日最大降水量大于 100 mm 的区间,每间隔约 25 km 处。

(2)位于山坡山脚地带的填土路基,有可能发生滑坡、泥石流或路基下沉的路堑、路堤、隧道入口等处。

(3)雨量计(图 7-6)宜设在综合维修段、综合工区或车站所在地附近并应安装在无遮掩、宽敞的场所,高度宜在地面以上 1～4 m。

(4)水位观测仪及冲刷测量仪设于冲刷威胁桥梁安全的桥址处。

(5)洪水测量仪设于洪水频发地区和重要河流上游。这些地区应根据当地水文气象、地质地理条件,历史上洪涝资料,通过相应的“产汇流模型”及河道洪水“演进模型”,对未来洪水进行预测预报并进行具体选点。

(6)防撞监视仪设于通航且可能发生船舶撞击桥梁、威胁行车安全的河流上。

4. 报警及相应措施

降雨警报标准及行车管制措施、巡检区域或巡检方式按各区段线路基础状况、气候与地理条件和致灾洪水强度综合分析结果而定。雨量按小时雨量、连续雨量、累计雨量来确定警戒值。

对重点警戒区段,过去有过破坏历史的,按该地历史记录中破坏时的最小值的90%作为发布警戒的标准;无破坏历史的,按过去10年间5～11月的最大累计降雨量的90%作为发布警戒的标准值。水位及冲深警报标准还应综合桥梁梁底到水面净高、禁止通航水位、桥墩台耐冲刷能力、护岸堤防强度等加以考虑。

图7-6　高铁雨量记录仪安装实景图

警报标准达到警戒及巡检标准时,应加强地面巡检或添乘巡检,异常情况及时报调度中心;综合工区应做好加固与维修准备工作;车站应做好救援的准备工作。

雨后,路基等结构物受害程度可能要经过一定时期才能有所反映,因此,需根据现场实际情况,地面巡检或添乘巡检确认安全后,才能按一定的标准恢复运输。

三、雪灾

1. 雪灾及行车管制

当运行区段降中雪或积雪覆盖轨枕板或道砟面时,无砟轨道区段限速250 km/h及以下,有砟轨道区段限速200 km/h及以下;当运行区段降大雪、暴雪时,无砟轨道区段限速200 km/h及以下,有砟轨道区段限速160 km/h及以下。

当无砟轨道区段轨道板积雪厚度10 cm以上时,限速200 km/h及以下;有砟轨道区段道砟面积雪厚度5 cm以上时,限速160 km/h及以下。

雪量监测子系统应具备降雪监测报警功能(图7-7)。根据降雪情况,工务设备需限速时,由工务部门在调度所登记限速申请;电务部门需限速时,可向工务部门提出书面申请,由工务部门在调度所登记限速申请。电务、工务部门根据积雪量变化情况,可提出提速或进一步限速申请,列车调度员应及时发布限速命令。

2. 冻害及融雪装置

铁路站场道岔是车站运输设备的重要组成部分,对道岔的技术状态要求很严格,当尖轨尖端与基本轨有4 mm以上的间隙时,不能锁闭进路和开放信号。在寒冷地区冬季降雪天气里,

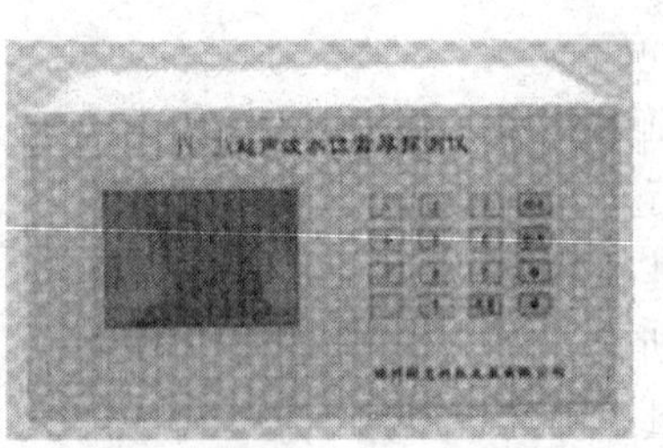

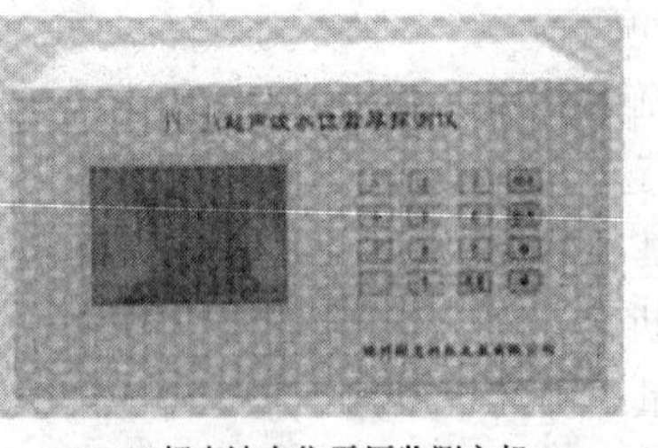

PC-2X超声波水位雪厚监测主机

美国超声波水位雪厚传感器

图 7-7　PC-2X 超声波降雪深度监测仪设备图

如果铁路道岔除雪不及时，道岔内积雪或结冰，导致道岔尖轨尖端与基本轨无法可靠密贴，直接影响车站接发列车和调车作业的正常进行，严重时可造成铁路运输中断。随着国内高速铁路的快速发展，严寒地区冬季道岔融雪问题成为影响高速列车安全正常运行的关键。

根据严寒地区的气候特点和高速铁路的实际要求，道岔融雪设备不仅要实现道岔的快速融雪，达到良好的融雪效果，在抗震性、设备安装的牢固性以及综合布线方面也要满足相关技术要求。

(1)国外道岔融雪方式主要有电热式、燃气加热式、压缩空气式、喷灯式、温水喷射式等加热方式。总体而言，可实现全自动遥控的，利用安装在道岔基本轨轨腰或轨底上部、或安装在滑床板上的加热条(棒)或加热管的加热道岔化雪方式，已成为铁路道岔融雪设备的主流。

国外道岔加热融雪系统的加热元件可以承受极端恶劣的铁路工作环境，如连续、剧烈的铁路震动，冰水、积雪、除草剂、柴油、润滑油、草酸和融雪剂等的侵蚀。同时，系统还配有自动控制系统，通过采集铁轨温度、空气温度及湿度和积雪三个传感器的信号，控制道岔加热系统的工作，并可通过光缆实现远程集中监控，动态监测环境温度及湿度、铁轨温度、降雪状态和加热融雪系统的工作状态等参数。该系统适应现代铁路高速、安全、高度自动化等要求，但引进价格相对较高。

(2)国内铁路道岔融雪设备的开发和应用起步较晚，到 20 世纪 90 年代，冬季道岔除雪基本是靠人工清扫方式[图 7-8(a)]在人员投入和管理成本上消耗巨大，1996 年开始，国内一些企业就开始考虑利用融雪设备进行除雪[图 7-8(b)]并开始融雪设备的研制。

国内融雪系统主要有两种安装方式：一种是产品预装在滑床板内，另一种是加热元件固定在基本轨上。加热元件装在滑床板内不能在道岔尖轨整个长度上实现有效加热融雪，特别是枕木间尖轨的积雪会残留较长时间。滑床板结构加热元件若损坏，更换困难，费时费力。加热元件固定在基本轨上的加热方式安装、更换方便，能提高融雪效率，为国家节省电力能源。但加热元件全部由国外进口，这样会导致加工周期长，成本高。

(a)

(b)

图 7-8 人工清扫和融雪系统除雪实景图

高速道岔是高速铁路轨道结构的重要组成部分，其机构与状态对列车运行的安全性、平稳性、旅客的舒适性具有重要影响。电加热元件是道岔融雪系统的关键部件，直接关系到融雪效果和能源消耗，加热元件设计中最主要的就是如何提高加热效率和速率。目前，远红外技术在其他领域已表现出明显的热辐射效果，经试验证明，远红外技术应用加热线，也极大地提高了加热线的热辐射效果。热辐射效率的提高，使得道岔尖轨与基本轨的间隙处的积雪融化时间减少，从而达到节能的目的。

高速铁路的快速发展对北方冰雪天气的行车安全提出了很高的要求，高速铁路不同于公路，不能在轨道上撒盐融雪，否则会对钢轨造成损坏，而传统的人工清扫道岔积雪从人工成本、安全性以及时效性都已不能满足要求，在道岔上加装融雪系统就是最好的解决办法，由于其具有加热和远程操作功能，在出现大雪冰冻时，可远程启动安装在各道岔上的加热条，使冰雪迅速融化，以有效解决高速铁路因大雪冰冻引起的道岔不能转换问题。

四、地震

地震对高速铁路线路的危害最大，除了要加强线路、桥梁结构外，还要进行地震监测报警系统的使用，力争在具有毁坏力的地震 S 波到达前及早并尽可能使列车停运，以减轻地震造成的损失。日本新干线在铁路沿线和海边分别设有地震监测系统，用以监测地震 P 波，以便地震时及早使列车停运(图 7-9)。

1. 地震预警原理

利用地震波与电磁波传播的时间差和地震 P 波与 S 波的到时差，监测系统自动给出地震预警信息，争取地震能量传递的短短数秒钟乃至数十秒的时间，使高速行驶的列车尽快把车速降下来或停运。

2. 地震监测点的设置和报警标准

根据我国《铁路工程抗震设计规范》(GB 50111—2006)的规定，位于地震烈度大于Ⅶ度地

图 7-9　地震监控仪设备实景图

区的结构物,应进行抗震设计。因此也暂定在地震烈度大于等于Ⅶ度地区设地震监测系统,而烈度Ⅶ度相当于地震动峰值加速度为 0.1 g,即在地震动峰值加速度≥0.1 g 的牵引变电所设置地震监测点(感震房),当监测到地震信号达到 45 gal 时报警,并切断该牵引变电所接触网供电电源,使接触网供电范围内(约 50 km)的列车紧急停车。

3. 地震监测系统的安装

地震监测系统由拾震及数据处理设备,信息通信接口及传输设备,综合调度中心监视设备三部分组成(图 7-10)。

拾震设备包括沿线变电所内的地震仪及特定地点的 P 波检测仪。变电所内的地震仪有两种,一种是加速度报警仪,另一种是显示用地震仪(图 7-11)。

特定地点的 P 波检测仪能有效监测到地震,并为高速列车最大限度地减少损失,其检测点最好设在潜在震源位置附近。

地震监测系统的安装和使用有其自身的特殊性,安装在铁路沿线的牵引变电所感震房内,应尽量排除人为干扰,远离振动源(如采石场等)。感震房地基基础要求比较严,最好挖一个较大的深坑,采用混凝土浇筑,周围用护栏围上。感震房应配有通风装置,保持规定的温(湿)度,防尘防雷性好,抗电磁干扰性强。

变电所内感震柜、车站综合信息系统与综合调度中心之间非实时处理信息,应采用高速铁路专用数据通信网传输,实时处理信息,进入专用通道传输。

综合调度中心监视设备接收车站综合信息系统传来的地震报警信息,以此控制沿线列车运行状态及组织救灾工作。

4. 监测报警及预防措施

加速度报警仪检测到 45 gal 的水平地震加速度时发出警报信号,并应根据震后线路的地

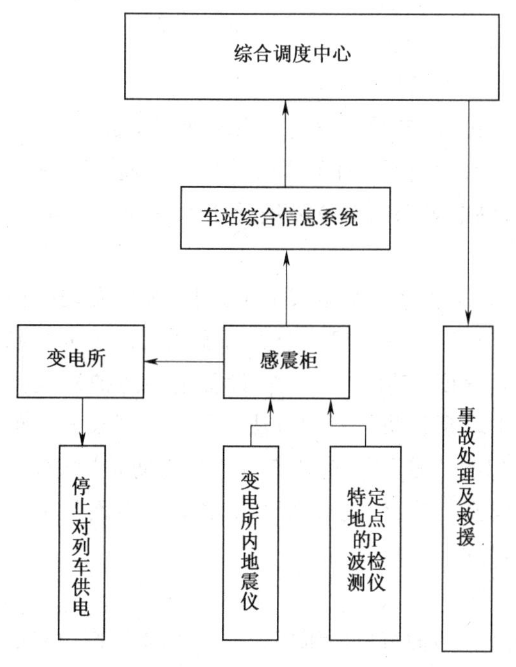

图 7-10　地震监测系统结构框图

图 7-11　高铁地震测量仪实物图

震烈度或地震动加速度来决定巡检区间、巡检方式和列车的限速要求。特定地点的 P 波检测仪的数据处理设备，分析判断震级及震中距线路各点的距离，若在警戒域内，即向相关变电所发出警报；若经 P 波分析得出的震级——震中距落在警戒域内需发出信号，并使牵引变电所内主断路器跳闸。

变电所内显示用地震仪可显示水平地震加速度波形，进一步判断加速度报警仪发出警报的可靠性，并为震后运行管制提供数据。由加速度报警仪发出的警报，应根据震后线路的烈度值来决定巡检区间、巡检方式和列车的限速要求，以及控制变电所停止供电。由 P 波检测仪发出的警报，应根据检测到的地震信息(震级及震中距)对线路进行分级。根据线路级别，并综合考虑地震发生时降雨量、轨温及线路能见度决定巡检区间、巡检方式和列车的限速要求，以及控制变电所停止供电。

第三节　异物侵入限界防护与监控

高速运行列车的动能与惯性力都很大，若有异物侵入线路，列车难以在短时间、短距离内

立即停车。高速铁路上的落石、崩坍或滑坡侵限问题，主要通过工程建设措施(主要指沿线的防护网、站台防护设施、与公路或既有铁路平行交叉时的防护工程等)解决。必要处设置监视系统，将侵限信息及时传递到综合信息中心，及时布置现场排查，以控制列车运行。

异物侵限监控子系统监测到侵入铁路限界的异物后，自动触发列控系统使列车自动停车，列车调度员发现防灾监控终端发出异物侵限灾害报警信息后，列车调度员应立即通过视频监控系统进行查看确认，并由调度员安排工务、电务、供电等部门对故障进行处理。

1. 防护工程

公路跨铁路的立交桥、公路与铁路平行地段。为防止汽车翻落或冲上路基，都应安装防护装置。在跨越铁路的公路桥两侧安装钢性防护栏。在靠近铁路侧的公路旁安装钢性防护栏或护缆，上述防护设施要求能耐 14 t 卡车以 80 km/h 速度 15°角冲击。在设置钢性防护栏或护缆时，还要防止汽车所载的货物落入高速铁路内，采取延长防护栏的方法。在汽车开来方向距轨道中心 40 m 以上，开去方向距轨道中心 20 m 以上。崩塌落石处安装钢丝绳防护网，对有可能发生滑坡处进行挡土墙加固。高速铁路跨越或并行公路、既有铁路，其桥墩外侧面认为有必要时，应设防撞击设施。与防护工程同时设置边界故障报警装置。

2. 监测报警设备

公路跨越铁路的立交或与公路平行地段、崩塌落石处设置异物侵限监测报警网，报警网由双层互不干扰的监测电网实现，如果落物(石)只破坏了一层防护电网。系统仅发出预警或故障信息通知维修，预警信息不会控制列车；如果落物(石)同时破坏了两层防护电网，两个监测网同时报警，则报警信息通过本系统传输到信号系统。依靠信号系统直接对列车进行停车控制。此过程事发突然，由不得调度人员人工确认再进行列车控制，所以该监测报警设备必须安全可靠，安全级别要达到信号联锁级。在有可能发生滑坡地段设置滑坡位移监测报警设备，并将报警信息通知到综合维修部门。异物侵限监控实景图如图 7-12 所示，异物侵限防护网实景图如图 7-13 所示。

图 7-12　异物侵限监控实景图

(a)

(b)

图 7-13　异物侵限防护网实景图

3. 其他安全防护措施

为避免闲人进入高速铁路线路范围内有碍高速列车运行，沿线路两侧或在铁路用地限界处，设置金属防护网，每隔一定距离设禁止入内警示牌。

明线区间两侧和隧道内两侧分别交错设置列车防护开关，站台上每隔一定距离设列车防护开关。可通过控制 ATC 信号使列车安全停车。设置防护开关的地点设置防护电话，便于现场与综合调度中心联系。防护电话可采用有线或无线通信。

凡有高速列车通过的站台，在站台安全线设置固定防护栅和车门处的活动防护栅。

第四节　线路防护设施的安装与维护

高速铁路线路安全防护设施是铁路线路的重要组成部分，是确保行车安全的重要屏障。主要包括：防护栅栏（含围墙、声屏障）、公铁并行桩、上跨立交桥防抛网等设施。

一、防护栅栏

高速铁路封闭型式采用钢筋混凝土栅栏、围墙或声屏障。

封闭栅栏一般设置在地界以内 0.5 m 处，防护栅栏外侧有效封闭高度不低于 2.2 m。人口密集区、村镇、车站两端、上跨桥下线路两侧等特殊地段，应加高到不低于 2.7 m；栅栏肋柱间隙不大于 10.5 cm，不符合标准的在栅栏外侧采用热镀锌网片加密；混凝土栅栏下槛到地面底空不得大于 10 cm。

铁路高架桥 3 m 以下矮墩地段应予以封闭；新建高速铁路与既有铁路并行时，两线间应进行隔离封闭。共站且线间距小于 6 m 的区段可不封闭,以站区封闭为主。

同一条铁路防护栅栏形式应统一,铁路区间根据路内单位作业需要可适当设置作业通道(门),两通道间距离原则上不得少于 3 km。

防护栅栏除具备基本封闭功能外,还应兼顾美观。根据通用图集"严、直、齐(平)、美、稳"的要求,应做到"基础稳固,满足功能;构件精致,整体统一;线形平直,顺接合理;色泽一致,景观和谐"。

混凝土栅栏立柱外侧每隔 30 m 设置警示标识。在设置警示标识的立柱上预制内凹的"禁止入内"字样,采用黑体字形,字高 80 mm,字体内部涂红色油漆。

二、上跨立交桥防抛网

公路(或人行天桥)上跨高速铁路时,公路桥两侧铁路上方必须设置防抛网。当公路机动车辆防撞、防坠落设施不能有效作用时,桥梁两侧距离最外股铁路中心线 30 m 范围内须设置防护墩或防撞墙。

防抛网端部距离最外股钢轨垂直距离不得少于 20 m。自上跨桥路面至防抛网顶部不低于 2.5 m。防抛网孔径:网眼不大于 1.5 cm×1.5 cm。防抛网材质要求:上部结构金属部件表层应进行热镀锌+浸塑处理,热镀锌量 270 g/m^2,浸塑厚度 0.8～1.2 mm,浸塑颜色为墨绿色。

防护墩、防撞墙结构:钢立柱、基础等整体结构须经过设计检算,满足一定的抗风能力和绝对的牢固性。

三、公铁并行防护桩

公路与铁路并行相距在 12 m 以内,且公路路面高于轨面或低于铁路轨面 0.5 m 以内、机动车辆容易冲(坠)入铁路线上的地段均要安装公铁并行防护桩。

公铁并行防护桩由立柱及横梁组成,为方便施工及取材,一般采用废旧钢轨焊接(或铆接)加工而成。立柱间距视现场情况采用 23 m。立柱高 1.8 m,埋入地下 1.0 m,立柱基础采用 C25 混凝土浇筑,浇筑尺寸为 600 mm×600 mm×1 000 mm。

并行桩的所有构件均应进行严格的防腐防锈处理。立柱和横梁均需涂醒目或反光的涂料,采用黑黄相间色间距 200 mm。

公铁并行桩中心距路肩边缘不得小于 0.8 m。

四、声屏障及围墙

声屏障按部通用图或相关标准设计、施工,应确保设施倾覆时不得侵入铁路限界。

围墙一般应用于站内封闭,高度不低于 2.7 m,低于 2.7 m 的应加高。形式应兼顾稳固、

美观，做到一站一景，并确保倾覆时不侵入铁路限界。

五、通道(门)

通道门材质、规格、尺寸按与栅栏配套的通用图进行加工、安装，必须具备锁闭功能。通道(门)应设反光警示牌，尺寸 500 mm×600 mm，颜色采用黄底黑字，字样为“铁路作业人员专用通道，禁止其他人员入内”(图 7-14)。

通道(门)应设通道信息牌。通道信息牌与安全警示牌大小相同，颜色采用白底黑字，信息牌印刷内容包括：通道编号(编号以全线为单位按上下行分别编号。下行自起点按 1、3、5…奇数编，至终点止；上行自起点按 2、4、6……偶数编，至终点止)行别里程、上一通道里程、下一通道里程、使用单位及共用单位名称、所属派出所等信息。

图 7-14　检查维修通道门实景图

六、防护设施的设置程序

高速铁路线路防护设施的设计、制作、埋设、安装方案须经铁路局建设处、工务处、运输处、公安局等相关部门共同审查，形成会议纪要后，方准进入施工阶段。

声屏障、围墙应由具有资质的单位进行建设、设计、施工，必须保证设施倾覆时不侵入铁路限界。

安全防护设施必须与铁路同步投入运营使用。建设单位应协调各施工单位在线路开通运营前按规定与设备管理单位办妥竣工验收交接手续，提供的资料应包括与铁路局栅栏管理台账统一格式的书面资料及数据库。

七、防护设备维护管理

防灾安全监控系统是重要行车设备，工务段是高速铁路防灾安全监控系统的设备维护管理牵头单位，工务、通信、电务、供电段应按照分工共同做好防灾系统的维护管理工作。

(1)防灾系统维护管理范围划分如下：

工务：现场风、雨、雪、异物监测设备，现场监测设备至通信基站(含车站)监控单元间电缆，监控数据处理设备，工务段、调度所(行车、工务调度)监控设备。

通信：通信基站防灾监控单元(含防灾配电箱)、防灾网络通道及通信段监控设备。

电务：中继站或信号机械室内防灾组合及电缆。

供电：电力箱变引出电缆至通信基站第一开关箱上桩头进线侧的设备。

(2)防灾系统维护管理分界如下：

工务和通信的分界点(现场监测设备与通信基站防灾监控单元间)：以引入通信基站防灾监控单元配线架的电缆外线端子为分界点，电缆外线端子向现场监测设备侧由工务部门负责维护，电缆外线端子(包括外线端子)至防灾监控单元侧由通信部门负责维护，工务维护基站围墙内电缆时，通信部门负责配合；监控数据处理设备以网络路由器出口网线 100 mm 为分界点，通向数据应用服务器侧由工务段负责维护，通向网络路由器侧由通信段负责维护；工务段、调度所(行车、工务调度)监控设备以网络路由器出口网线 100 mm 为分界点，该点向工控机侧为工务部门设备并负责维护管理，向通信网络侧由通信部门负责维护管理。

电务部门信号和通信的分界点(通信基站防灾监控单元与信号机械室间)：以引入通信基站防灾监控单元配线架的电缆外线端子为分界点，电缆外线端子至中继站或信号机械室内防灾组合侧由电务部门负责维护，电缆外线端子(包括外线端子)至防灾监控单元侧由通信部门负责维护。

通信和供电的分界点(含通信基站防灾监控单元提供电源)：以通信基站内第一开关箱进线侧上桩头处为分界点。桩头及以下负荷侧(包括开关箱)由通信部门负责维护管理，电源侧由供电部门负责维护管理。

工务和供电的分界点(数据处理中心电源)：由供电段管辖设备直接供电的，以数据处理中心内第一开关箱上桩头为分界点。桩头及以下负荷侧该点向数据处理中心侧为工务设备并负责维护管理，向电源侧由供电部门负责维护管理。

(3)工务、通信、供电段应制定完善的管理制度和日常检查制度及联动响应机制，确保设备处于良好运用状态。工务段、通信段应建立健全相关设备检查台账、设备检修运用质量手册及相关管理资料，备有防灾安全监控系统网络结构图、调度使用手册、产品操作维护手册及本系统工程竣工资料等技术文件，建立备品备件管理、故障处理及软硬件变更等台账。工务段还应建立降雨量、风速等监测资料数据库，做好统计分析工作。

(4) 铁路局工务处牵头，电务、供电处，调度所配合，负责监督防灾安全监控系统的维护管理工作，定期检查防灾安全监控系统的设备维护质量，发现问题督促工务、通信、电务、供电段

及时解决，确保设备状态良好。

(5) 防灾安全监控系统的设备检修、停用以及软件升级影响正常使用时，必须按照营业线施工管理的有关规定，提出施工申请计划，经工务处、电务处、调度所审批后，纳入施工计划或临时抢修计划。

(6) 对安装在接触网支柱上的风速风向仪、专用托架、现场接线盒的维护必须与供电维护单位落实配合方案后方可在天窗内进行。

(7) 工务段、通信段、电务段、供电段要保证各项技术措施全面、应急处置完善、安全制度到位，坚决杜绝无计划施工。

第五节　高速铁路线路设施灾害诊断与监控

一、路基灾害监测

土质路堤和路堑可能因地质条件、集中降雨、洪灾等造成地基下沉、边坡滑移坍塌等灾害。因此，在路基易发灾害地段应进行实时监测，如设置沉降仪、倾斜仪、孔隙水压力计以及雨量计、水位仪等监测仪，依据雨量、河流涨水情况和路基状态监测等资料，对列车实施运行管制。

软土路基的下沉问题，首先应该依靠工程设计和施工质量予以解决，其次才是在列车运营期间实施安全监测。软土层具有含水量大、透水性差、抗剪强度低、压缩性高等特性，使地基的稳定和变形等问题相对突出，因此工程设计与施工需特别予以重视。同时，在通车期间应继续长期监测在列车荷载作用下的地表沉降、分层沉降、侧向位移(剪切变形)及孔隙水压力的变化情况；测量路基断面动应力的分布及分布规律，路基不同部位的回弹变形等主要参数，以便综合评价软土路基质量，有效地控制工后沉降，确保高速列车运营的舒适和安全。

图 7-15 为路基安全监测系统框图。系统由测斜仪、沉降仪等传感器，数据记录、处理与信息显示和信息传输三部分组成。设置地点为软土路基路堤和滞洪路堤的必要地点。

二、轨温监测

1. 轨温监测的必要性

高速铁路全线铺设跨区间无缝线路，在夏季，随着轨温的升高无缝线路长钢轨的纵向应力将增大，如果在该季节进行夜间大型养路机械作业，作业后将改变有砟轨道道床作业前的状态，道床的纵向横向阻力均会有所下降，此时无缝线路保持稳定的安全储备量将减少。如果轨温继续升高达到(或超出)某一临界值时，只要有任意的激扰，如过车时的振动，列车在该地段制动，线路维修等，无缝线路将失去保持稳定的能力从而发生胀轨跑道事故，对高速铁路的行

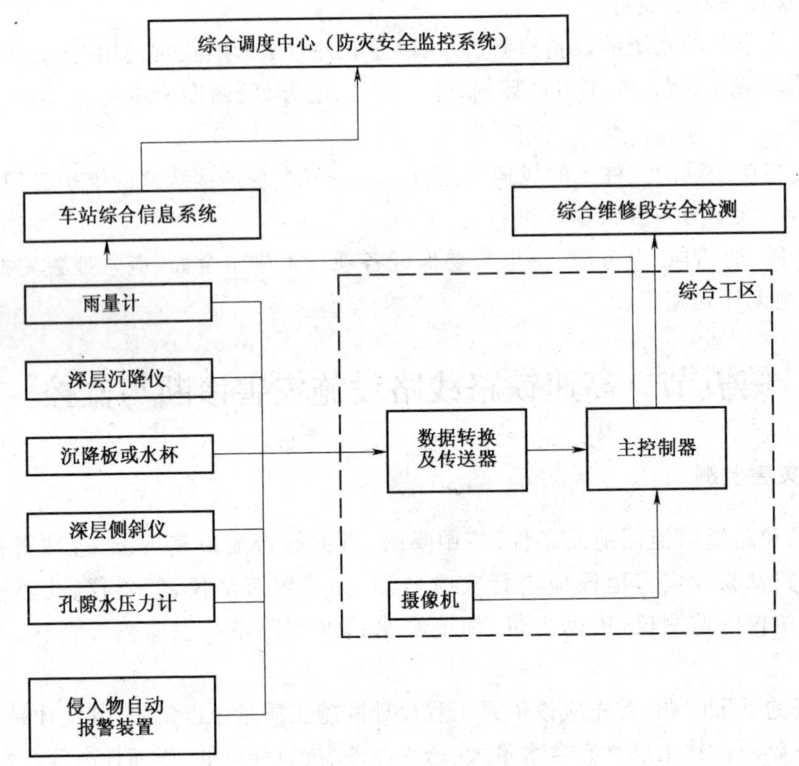

图 7-15　路基安全监测系统结构框图

车安全构成威胁。

实测表明，经过人工或机械破底清筛的道床或起道之后的道床，轨枕横向阻力大幅度降低，一般不足作业之前稳定道床阻力值的一半。但道床在经过捣固、边坡夯拍、动力稳定之后或通过不多的运量之后，轨枕横向阻力迅速回升。起道作业后的道床横向阻力较低，约为道床稳定状态横向阻力值的 38%；动力稳定加边坡夯拍后的道床横向阻力可以恢复至道床稳定状态时横向阻力值的 50%～60%；通过少量运量后横向阻力可以恢复至 60%～70%。

工务部门在夏季能否进行养护维修作业，特别是进行大型养路机械作业后的线路在次日轨温条件下是否具有安全储备，需借助于精度较高的轨温监测及预报系统。

轨温监测及预报系统能实时监测无缝线路的轨温、安全储备量、气象等信息，为工务维修部门、综合调度中心提供决策依据。为此，高速铁路建立无缝线路轨温监测及预报系统，并将数据传送到安全防灾报警系统中。

在无缝线路小半径曲线地段，由于轮轨相互作用的横向力较直线地段大，轨道的横向稳定性相对较差。此外，桥上无缝线路长钢轨承受附加纵向力的作用，不设伸缩调节器的多跨简支

梁无缝线路在两端的桥台附近，钢轨附加伸缩力最明显。因此应在路基有砟轨道无缝线路曲线半径较小的地段，以及多跨简支梁桥有砟轨道无缝线路地段设置轨温监测装置，并且以该地段的大型养路机械作业前后的道床状态作为监测系统的计算参数。

由于轨温与气温有紧密的联系，通常小范围内（如数 10 km 内）的气温几乎相同。因此，一般情况下，每隔 70 km 设置一处轨温监测装置，在桥梁较多地段或曲线较多地段，可根据实际情况适当增设。

2. 轨温监测系统的构成

钢轨温度监测系统由温度、湿度、风力（风向、风速）、应力传感器，传感器信息处理器，显示器，道床状态信息输入设备，报警、记录仪和信息传输等部分组成，如图 7-16 所示。沿线路基有砟轨道无缝线路小半径曲线地段及多跨简支梁桥有砟轨道无缝线路地段，应设置轨温监测系统。

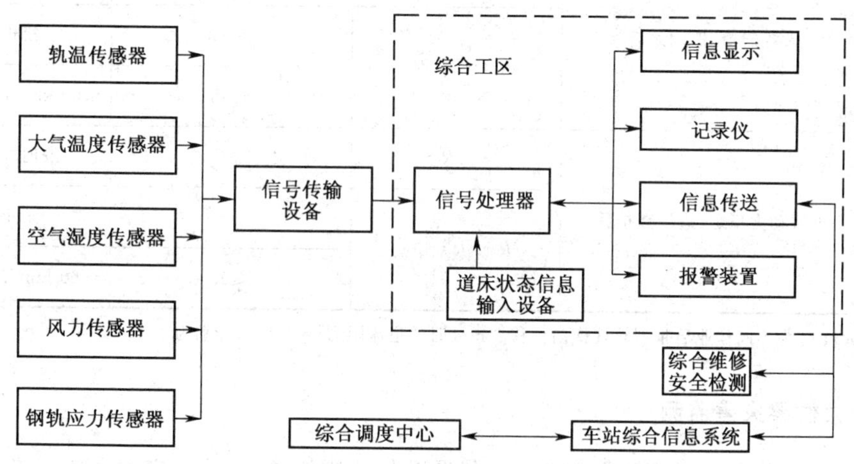

图 7-16　轨温检测子系统构成

3. 高速铁路高温季节行车管制

高温下行车管制分成两种情况，即路基小半径曲线地段和桥上多跨简支梁有砟无缝线路。行车管制的依据是钢轨温升安全系数 k，$k<1$ 表明无缝线路最大温升幅度 Δt_{m} 超过允许温升幅度[A_{tu}]，线路在高温下不安全；$k>1$ 则表示安全。

根据不同的道床状态（如有砟轨道、锁定温度、起拨道作业、横向阻力等）定出不同的行车规定。表 7-4 为北京地区无缝线路行车管制规定值。表中的横向阻力测定值 R 采用轨枕横移 2 mm 的阻力值。轨温观测值 T_{R} 包括轨温实际观测值以及轨温的预报值。轨温的预报值可以从本地区长期观测到的气温、轨温资料中，比照气象部门提供的预期的气温及天气情况计算出。

表 7-4 高速铁路北京地区无缝线路行车管制规定

线路条件	道床		轨温观测值 T_R(℃)	行车规定
	状　态	横向阻力测定 R		
路基	人工起道、捣固之后	$<R_2$	任意	禁止通行
		$R_1 \leqslant R < R_2$	>46	禁止通行
			$\leqslant 46$	<60 km/h 的速度慢行
	机械动力稳定、边坡夯拍后	$<R_2$	—	按前 3 条办理
		$R_3 \leqslant R < R_3$	>63	禁止通行
			$\leqslant 63$	以 60 km/h 的速度慢行
桥梁	人工起道、捣固之后	$<R_1$	任意	禁止通行
		$R_1 \leqslant R < R_2$	>38	禁止通行
			$\leqslant 38$	<60 km/h 的速度慢行
	机械动力稳定、边坡夯拍后	$<R_2$	—	按前 3 条办理
		$R_2 \leqslant R < R_3$	>55	禁止通行
			$\leqslant 55$	<60 km/h 的速度慢行

注：R_1、R_2、R_3 为不同作业后Ⅲ型轨枕横向位移 2 mm 时的道床阻力(kN/枕)，分别为 4.2、6.5 和 10.0。

三、长大桥梁灾害监测

京沪高速铁路全线桥梁及高架线路占线路总长的比例较高，约为京沪高速铁路 1/3 以上。高比例的桥梁有利于保证高铁的路基的零沉降，保证高平顺性；保证全封闭，保证安全性；减少土地占用；减少对沿线城镇的切割；减少噪声污染；减少环境破坏，保护野生动物的迁徙路线不被截断。桥梁及高架线路的可靠程度和状态，直接影响高速铁路运营安全和效益。除各种自然灾害对桥梁有其特殊的危害外，针对长大桥梁自身在高速荷载作用下的稳定性，以及对通航河流桥墩的防护，需对桥梁结构设置加速度仪和桥墩防撞仪进行监测。在与公路和既有线交叉处，还要安装必要的限界障碍检测和桥墩防护工程。

火灾对桥梁本身的危害，主要指超出设计耐火极限引起的结构失效或对结构造成的破坏。通过市区高架桥，或桥下已被利用的高架桥，一旦发生火灾，应立即停运。火灾后调查结构物状态，并根据受损程度再决定是否限速运行。

四、长大隧道安全监测

高速铁路条件下的隧道灾害，主要表现为火灾、水灾、空气动力学问题和隧道内的通常病害、侵限及结构失稳问题。隧道病害在非特大灾害条件下（如爆炸、地震、山体滑坡等），一般来说发展较为缓慢，有一定的时间发现和整治，可通过提高工程设计和施工质量相应提高其抗灾能力。但在高速铁路运营后，对于长大隧道的安全监测是必不可少的，如隧道壁衬砌混凝土的应变监测，可在施工中预先埋设。有关隧道病害的监测、检测、状态评估和整治能够独立进行操作，可不列入高速铁路安全监测系统范畴内。而火灾是长大隧道内危害最大的灾害，具有突发性，常常造成灾难性后果；水害问题在水下隧道中较突出，危害也大，应纳入安全监控系统。水下隧道防灾系统是一个特殊问题，应作为特例加以专门考虑。参考国外经验，长大隧道安全监测包含以下内容：

①火灾检测设备，定点灭火设施。

②通风、排烟、防火门设备。

③排水及其检测设备（涌水流量、水质变化、水压等监控）。

④紧急避难、疏散、定点处理设施，引导设备。

⑤防止列车脱轨、相撞设施。

⑥多路供电、通信、照明设备。

⑦采用耐热接触网导线及通信电缆；增设分相断路器，减少因事故造成的停车范围。

⑧列车防护开关和有线、无线电话。

⑨必要地区还要设立地震监测仪。

⑩专门的事故救援设施。

根据隧道内列车火灾的特点，应最大限度地防止列车在隧道内发生火灾和已发生火灾的列车进入隧道；在隧道中已发生火灾的列车尽可能地拖出隧道。高速铁路长大隧道防灾安全监测子系统应由火灾检测、通风排烟、紧急避难、定点灭火、引导疏散、温度湿度检测、通信、供电、救援等几部分组成。经过火灾确认，火灾等级判定，由综合调度中心统一指挥处理。

本章小结：防灾技术是铁路尤其是高速铁路重要保障。大风、暴雨、大雪、地震等灾害是一种发生概率较小，但仍属危害性很大的自然灾害。由于灾害及落物等突发事件具有发生的不可预测性和巨大的破坏性，在列车运行速度达 200 km/h 以上时，哪怕是较小的灾害也可能导致危害国家财产和旅客生命安全的重大事故。本章涉及高速铁路安全防护中三个方面的内容：一是针对各种自然灾害对高速铁路运行影响的安全监控与防护要求，二是异物侵入限界的危害及防护、监测系统；三是线路设施的灾害监测、线路维护中的安全防护重点及行车管制规定。我国高速铁路的安全防护技术体系保证了高速铁路的安全运营。

思考题

1. 高速铁路防灾安全监控系统的组成部分有哪些？
2. 简述水灾对高速铁路的影响及安全监测措施。
3. 地震预警原理是什么？
4. 异物侵限的防护措施包括哪些？
5. 长大隧道安全监测内容有哪些？

第八章 高速铁路线路检修设备

本章要点：本章主要介绍高速铁路线路检修设备的发展概况以及常用大型养路设备的技术特性与作业规定。要求学生掌握现代高速铁路养路机械的特点，了解大型养路机械的作用与工作原理，熟悉大型养路机械施工作业，大机机组作业及其质量控制和施工组织等内容。

第一节 概　　述

高速铁路动车组的快速、大量运行，使轨道设备磨损加快，更换周期缩短。而轨道设备的运送、组装等都采用工厂化、机械化施工方式。由于采用了无缝线路和板式轨道，其使用寿命和维修周期大致相近，便于大修计划的安排与实施。高速铁路需要有相应的轨道维修养护制度。虽然维修养护仍分为线路大修与日常维修，但其内容及方法，却与普通线路有所区别。

高速铁路线路日常维修包括按周期进行的计划维修和随时进行的紧急补修。计划维修从线路一端开始，除少量更换损伤的轨道部件外，还对轨道进行整修和校正；轨道拨正后，在有砟线路上，还要用多头捣固机进行全面捣固；路基地段每年维修两次，高架桥与隧道地段则每年维修一次。

在线路上，由于列车荷载的反复作用，钢轨会出现凹凸不平的状态，称为轨道变形。为了保证旅客乘车的舒适性，必须经常对轨道状态进行检查和测量，并对变形进行修整。检测轨道变形通常采用 10 m 弦外割矩法，这对于以 200 km/h 或以上速度运行的高速铁路线路来说是不够的，高速铁路线路一般采用 10 m 弦正矢测定。

对钢轨的管理，除正常磨耗、锈蚀等一般性检查外，还要用钢轨擦伤检查车和超声波探伤机进行周密检查。发现钢轨、道岔及叉心的磨耗或损伤的测量值超过容许值时，应及时进行修补或更换。缓和钢轨磨耗（包括波状和蛇形磨耗）及改善剥落、飞边、裂纹等不良状态的有效措施是对钢轨进行打磨整形，可用钢轨打磨车进行轨顶面管理。

维修工作的任务除及时消灭轨道上的缺陷，如处理断裂钢轨、起道抽换轨枕外，还要进行更换扣件、零件，定期拨道，捣固道床等工作。

为适应高速列车运行的要求，在高速线路上采用了一系列现代技术和设备，从而实现减少维修工作量、提高检修效率的目的。但是由于列车间隔时间短，利用列车间隔施工的养路方式以及采用小型养路机械，远远不能满足要求。在法国，大修作业机械化程度在90%以上，维修养护作业机械化程度也达到50%以上。日本和德国也都基本上采用了各种养路机械进行作业。

我国铁路采用大型养路机械进行线路作业起步较晚，较发达国家迟了近20年。至20世纪70年代，我国铁路线路修理一直采用人工或小型养路机械作业，效率和质量较低。20世纪80年代，采用人工或小型养路机械已不能保证作业质量和行车安全，而我国铁路大型养路机械尚属空白，出现了繁忙干线无法实施有效修理的被动局面。从1983年起，原铁道部陆续从国外采购了捣固车、清筛机、配砟整形车和动力稳定车等大型养路机械，对提高线路质量、保障运输安全和扩能创造了条件，显示出人力和小型机械不可替代的作用。1988年，原铁道部确立了高起点引进国外大型养路机械先进技术，通过消化吸收、实现国产化的方针，并组织形成了以昆明中铁大型养路机械集团有限公司为主导厂，原铁道部科学研究院、原铁道部专业设计院、戚墅堰机车车辆工艺研究所、株洲电力机车研究所等单位参加的大型养路机械攻关联合体，培育了养路机械骨干企业：昆明中铁大型养路机械集团有限公司，襄樊金鹰轨道车辆有限责任公司，北京二七机车厂，宝鸡工程机械厂。通过技术引进和二次创新，国内企业已成功研制了一批大型养路机械。如：引进技术国产化成功的RM80型清筛机和09-32型捣固车；自主研制成功的WD-320型动力稳定车和SPZ-440型配砟整形车；引进技术国产化成功的PGM-48型钢轨打磨列车等，成为我国铁路大型养路机械装备的主体。

我国高速铁路线路常用的养路机械有：

1. 捣固机械

目前，在线路维修作业中已采用多头捣固机。日本使用的多头捣固机带有32个捣头。此外，还有一种专门用于捣固道岔等特殊设备的专用多头捣固机，捣固效果极佳。

德国有一种捣固拨道机，具有捣固、拨道两种功能，并组装成专用车辆在线路上作业。捣固镐头由16个增加为64个，利用激光进行拨道，并设有机械装置，用以测定道砟夯实程度和轨道位置。

2. 清筛机械

清筛道砟是线路维修中一项较繁重的作业。目前各国大都采用各种清筛机械以代替人力。如德国采用了高效清筛机，其清筛效率可达630 m^3/h，即每小时可以清筛325～400 m长的道床。

3. 轨排运送机

轨排运送机安装在大修列车上，它能够拆铺结构复杂的道岔和直接铺设和回收120 m以上的焊接长钢轨。每换120 m轨排需要100 min左右，施工时用起重机逐节拆除旧轨排，平整道床后再逐节铺放新轨排，以捣固机捣固并对轨道进行整理。

4. 钢轨磨削车

在高速铁路上，对轨头顶面的管理是十分重要的。轨头顶面损伤的原因有三：

(1)在钢轨焊接处由于高速列车的撞击使轨头顶面产生微小凹凸，这会引起车轮及钢轨的损伤。

(2)车轮与钢轨间接触应力反复作用产生的疲劳伤，会使钢轨产生裂纹，导致断轨。

(3)制动区段会使钢轨产生波状磨耗，这是产生噪声也是引起轮重变化的一种原因。为了对这种波状磨耗作磨削处理，在高速铁路上使用了多种钢轨磨削车。

第二节　养路机械的发展

一、国外养路机械的发展

半个世纪以来，国外养路机械的发展大致可分为三个阶段。

(一)第一阶段(第二次世界大战结束到20世纪60年代初)

在此阶段，工业发达国家首先发展的是能替代线路作业中主要工序所需劳力的机械设备，诸如铺轨、道床清筛、铺砟、道床配型、捣固和起拨道等耗费大量人工的项目。铁路养路机械的迅速发展在各国经济复苏中发挥了重要作用。

(二)第二阶段(从20世纪60年代初到70年代末)

进入60年代以后，各国经济全面发展，各种运输方式对铁路的垄断地位提出了挑战。在此阶段，线路机械发展的特点是：出现了一批成套的大型和小型的机械；大量使用现代化新技术；整机结构越来越大，越来越重；机械化程度和效率越来越高；价格越来越昂贵；机械设备的技术也较前复杂得多；出现了高技术装备的机械群。

(三)第三阶段(20世纪80年代初至今)

高速和重载铁路延展长度不断增加，促进了养路机械行业的快速发展，养路机械更趋大型化、高效化、智能化。在线路更新作业中，西方国家继续采用分开式的工艺。在干线上，一般开设5～10 h以上的“天窗”。这个时期又出现了新一代大修列车，名义效率为500～550 m/h。

从上述三个阶段线路作业机械化的发展可以看出，各经济发达国家的机械化作业与国民经济的增长、铁路运输的发展、现代化科学技术的进步有着密切的关系。此外。西方国家劳力缺乏，劳力昂贵，劳力市场价格的增长速度远远超出原材料和设备价格的增长，这就促进了机械化作业的发展。

二、我国养路机械的发展

我国铁路采用大型养路机械进行线路作业起步较晚，较发达国家迟了近20年。但随着我国铁路投入运营的轨道公里数的增加，养路工程机械也得到相应发展。

20 世纪 80 年代，我国开始引进少量大型养路机械进行试用。进入 90 年代逐步形成规模。特别是“十五”规划的实施，使我国大型养路机械的发展达到新的水平。

与前三个五年计划相比，“十五”装备计划装备数量大幅增加、配套性好，所购各类大型养路机械性能先进、技术成熟、经济实用、安全可靠。

我国大型养路机械 20 多年的发展特点：

(1)大型养路机械的装备增长的速度逐年加快。

(2)大型养路机械作业里程和单机效率达到新水平。

(3)形成系统的规章制度，建成了三级管理网络。

(4)提高了线路质量，保证了行车安全。

(5)促进了工务体制的改革。

(6)推进了大型养路机械国产化进程。

第三节　我国大型养路机械种类、主要性能

一、道床捣固车

(一)D08-32 型自动抄平起拨道捣固车

D08-32 型自动抄平起拨道捣固车(简称 D08-32 型捣固车)是我国从奥地利 Plasser & Theuere 公司引进的。D08-32 型捣固车制造技术进行国产化生产的大型养路机械，目前已在全国铁路线路修理、提速线路改造和新线建设当中得到广泛应用。

D08-32 型捣固车是一种结构先进的自行式、多功能线路机械，集机、电、液、气于一体，采用了电液伺服控制、自动检测、微机控制和激光准直等先进技术，具有操作简便、性能良好、作业高效的特点。D08-32 型捣固车主要技术性能见表 8-1。

表 8-1　D08-32 型捣固车主要技术性能

项　目	性 能 参 数	项　目	性 能 参 数
外形尺寸	长 23 330 mm 宽 3 100 mm 高 3 650 mm	轮径 车钩中心高 质量	ϕ840 mm (880±10)mm(距轨面) 约 50.5 t
转向架心盘距	11 000 mm	最高双向自行速度	80 km/h
转向架轴距	1 500 mm	最高连挂运行速度	100 km/h
材料车轴至后转向架中心距	5 800 mm	自运行制动方式	空气排风制动，一次缓解，缓解时间<10 s

续上表

项目	性能参数	项目	性能参数
单车紧急制动距离	≤400 m(以 80 km/h 运行)	纵向高低作业精度	4 mm(直线 10 m 距离两测点间高差)
作业走行制动方向	液压制动	拨道作业精度	±2 mm(16 m 弦 4 m 距离两点正矢最大差值)
作业效率	1 000~1 300 m/h	起道顺坡度	≤0.1%
最大起道量	150 mm	测量系统精度	1 mm
最大拨道量	±150 mm	柴油机功率	235 kW
捣固深度	570 mm(由轨顶向下)	传动方式	液力传动(高速运行) 液压传动(作业走行)
横向水平作业精度	±2 mm		

D08-32 型捣固车为双枕捣固车,作业走行为步进式。在封锁线路条件下,能够进行轨道拨道、起道抄平、钢轨两侧枕下道砟捣固和枕端道砟夯实作业。该车利用车上测量系统,可以对作业前、后线路的轨道几何参数进行测量及记录,并可通过控制系统,实现按设定的轨道几何参数进行作业。作业控制能够选择手动或自动形式。D08-32 型自动整平捣固车实景图如图 8-1 所示。

图 8-1 D08-32 型自动整平捣固车实景图

D08-32 型捣固车共有 32 把捣固镐,左右对称地安装在捣固车的中部。每次可以同时捣固两根轨枕,所以又称为双枕捣固装置。捣固装置除了可以完成振动夹持动作外,还能垂直升降和横向移动,升降和横向的控制,由各自独立的自动控制机构来完成。

(二)D09-32 型连续式自动抄平起拨道捣固车

D09-32 型连续式自动抄平起拨道捣固车(简称 D09-32 型捣固车,如图 8-2 所示)是继我国采用技贸结合方式引进 D08-32 型捣固车和 RM80 型全断面道砟清筛机制造技术国产化取得成功后,又一次引进制造技术进行国产化生产的大型养路机械,具有较高的作业精度和作业效率，其作业条件见表 8-2。

它的运用对我国繁忙铁路干线的线路维修有着显著的效益。

表 8-2　D09-32 型捣固车作业条件

项　目	作业条件	项　目	作业条件
钢轨	50 kg/m、60 kg/m、75 kg/m	线路最大超高	150 mm
		线路最大坡度	33‰
轨枕	木枕或混凝土枕	最小作业曲线半径	250 m
道床	碎石道床	最小运行曲线半径	180 m
作业线路	单线或线间距 4 m 及以上的复线与多线	环境温度	－10℃～＋50℃
轨距	1 435 mm	特殊环境	可在雨天和夜间及风沙、灰尘严重的环境下作业

图 8-2　D09-32 型连续式捣固车实物图

D09-32 型捣固车为双枕连续作业式捣固车，在封锁线路条件下，能够不间断地进行轨道拨道、起道抄平、钢轨两侧枕下道砟捣固和枕端道砟夯实作业。该车利用车上测量系统，可以对作业前、后线路的轨道几何参数进行测量及记录，并可通过控制系统，实现按设定的轨道几何参数进行作业。D09-32 型捣固车主要技术性能见表 8-3。

二、道岔捣固车

CD08-475 型道岔捣固车是继我国采用技贸结合方式引进 D08-32 型捣固车和 RM80 型全断面道砟清筛机制造技术国产化取得成功后，又一次引进制造技术进行国产化生产的大型养路机械，填补了我国制造大型道岔捣固机械的空白。

表 8-3　D09-32 型捣固车主要技术性能

项　目	性能参数
外形尺寸	长 26 500 mm 宽 2 990 mm 高 3 600 mm
转向架芯盘距	13 800 mm
转向架轴距	1 800 mm
材料车轴至后转向架中心距	7 500 mm
轮径	ϕ840 mm
车钩中心高	(880±10)mm(距轨面)
质量	约 63.5 t
最高双向自行速度	90 km/h
最高连挂运行速度	100 km/h
自运行制动方式	空气排风制动，一次缓解，缓解时间<10 s
单车紧急制动距离	≤400 m(以 80 km/h 运行)

项　目	性能参数
作业走行制动方式	液压制动
作业效率	1 500～1 800 m/h
最大起道量	150 mm
最大拨道量	±150 mm
捣固深度	560 mm(由轨顶向下)
横向水平作业精度	±2 mm
纵向高低作业精度	4 mm(直线 10 m 距离两测点间高差)
拨道作业精度	2 mm(16 m 弦 4 m 距离两点正矢最大差值)
起道顺坡率	≤0.1%
测量系统精度	1 mm
柴油机功率	235 kW
传动方式	液力传动(高速运行) 液压传动(作业走行)

CD08-475 型道岔捣固车(图 8-3)是一种结构先进的自行式、多功能线路机械，集机、电、液、气于一体，采用了电液伺服控制、自动检测、微机控制和激光准直等先进技术，能够实现对道岔和线路的捣固作业，具有操作简便、性能良好、作业高效的特点。

图 8-3　CD08-475 型道岔捣固车实物图

CD08-475 型道岔捣固车在封锁线路条件下，能够对单线、复线、多线及复线转辙、道岔和交叉区间进行轨道拨道、起道抄平、钢轨两侧枕下道砟捣固和枕端道砟夯实作业。

该车利用车上测量系统，可以对作业前、后线路及道岔的几何参数进行测量及记录，并可通过控制系统，实现按设定的线路及道岔几何参数进行作业。CD08-475 型道岔捣固车主要技术性能见表 8-4。

表 8-4　CD08-475 型道岔捣固车主要技术性能

项　　目	性 能 参 数
外形尺寸	长 33 550 mm 宽 3 000 mm 高 3 700 mm
转向架心盘距	14 000 mm
转向架轴距	1 800 mm
车钩中心高	(880±10)mm(距轨面)
最高双向自行速度	90 km/h
最高连挂运行速度	100 km/h
柴油机功率	348 kW
质量	约 96 t
作业走行制动方式	液压制动
作业效率　平直线路	0～500 m/h
作业效率　12 号单道岔	不超过 35 min
最大起道量	150 mm
最大拨道量	±150 mm
捣固深度	560 mm(由轨顶向下)
材料车轴至后转向架中心距	5 050 mm
材料车前后轴距	8 500 mm
轮径	ϕ910 mm
纵向高低作业精度	4 mm(直线 10 m 距离两测点间高差)
横向水平作业精度	±2 mm
测量系统精度	1 mm
拨道作业精度	±2 mm(16 m 弦 4 m 距离两点正矢最大差值)
起道顺坡率	≤0.1%
自运行制动方式	空气排风制动，一次缓解，缓解时间＜10 s
单车紧急制动距离	≤400 m(以 80 km/h 运行)
传动方式	液力传动(高速运行) 液压传动(作业走行)

三、动力稳定车

动力稳定车是模拟列车对轨道的动力作用原理而设计的。稳定车作业时，由柴油机带动的液压马达同时驱动两套稳定装置的两个激振器，由于稳定器的走行轮和火钳轮紧紧地扣住了钢轨，便得激振器和轨道产生强烈的同步水平振动；与此同时，稳定装置的垂直液压缸分别给予两侧钢轨施加向下的静液压力，在水平振动力和静液压力的共同作用下，道砟重新排列密实。线路均匀下沉，线路因而达到稳定。

WD-320 型动力稳定车是我国在借鉴国外先进技术的基础上研制开发的国产大型养路机械，目前已成为全国铁路线路大维修、提速线路改造和新线建设作业机组中的重要配套设备之一。WD-320 型动力稳定车主要技术性能见表 8-5。

WD-320 型动力稳定车(图 8-4)在封锁线路的条件下，模拟列车运行时对轨道产生的压力和振动等综合作用，对疏松的道床进行密实，迅速提高线路的横向阻力和道床的整体稳定性，降低线路维修作业后列车限速运行的限定条件。在作业过程中，动力稳定车采用连续走行的

作业方式，通过其稳定装置产生的强烈水平振动及施加于钢轨的垂直压力，使道砟重新排列达到密实，并使轨道有控制地均匀下沉。

表 8-5　WD-320 型动力稳定车主要技术性能

项　目	性能参数	项　目	性能参数
外形尺寸	长 18 942 mm 宽 2 700 mm 高 3 970 mm	最高双向自行速度	80 km/h
		最高连挂运行速度	100 km/h
		作业走行速度	0～2.5 km/h
转向架芯盘距	12 000 mm	自运行制动方式	空气排风制动，一次缓解、缓解时间＜10 s
转向架轴距	1 500 mm		
轮径	ϕ840 mm	单车紧急制动距离	≤400 m(以 80 km/h 运行)
车钩中心高	(880±10)mm(距轨面)	传动方式	液力传动(高速运行) 液压传动(作业走行)
质量	60 t	柴油机功率	348 kW

图 8-4　WD-320 型动力稳定车实物图

四、配砟整形车

配砟整形车可完成的主要作业有：

(1)根据捣固作业的要求将卸在线路两侧的道砟通过侧犁分配到钢轨外侧。

(2)通过侧犁构成的门字形运输通道，可将道床边坡上的多余道砟做近距离的搬移。

(3)通过侧犁和中犁的配合使用，可将道砟按需要进行搬移。

(4)通过中犁将线路中心的道砟移运到线路两侧或往前推移。.

(5)通过中犁将轨枕端部的道破移运到轨枕内侧。

(6)位于机器后部的滚刷和横向运输带装置，可将残留在轨枕而和扣件上的道砟收集并提升送到输送带上，由输送带送到线路的左右边坡上。

(7)通过适当调整侧犁的转角，使道床形成符合工务维修规则要求的断面。

SPZ-200 型双向道床配砟整形车（简称 SPZ-200 型配砟车）是我国在借鉴国外先进技术的基础上研制开发的国产大型养路机械，目前已成为全国铁路线路大维修、提速线路改造和新线建设作业机组中的重要配套设备之一。SPZ-200 型配砟车主要技术性能见表 8-6。

表 8-6　SPZ-200 型配砟车主要技术性能

项　　目	性能参数	项　　目	性能参数
外形尺寸	长 13 508 mm 宽 3 025 mm 高 3 900 mm	最高双向自行速度 最高连挂运行速度 作业走行速度	80 km/h 100 km/h 0～12 km/h
轮径	ϕ840 mm	自运行制动方式	空气排风制动，一次缓解，缓解时间＜10 s
轴距	5 500 mm		
车钩中心高	(880±10)mm（距轨面）	单车紧急制动距离	≤400 m（以 80 km/h 运行）
每侧最大作业宽度	3.3 m（由轨道中心起）	传动方式	液压传动
质量	28 t	柴油机功率	348 kW

SPZ-200 型配砟车在封锁线路的条件下，可以进行正、反两个方向的作业，通过中犁的不同组配和适当调整侧犁的转角，完成道床的配砟、整形，使道床布砟均匀，道床断面按技术要求的规定成形，其清扫装置可将作业过程中残留于轨枕及扣件上的道砟清扫干净，并收集后通过输送带移向道床边坡，达到线路外观整齐、美观的效果。

五、道砟清筛机

SRM80 型全断面道砟清筛机（简称 SRM80 型清筛机）是我国采用技贸结合方式引进奥地利 P&T 公司 RM80 型全断面道砟清筛机制造技术进行国产化生产的大型养路机械，它是线路大修的主型机械，其作业条件及主要技术性能见表 8-7 和表 8-8。

表 8-7　SRM80 型清筛机作业条件

项　　目	作业条件	项　　目	作业条件
钢轨	50 kg/m、60 kg/m、75 kg/m	线路最大坡度	33‰
轨枕	木枕或混凝土枕	最小作业曲线半径	250 m
道床	碎石道床	最小运行曲线半径	180 m
轨距	1 435 mm	特殊环境	可在雨天和夜间及风沙、灰尘严重的环境下作业
环境温度	−10 ℃～+50 ℃		

表 8-8　SRM80 型清筛机主要技术性能

项　　目	性能参数	项　　目	性能参数
外形尺寸	长 31 345 mm 宽 3 150 mm 高 4 740 mm	质量	88 t
转向架芯盘距	23 000 mm	最高双向自行速度	80 km/h
转向架轴距	1 830 mm	最高连挂运行速度	100 km/h
轮径	ϕ900 mm	作业走行速度	0～1 000 m/h
车钩中心高	(880±10)mm(距轨面)	自运行制动方式	空气排风制动，一次缓解、缓解时间＜10 s
单车紧急制动距离	≤400 m(以 80 km/h 运行)	筛分装置驱动功率	43 kW
作业效率	650 m^3/h	筛网有效面积	25 m^2
挖掘装置形式	五边形封闭耙链式	筛网层数	3 层
挖掘装置功率	277 kW	筛孔尺寸	75/45/25 mm(上/中/下)
挖掘深度	1 000 mm(由轨顶向下)	最大筛分能力	650 m^3/h
挖掘宽度	4 030～5 030 mm	柴油机功率	2×348 kW
		传动方式	液压传动

SRM80 型清筛机(图 8-5)是一种结构复杂、先进的自行式线路机械，集机、电、液、气于一体，具有操作简便、性能良好、作业高效的特点。

图 8-5　SRM80 型全断面道砟清筛机实物图

SRM80 型清筛机在封锁线路条件下，通过穿入轨排下的挖掘链运动，实现全断面道砟的挖掘，经筛分装置筛分后，清洁道砟回填至道床，污土抛至规定区域。对线路翻浆冒泥地段的污染道砟可进行全抛作业。本机为全液压传动，区间运行和作业走行均为液控无级调速。

六、钢轨打磨车

(一)PGM-48 型钢轨打磨车

PGM-48 型钢轨打磨列车是针对我国铁路不断提速、行车密度不断增加，导致既有线路钢轨损伤日益严重的状况，中国铁路总公司引进国外先进的钢轨打磨列车制造技术进行国产化生产的新型养路机械，其主要技术性能见表 8-9。

表 8-9 PGM-48 型钢轨打磨列车主要技术性能

项　目	性能参数	项　目	性能参数
外形尺寸	长 63 200 mm 宽 2 900 mm 高 4 630 mm	最高双向自行速度 最高连挂运行速度 作业走行速度	80 km/h 100 km/h 1.6～24 km/h
控制车、动力车芯盘距	15 790 mm	磨头数量	48 个
生活车芯盘距	17 780 mm	砂轮直径	ϕ254 mm
转向架固定轴距	1 828 mm	打磨电机功率	22 kW
轮径	ϕ840 mm	磨头横向调节量	±50 mm
车钩中心高	(880±10)mm(距轨面)	磨头摆角调节量	−50°～+45°
柴油机功率	910 kW	磨头与钢轨纵向夹角	2°
主发电机功率	680 kW	每遍平均打磨深度	0.2 mm
辅助发电机功率	80 kW	质量	约 256 t

PGM-48 型钢轨打磨列车由控制车、生活车和动力车三节车组成，由转向架、车架、牵引装置、打磨装置、防火装置、检测系统、液压系统、电气系统、气动系统、动力传动系统及制动系统等构成。

PGM-48 型钢轨打磨列车是一种结构复杂、控制先进的线路机械，集机、电、液、气及计算机技术于一体，主要用于消除波磨、擦伤和剥离等钢轨损伤，以及新线钢轨的预防性打磨。它可以通过廓形和波磨测量系统获得钢轨的磨损状况，或设定打磨参数，并将测量结果或设定参数提供到计算机控制系统，控制打磨小车上磨头的偏转、横移和加压完成钢轨的打磨作业。

(二)RGH10C 型道岔打磨车

1. 结构特点

RGH10C 型道岔打磨车主要组成部分有车体、司机室、发动机、动力传动系统、走行系统、打磨系统、控制系统、液压系统、空气制动系统、气动系统、水喷射系统及集尘系统等。工作装置的运动，如打磨头的升降、旋转、摆动、横移等均采用液压传动。

HTT 公司的道岔打磨车采用全液压传动是为了更好地适应道岔区，如岔尖、岔心和护轮

轨等处特殊打磨作业需要和精度要求，使打磨头布置更加紧凑，更有利于解决打磨集尘和系统散热问题。每个打磨装置均有一个独立的液压控制回路，通过计算机控制完成整个道岔区的打磨作业；由液压马达驱动的高速小直径砂轮能有效地提高打磨作业的效率和精度，满足道岔区作业要求。

2. 主要技术性能和参数

单节车长度	11.807 m
宽度	2.529 m
高度	3.785 m
双向自行速度	80 km/h(1.5%坡道)
打磨速度范围	3～16 km/h
常用打磨速度	6～7 km/h
磨头数量	2×10 个
砂轮直径	150 mm
砂轮功率	15 kW/个
砂轮转速	6 000 r/min
磨头摆角范围	－45°(向外)～75°(向内)
磨头横向位移	±50 mm
打磨作业遍数	5～7 遍
平均修复时间	20 min
噪声标准	司机室内 68 dB(A)，作业区 25 m 外 72 dB(A)

七、钢轨铣磨车

(一)钢轨铣磨车 SF03-FFS(图 8-6)

目前我国主要使用的钢轨铣磨车 SF03-FFS 是由奥地利林辛格(Linsinger)公司生产，质量 128 t，全长 25 m，由 2 个三轴转向架支撑，采用液力传动走行，其中三轴转向架的第一、三轴为动力轴。全车共有 4 根动力轴，车体两侧各装备 2 套铣盘和 1 套磨盘，每套装置可单独作业。铣盘用于切削钢轨，磨盘用于提高钢轨表面光洁度。该车能将原来钢轨整形需要先现场将钢轨切割，然后到工务工厂进行整形，最后再运回现场焊接的过程，简化为在线路上直接进行钢轨铣磨作业，不仅大大节省了时间和成本，同时作业质量也得到大幅提升。以往钢轨打磨车需要做 7～8 遍甚至 10 余遍，使用铣磨车后只需一遍就能完成，而且钢轨几何尺寸和钢轨表面平整度、光洁度都将得到很大提高。

Linsinger 钢轨铣磨列车适用于钢轨预防性及整治性维护作业，并自 1995 年起开始应用于欧洲铁路的钢轨整形作业与传统的钢轨整形作业方式相比，Linsinger 铣磨列车具有以下显著特点：

(1)作业效率高：一遍通过。轨面铣削深度可达 0.1～3 mm，轨距角铣削深度最大可达 5 mm，可彻底消除纵向波磨及各种轨面病害。

(2)作业精度高：钢轨横断面轮廓精度可达 ±0.2 mm，钢轨纵向平顺性精度可达 ±0.01 mm，轨面光滑度可达 3～5 μm，延缓了新一轮纵向波磨及轨面病害的出现。

(3)作业效果好：400 mm 波长范围内的所有纵向波磨都可彻底消除；轨面不会出现微沟纹、斑痕、应力集中层、过热、烧蓝等缺陷。

(4)作业限制少：作业不受轨道的电气附件、道口、桥梁护轨等因素影响，一年四季皆可作业。

(5)整备时间短：作业前后需要的整备时间少，且刀盘更换快速方便，提高了封锁天窗的利用率。

(6)环境影响小：铣削作业无需水源；作业过程中不会出现火星飞溅，无火灾危险；99％的铁屑和灰尘回收率，作业后无现场残留物。

(7)作业成本低：与传统的钢轨整形作业方式相比较，综合作业成本低 50％。采用 Linsinger 的钢轨整形技术，通过对钢轨的长期维护作业，可以实现以下目标：提高钢轨使用寿命(最大 300％)；提高钢轨纵向平顺性和横断面轮廓质量；减少钢轨磨耗(最大能达 95％)改善轮轨接触几何状态，减少轮轨相对磨耗；降低钢轨维修成本和再利用成本降低运行噪声，提高路网运行安全和运营效率。Linsinger 钢轨铣磨列车由于其显著的技术优势，在欧洲铁路，正逐渐取代传统的钢轨整形设备，应用于绝大多数情况下的钢轨维护作业，尤其适用于高速铁路、无砟线路和地铁轻轨的钢轨维护作业。通过多年的实践和应用，Linsinger 公司的钢轨整形技术和装备已在欧洲铁路的工务维护作业方面取得了显著的成就。

图 8-6　钢轨铣磨车 SF03-FFS 实物图

钢轨整修技术——钢轨铣磨车 SF03-FFS，用于在开放式路轨上进行轨头整修，用于高效钢轨整修。它的优势如下：

(1)通过德国铁路的验证和许可。

(2)生产能力强。

(3)自动化连续作业。

(4)适用于高速铁路。

(5)可靠性高。

(6)可按客户要求特别设计。

(7)可按实际需求进行配置。

(8)模块式配置。

(二)钢轨铣磨车 SF02T-FS(图 8-7)

钢轨铣磨车 SF02F-FS 用于在有限空间，如地铁等狭窄限界内轨头整修。它的优势如下：

(1)限界范围小。

(2)转弯半径小。

(3)低轴重。

(4)无灰尘无火花作业。

(5)无需额外轨道清洁。

(6)可按客户要求特别设计。

(7)可按实际需求进行配置。

(8)模块式配置。

图 8-7　钢轨铣磨车 SF02T-FS 实物图

(三)钢轨铣磨车 SF06-FFS Plus(图 8-8)

钢轨铣磨车 SF06-FFS Plus 用于高效钢轨整修。它的优势如下:

(1)自动化连续作业。

(2)可按实际需求进行配置。

(3)后勤车配备起居室。

图 8-8 钢轨铣磨车 SF06-FFS Plus 实物图

八、大修列车

大修列车由材料车、动力车、作业车、扣件收集车、龙门吊车和若干辆轨枕运输车组成。在高速运行时,大修列车需机车牵引,自身动力可确保作业走行和低速调车。大修列车的技术参数见表 8-10。

表 8-10 大修列车的技术参数

项 目	参 数	项 目	参 数
主机全长	72.17 m	轨道水平精度	±50 mm
最大高度	4.1 m	轨道横移量	±100 mm
轴距	1.8 m	司机室最大噪声	80 dB(A)
最大轨枕长度	2 650 mm	机外 7 m 最大噪声	85 dB(A)
主发动机功率	360 kW	龙门吊车速度	0~18 km/h
龙门吊车功率	118 kW	最大宽度	3.15 m
龙门吊车起吊力	100 kN	主机总质量	250 t
起吊轨枕数量	28 根	轮径	840、680、920 mm
轨枕间距精度	±10 mm	平砟宽度	2.8 m

九、吹砟机

(一)吹砟机技术参数

整机长度	32.3 m
整机质量	113 t(支承在3个台车上)
最大轴重	180 kN
作业效率	440 m/h
运行速度	100 km/h
测量速度	16 km/h
最小工作半径	150 m
起道量	0～80 mm
拨道量	±40 mm
石砟容量	16 t
石砟粒径	14～20 mm

(二)吹砟机与捣固车应用比较

1. 预测量系统

吹砟机最突出的优势之一在于对待维修线路的预测量。在很多情况下，如果了解线路准确的状态，就可以只对真正需要维修的地段进行作业，这样既可以降低维修成本，又可以确保线路维修质量。

2. 基准系统

捣固车作业时，有一个平滑型基准系统来保证捣固车在基准弦内将轨道提起成一平顺的线。相反，吹砟机是用正矢的方法测量线路的实际状态，来得到每根轨枕高低的准确修正量，于是可以用程序控制吹砟量使每一根轨枕保持在准确的水平上。

3. 应用范围及效果

在很多情况下，对于小于道砟平均粒径的起道量进行捣固车作业时，为了填满枕下的间隙，捣固车将挤压轨枕下已经压实的道砟，通过过往的车辆对道砟再压实。英国铁路公司对于类似的线路捣固作业的线路质量观测表明，一般在捣固后的第九周，线路就恢复到捣固前的状态，这个状态就是大家所说的"道床记忆"性病害。

吹砟机与捣固车在线路维修中的作用可以优势互补：对于大起道量或道床状态均衡的线路维修，捣固车占优势并将是线路维修的主要手段；对于小起道量的线路维修，吹砟机占优势。对于采用无螺栓、无挡肩的Ⅲ型扣件，轨底与轨枕顶面之间不能进行垫板作业，吹砟机更能显示其优越性。

第四节　大型养路机械高速铁路综合维修施工与管理

一、施工内容

(1)大型养路综合维修施工包括大型养路机械线路维修、道岔维修、线路钢轨打磨、钢轨铣磨、道岔钢轨打磨施工。

(2)综合维修作用。

线路维修、道岔维修根据线路变化规律和特点,利用大型养路机械为主要作业手段,进行起道、拨道、捣固、夯拍、稳定、配砟整形作业,调整轨道几何尺寸、全面改善轨道弹性,恢复线路完好技术状态。

线路钢轨打磨、钢轨铣磨、道岔钢轨打磨消除钢轨轨面周期性不平顺(波纹形磨耗和波浪磨耗)和非周期性不平顺(擦伤、表面龟裂、剥离掉块,压溃、焊缝不平顺等),改善轮轨关系,保证列车高速运行平稳性、减小噪声和延长钢轨使用寿命。

二、施工计划

(一)安排原则

(1)大型养路机械综合维修施工由铁路局工务处统一安排。

(2)原则上综合维修安排项目次序为大型养路机械维修、打磨。

(3)高速铁路不宜单独安排铣磨作业。

(二)天窗条件

大型养路机械运行、线路及道岔维修、施工均纳入施工天窗,线路及道岔打磨纳入维修天窗,并在天窗时间内进行组织和作业。

(1)复线具备双点施工条件地段每日上、下行申请施工各1次,每次不少于240 min,扰动道床不能预先轧道的线路、道岔施工,开通后第一趟列车不准为旅客动车组。

(2)复线不具备双点施工条件地段每日上行或下行申请施工1次,每次不少于240 min,扰动道床不能预先轧道的线路、道岔施工,开通后第一趟列车不准为旅客动车组。

(3)站线施工地段可按照天窗封锁时段同步作业,点毕常速开通线路。

(三)组织形式

(1)线路、道岔维修及打磨施工由设备管理单位作为施工主体单位,本单位作为施工配合单位。

(2)段成立综合维修施工协调小组,由主管维修副段长担任组长,安全管理科、施工调度科、技术科主管科长和各专业主管工程师任组员。车间应成立相应的施工领导小组。

（四）计划编制

施工计划分为年、月、周和日施工计划，年、月、周施工计划由施工调度科负责编制和管理；日施工计划由车间负责接收和管理。

（1）年施工计划：每年年初由铁路局工务处下达年度轮廓计划，施工调度科根据年度轮廓制定详细的年度施工推进计划，每年年初以段文件形式下发。

（2）月施工计划：月施工计划以段年施工计划为依据，由施工调度科负责编制，每月 21 日以段文件形式下发。

（3）周施工计划：周施工计划（本周六至下周日）以段月施工计划为依据，由施工调度科与设备管理单位共同编制，每周五 18:00 前报工务处审批后，以部门通知形式下发。

（4）日施工计划：本单位担任施工配合单位时，由段调度传递《施工计划调度命令》至车间，车间应按周施工计划进行核对，并下达相关施工队组织实施。

（五）计划管理

临时变更施工计划应按如下程序执行：

（1）周施工计划范围内调整时，调整权限在车间主任，并通知施工调度科主管工程师，车间、施工队做好施工准备和技术对接。

（2）月施工计划范围内调整时，调整权限在施工调度科，由施工调度科下达变更计划，车间、施工队做好施工准备和技术对接。

（3）超出月施工计划范围调整时，调整权限在主管维修副段长，由施工调度科请示主管维修副段长，经同意后，由施工调度科下达变更计划，车间、施工队做好施工准备和技术对接。

（4）临时变更或增补施工计划时，设备管理单位须提前 12 h 告知施工调度科，否则不予办理。

三、前期组织

1. 施工协议

开工前一个月，施工调度科按管辖范围拟定施工安全协议，经安全管理科审核，主管维修副段长审批后送相关单位签订，签订后报铁路局有关部门审查。车间、施工队应留存施工安全协议备查。

2. 安全技术组织措施

开工前一个月，施工调度科按施工类别分别制定安全技术组织措施，期间可根据施工性质，按线别、分阶段单独制定针对性的安全技术组织措施，安全技术组织措施经安全管理科、技术科审核，主管维修、安全副段长审签后上报铁路局工务处审批执行。

车间应根据施工现场特点，按线别、分阶段制定针对性的安全技术组织细化措施，并报施工调度科、安全管理科审核，主管维修副段长审批后执行。

3. 资料对接

开工前一周，施工调度科与相关设备管理单位联系，由对方准备相应资料；施工专列转场到位后，由工务车间提供，资料如下：

①线路、站场设备图（提供有效台账）。

②曲线要素表（涉及变更）（技术科审核盖章）。

③起、拨道量资料（涉及变更）（技术科审核盖章）。

④无缝线路锁定轨温资料（技术科审核盖章）。

⑤行车速度表（技术科提供电子版）。

⑥桥梁稳定表（行别、地点、可否全程稳定，道砟厚度、限界尺寸）（技术科审核盖章）。

⑦钢轨状况调查表（技术科审核盖章）。

四、开工准备

1. 上线备案

设计、生产、维修或者进口新型的大型养路机械，应经铁路总公司许可，并具有出厂合格证，并应完成落成验收。

每年初，由技术科提供上线大型养路机械车型、对应出厂合格证号，人劳科提供对应司机姓名、驾驶证号，分别报工务处审核，办理备案手续。

未经备案的大型养路机械和司机不得上线运行。

上线运行或施工前，施工队应主动提供上述证明予车站进行检查审核。

2. 岗前培训

(1)上道施工人员应进行安全教育，组织学习安全规章及有关操作技术。从事大型养路机械驾驶和操作工作和特种设备操作人员，必须经专业培训、考试合格，取得相应资格，方可上岗。

(2)所有入网作业人员必须持证上岗，按规定穿着防护服，佩戴防护帽，夜间必须穿着反光防护服。

3. 危险源识别

(1)车间组织对作业机组、宿营车进行危险源排查，针对排查出隐患实行分级管理，安全管理科负责督导。

(2)施工队上线前，必须执行随人工具上线登记、下线销记制度，并有专人复查。

4. 施工转场

施工前三天，由车间根据施工计划拟定转场电报，报施工调度科审核、技术科会签，主管维修副段长审批后由段调度室拍发。段调度室及驻铁路局调度负责协调施工专列转场工作。

施工转场尽量安排在停点日进行。如次日需施工时，从车辆转场到位后计算，应保证施工

人员有 6 h 以上的休息时间(无宿营车作业机组应保证 8 h 以上的休息时间)。

5. 技术对接

施工专列到达驻地后，由施工负责人联系设备管理单位技术负责人进行对接，收集并审核相关技术资料，并就施工有关要求进行沟通。

每次施工前一天，施工负责人和设备管理单位技术负责人对次日施工共同确定施工方案，对重点工作制定解决方案。对重点施工，施工负责人应会同设备管理单位进行现场调查。

6. 施工交班会

每日由施工负责人组织召开交班会议，制定并下发“两图五表”，总结上次施工情况，安排次日施工，并按各车划分责任地段，提出针对性的安全指导意见和安全预想方案。

五、行车组织

(1)自轮运转特种设备的三项设备(机车信号、列车无线调度电话、运行监控记录装置)、GSM-R 电话、救援起复设备、防护备品、信号备品必须齐全、完好。每次运行前，必须指定专人进行检查，确认完好。运行监控装置故障时，不得上线运行。

(2)大型养路机械运行计划由车间提前一天向段调度室提供《自轮运转特种设备运行、作业计划表》，注明发站、到站、编组、运行径路、作业地点及转线计划，由段调度室向客运专线调度所上报。运行计划批准后，驻铁路局调度负责联系和协调。

(3)作业机组运行，应按车站值班员指令和地面信号机显示行车，信号机灭灯时视为红灯。作业机组运行应执行车机联控制度，由车站值班员主动呼叫司机。如车站值班员未呼叫时，司机应主动呼叫车站值班员。

(4)作业机组车站及动车运用所调车时，应按车站值班员指令和地面信号机的显示调车。

(5)作业机组及宿营车转场挂运客专线路应安排专用机车牵引，并尽量安排在与客专线隔离的综合维修工区或停留线停放。

六、施工组织

(1)“天窗”(或封锁时间)以外，任何人员禁止进入防护栅栏或桥面。

(2)驻铁路局调度每日 16:00 参加客运专线调度所召开的施工维修协调会议，并将会议内容及时传达至施工车间。客运专线调度所设“行车设备施工登记簿”，驻调度所人员应提前 2 h 申请登记封锁；作业机组应提前 2 h 至施工申请站，驻站防护员应密切与驻调度所人员保持联系沟通。列车调度员发布施工封锁命令后，驻站防护员应确认车站控制终端 CTC 系统控制模式状况转为“非常站控”模式(红灯亮)，及时通知施工负责人并转述调度命令。

(3)作业机组进入封锁区间的行车凭证为调度命令，由车务应急值守人员向本务机司机递交，施工负责人、本务机司机应确认调度命令。作业机组尾部应指派胜任人员携带列车无线调度通信设备值乘，并在区间协助本务机司机调车。作业机组进入施工地段时在设备管理单位现场防护人员显示的停车手信号前停车，再根据施工负责人的要求，按照调车方式进入指定地点。

(4)作业机组需由区间返回站内时，司机需得到车站值班员的同意后，凭车站值班员的指令方可返回。

(5)施工作业完毕，驻站防护员须确认整列完整返回车站后，方可申请办理开通。

(6)多单位联合施工时按铁路局、段有关文件要求执行。

七、施工作业

(一) 作业范围

(1)道岔维修、打磨施工按照道岔单元进行封锁，站内以出站信号机内方(站内方向)不少于 50 m 为分界点；区间以进站信号机和反向进站信号机外方(区间方向)不少于 50 m 为分界点。道岔单元的作业范围一般包含岔区及其前后 200 m(打磨施工为岔区前后 300 m)线路。线路维修、打磨作业原则上不得进入道岔单元的作业范围。

(2)线路和道岔维修、打磨作业起收车顺坡地点应在钢轨轨腰处做好顺坡标志。线岔结合部应做好顺坡衔接(重叠打磨)。打磨作业重叠作业距离不应少于 3 m。

(3)基于施工需要，综合维修施工一般可申请两站一区间封锁或三站两区间封锁。

(二)线路、道岔维修作业

非电气化区段线路、道岔维修作业起道量不大于 40 mm、拨道量不大于 40 mm、超高调整量不大于 10 mm；电气化区段线路、道岔维修作业起道量不大于 30 mm、拨道量不大于 30 mm、超高调整量不大于 7 mm。超出维修作业限值的施工均须单独制订方案，并经主管维修副段长审核同意后方可实施。

(1)大机起道：无精确测量数据时，基本起道量应不少于 10 mm，起道作业结合地面测量数据进行人工输入起道；有精确测量数据时，基本起道量可小于 10 mm，并按测量数据准确输入起道量。实际起道量超过 50 mm 时分次起道。

(2)大机拨道：直线地段采取激光拨道，设备管理单位每隔 100 m 标定基准点。不采用精确拨道时，按提供的地面拨量人工输入拨道；采用精确拨道时，精测数据输入 ALC 进行拨道。

(3)大机捣固：线路捣固按“1X”自动作业模式作业，一次插镐连续捣固，钢轨接头(包括绝缘接头)等薄弱处所插镐二次加强捣固；DWL-48 型捣稳车采用自动捣固模式；遇有新线高填方路基、线桥涵隧结合部、过渡段等薄弱地段视具体情况安排补强捣稳。

道岔捣固一次插镐，接头、辙叉、尖轨曲向可弯部位增加捣固次数。

(4)振动夯拍：砟肩夯拍与捣固同步全程振动夯拍道床砟肩，具备堆高 15 mm 道砟的砟肩应使用夯拍器，夯拍激振器必须打开，增强捣固密实效果。遇障碍处所夯拍器应提前收起，避

过障碍处所后应继续使用。

(5)动力稳定:大机捣固后应同步进行稳定作业,原则上全程稳定。桥梁上稳定时应尽可能在桥台外起振、停振,技术状态不良的桥梁及线路水平不良的地段禁止稳定。

连续稳定作业距离不得小于 100 m,稳定车遇障碍物无法连续稳定作业时,应提前顺坡停振。停振后再次起振时起振点应与停振点间隔至少 100 m 以上。

(6)检测记录:捣固车、稳定车作业时同步使用记录仪,全程检测作业后线路水平、轨向和曲线超高、正矢,监控作业质量。记录数据由车间拷贝存档,建档备查。

(7)配砟整形:捣前配砟捣后整形,配砟整形车来回作业,保证捣固前捣固区域配足道砟,捣固后砟肩堆高、道床断面符合标准。

(8)精确捣固:核对设备管理单位提供的起、拨数据,输入 ALC 系统,进行精确捣固作业。

(三)线路、道岔打磨作业

新钢轨预打磨为 2 遍或 3 遍,预防性打磨一般多不于 2 遍,修理性打磨一般不少于 2 遍,重点进行轨面打磨,消除轨面波磨,修正轨头轮廓。道岔预防性打磨直股不少于 10 遍,尖轨、可动心轨、翼轨工作边及尖轨非工作边出现肥边应打磨整修。钢轨和道岔修理性打磨应根据轨面病害情况增加打磨遍数。

八、质量标准

(1)轨道静态几何尺寸容许偏差管理值和曲线正矢作业验收容许偏差值中,作业验收管理值为综合维修作业质量标准和质量检查标准;限速管理值为因特殊原因开通后为保证列车运行平稳性和舒适性,需进行限速的控制标准。

(2)线路维修作业及验收标准。

根据列车运行速度等级;线路轨道静态几何尺寸容许偏差管理值按照《铁路客运专线技术管理办法(200～250 km/h 部分)》"第 35 条表 7"和《铁路客运专线技术管理办法(300～350 km/h部分)》"第 36 条表 4"进行作业、验收;曲线正矢作业验收容许偏差按照《既有线提速200～250 km/h 线桥设备维修规则》"第 3.5.6 条"进行作业、验收。

(3)道岔维修作业及验收标准。

根据列车运行速度等级;线路轨道静态几何尺寸容许偏差管理值按照《铁路客运专线技术管理办法(200～250 km/h 部分)》"第 35 条表 8"和《铁路客运专线技术管理办法(300～350 km/h 部分)》"第 36 条表 6"进行作业、验收。

(4)钢轨打磨作业及验收标准。

根据列车运行速度等级,按照《铁路线路修理规则》"第 4.10.1 条"和《既有线提速 200～250 km/h 线桥设备维修规则》"第 4.2.1 条"进行作业、验收。

打磨后钢轨应无连续的点状和线状发蓝带。

打磨后钢轨表面粗糙度：Ra max.. ≤10 μm(轨顶 R300 处)。

轨距角打磨符合规定要求(角度仪、直尺和廓面仪)，打磨廓面符合设计要求(采用廓面仪及专用电脑对打磨廓面进行检查)。

(5)验工交验。

线路和道岔维修、打磨作业在施工完后，各车间应与设备管理单位互签《大型养路机械维修(打磨)日作业互控表》，作为交验和质量评定的依据。该表一式两份，设备管理单位、施工调度科各存一份。

每月 21～23 日各车间应安排专人携带《大型养路机械维修(打磨)日作业互控表》至设备管理单位技术部门签认《大型养路机械验工单》，并于 25 日前送至施工调度科，同时报送《大型养路机械维修(打磨)日作业互控表》，作为月度清算的依据。

九、安全管理

(1)作业机组装载材料、工具应稳固，不偏载、不超载、不超限。作业车组移动时不得装卸材料、机具。

(2)运行或转场前，作业车各工作、检测装置应锁定到位和可靠，安全链拴挂有效，宿营车各工作装置、附属管线应捆绑到位，到达指定地点后，应进行复查。

(3)调查、检查工作纳入"天窗"内进行，作业人员在本线、邻线或两线间进行调查、检查时，本线、邻线必须确保无其他单位作业车辆运行。如确需调查、检查时，应在调度所召开的施工协调会上划分分界点(须留出至少 500 m 的安全距离)，并由设备管理单位设置防护方可进行。

(4)线路维修和道岔维修应安排在锁定轨温允许作业轨温范围内；曲线作业，曲线超高应在缓和曲线顺完。

(5)PGM-96C 型钢轨打磨车在 20‰以上坡道作业时，下坡打磨应严格控制作业速度，随时观察作业状况。超高大于 150 mm 的曲线地段，打磨速度不得低于 10 km/h，且须一次性作业完毕，不得在曲线内停车。PGM-96C 型钢轨打磨车不得在打磨小车放下状态下通过道岔，需通过道岔时，须收起并确认打磨小车到位后方可通过道岔。

(6)钢轨打磨施工，施工主体单位负责提前清理施工地段(含滑行距离)线上线下易燃物品和遗留物，并在施工中配足人员和消防用具，施工车间应做好监督。

(7)大型养路机械施工完毕后，应安排专人检查捣镐、磨石等易耗材料，处理车体积碳，严禁遗留至线路，影响行车安全。大型养路机械行车途中，应有专人监控车辆和线路，防止坠落物体遗留线路。

(8)隧道内作业，地面作业人员应佩戴口罩(维修)、过滤器(打磨、铣磨)。

十、抢修作业

(1)抢修作业一般仅安排线路维修和道岔维修。天窗时间以外双线区间大型养路机械需上线进行抢修时,按照调度命令进入区间,邻线最高限速 160 km/h。使用带 T 字的移动减速信号牌进行防护时,动车组列车的防护距离为 1 400 m。

(2)施工期间驻站防护员不得离开车站信号楼(运转室),通信设备保持正常状态,现场与其联系中断视为邻线来车办理。确因特殊原因离开时,必须向施工负责人取得联系和同意,期间所有施工人员不得进入邻线及两线间。

(3)动车组的防护实行预报(列车邻站报开)和确报(列车本站报开)制度。动车组接近前 10 min,所有人员必须下道避车并停止作业,并在本线防护栅栏内避车。

(4)作业机组摘、挂车作业,人员必须在本线靠路肩一侧指挥和作业;所有作业人员不得进入邻线及两线间,到邻线一侧巡视设备或处理突发事件时,必须与驻站防护员取得联系,利用邻线列车间隔时间,现场应设置专人防护和联络,防护方法按上一条方法办理。

第五节　大型养路机械高速铁路综合维修作业标准

一、施工安全管理

(1)施工主体单位在施工前必须与有关单位签订施工安全配合协议书(包括车务、电务、铁通、供电、车辆等)。

(2)施工期间,设备管理单位和大机配属单位各派一名责任心强、懂业务的人员担任驻站防护员。设备管理单位负责设置施工地段两端和现场防护,本单位作业及人员安全防护由设备管理单位负责,大型养路机械作业机组随车防护由客专维修基地负责,每台作业车各安排一名随车防护人员。

(3)施工中线岔设备发生非正常变化或因机械故障、线岔设备质量危及行车安全时,大型养路机械应立即停止作业,查明原因,设备管理单位应积极配合客专维修基地进行抢修和整治,确保行车安全。作业过程中邻线来车时,靠邻线一侧人员必须停止抢修,并按规定避车。

(4)每天施工结束后,放行列车条件由客专基地大机负责人和设备管理单位施工负责人共同确认,严格对作业地段进行全面检查,确认符合放行列车后方可放行列车。

(5)大型养路机械作业车运行前,应对各车的制动系统、走行系统、工作装置等关键部位进行检查,并应试风试闸,确认正常后方可运行。

(6)捣固作业时,各车的间隔不得小于 10 m;收、起夯拍器时,人员必须离开其下落位置,以防碰伤;作业动车时,操作人员必须按规定先鸣笛 10 s 后方可动车。

(7)施工地段两端、现场及随车防护员要与驻站防护员密切联系，及时通报施工地段邻线来车情况，确保施工和人身安全。

(8)施工前客专维修基地应及时组织施工专列到达指定驻站，附属宿营车的作业机组应提前8 h到达施工驻站、未附属宿营车的作业机组应提前6 h到达施工驻站，并做好接水接电工作。基地站与施工进返站间的距离一般不超过25 km，长大区间不超过2个。

(9)严格按照轨温条件组织施工：一次起道量小于30 mm，一次拨道量小于10 mm时，作业轨温条件不得超过实际锁定轨温±20 ℃；一次起道量在31～50 mm，一次拨道量在11～20 mm时，作业轨温条件不得超过实际锁定轨温－20 ℃～＋15 ℃。

(10)当日最高气温超过30 ℃及以上时，施工作业期间，设备管理单位负责携带氧气、乙炔等应急处理设备，以备处理突发胀轨跑道快速抢修之用。

(11)作业后3日内，设备管理单位要派人对当日作业地段和前两日作业地段进行巡查。

二、线路捣固维修作业

线路大机捣固维修作业技术规定如下：

(1)线路维修作业时，捣固车必须使用夯拍器振动夯拍，动力稳定车必须全程稳定。

(2)大机捣镐必须齐全，且镐掌磨耗量不得超过20%(镐掌高度不得小于56 mm、全镐镐掌宽度不小于91 mm、半镐镐掌宽度不小于63 mm)，捣固时，应设定适当的下插深度，确保捣镐下插到位时，捣固时镐掌上沿距枕底不少于15 mm。

(3)夹板接头2孔、桥头两端各10孔、道口及前后两端各10孔等薄弱处所应增加捣固次数，线路严重板结地段安排抬道捣固，抬道量不低于50 mm，捣固遍数不少于2遍。

(4)捣固车应采用自动循环作业，夹持时间开关置于“3”位。步进式捣固车捣固频率不得超过18次/min，连续式捣固车捣固频率不得超过22次/min。

(5)一般情况下，线路维修采用单捣作业模式，特殊情况需要进行双捣必须报工务处审批同意方可执行。超高调整量在10 mm及以上、抬道量在50 mm及以上、拨道量在30 mm以上平纵断面调整施工应采用“单捣”多遍分次作业的方式。

(6)线路维修与道岔维修在同一线别涉及衔接施工时，原则上线路维修仅负责站内正线部分。作业范围以站内正线出站信号机内方(线路方向)不少于50 m为分界点；区间以上、下行进站信号机和反向进站信号机外方(区间方向)不少于50 m为分界点，重叠作业距离不应少于20 m，并做好顺坡作业(单独施工时比照执行)。

(7)维修作业结束前，应在作业终点划上标记，并以此开始顺坡。一般情况下不在圆曲线上顺坡，严禁在缓和曲线上顺坡结束作业。

(8)施工中，记录仪必须同步工作，且记录数据作为工务段验收数据，在长大直线段，根据设备管理单位需要采用激光准直系统进行拨道。

三、道岔捣固维修作业

道岔大机捣固维修作业技术规定如下：

(1)捣镐齐全，镐掌高度不小于 56 mm，全镐镐掌宽度不小于 91 mm、半镐镐掌宽度不小于 63 mm，捣固时镐掌上沿距枕底不少于 15 mm。

(2)施工中，记录仪必须同步工作，且记录数据作为设备单位验收数据，在长直线段，采用测量数据或使用激光准直系统进行拨道。

(3)CDC-16 型道岔捣固车捣固夹持时间开关置于不小于“3”位，道岔维修作业采用“双夹持”模式。

(4)道岔捣固作业时，应将整个岔区及进出站信号机外不少于 50 m 线路作为一个维修单元进行作业，需出站时，由施工主体单位负责联系协调，客专维修基地应积极配合。

(5)配合道岔换填和换岔大机捣固遍数：时速 120 km 及以下区段安排道岔车单捣 2 遍、时速 120 km(不含)至 160 km(含)区段安排道岔车单捣 3 遍、时速 160 km 以上区段安排捣固车单捣 4 遍，捣固数量纳入到各设备管理单位年初道岔维修计划总量中。

(6)在天窗大于 150 min 区段进行道岔维修捣固应尽量采用无障碍捣固。

四、钢轨、道岔打磨维修作业

钢轨、道岔打磨维修作业技术规定如下：

1. 钢轨打磨车

(1)PGM-48 型钢轨打磨车预防性打磨的作业遍数一般为 3 遍，修理性打磨的作业遍数不少于 5 遍；PGM-96C 型钢轨打磨车预防性打磨的作业遍数一般为 2 遍，修理性打磨的作业遍数不少于 3 遍。

(2)做好打磨施工的衔接，本次作业起点应从上次顺坡始点开始，重合距离不少于 20 m。

(3)在钢轨顶面中心处形成 20～30 mm 宽的光带；曲线地段以消除波磨及作用边肥边为主，增加钢轨顶面及下股工作边打遍数，减少上股钢轨内侧打磨遍数。

(4)钢轨横断面用“智能全断面钢轨磨耗测量系统”检查钢轨的轮廓，应与标准轨断面大致吻合。

2. 道岔打磨车

(1)打磨范围：道岔打磨作业时，应将整个岔区及进出站信号机外不少于 50 m 线路作为一个维修单元进行打磨，现场道岔打磨需要出站，客专维修基地应全力配合。

(2)预防性打磨不少于 10 遍，修理性打磨不少于 12 遍。

(3)交叉渡线和翼轨高于基本轨的区域不打磨。

第六节 大型养路机械作业机组

大型养路机械的装备机种、设备有:双枕捣固车、连续式捣固车、道床稳定车、配砟整形车、全断面清筛机、道岔捣固车、边坡清筛机、钢轨打磨车、道岔打磨车、道岔铺换设备、大型养路机械牵引车及大型养路机械附属车辆等。

根据线路修理工作的需要,施工由上述一台或几台不同机种、数量的机械来实施。固定搭配的机械组合称为机组。常用大机作业机组有:

一、维修机组

维修机组由下列机械组成:双枕捣固车 2 台,单机效率 0.8～1.2 km/h(或连续式捣固车);道床稳定车 1 台,单机效率 0 ～2.5 km/h;配砟整形车 1 台,单机效率 0～10 km/h。

捣固车、稳定车、整形车配合施工可完成线路综合维修的起道、拨道、抄平、拨正曲线、全面捣固以及道床稳定、边坡整形等作业。机组采用 2 台捣固车平行作业是为了提高封锁天窗的利用率和确保捣固作业的实施。

维修机组在 3 h 的封锁天窗内,扣除进、出封锁区间时间、辅助作业时间以及机械平行作业对效率的影响,有效作业时间可完成 3 km 的线路维修作业,按全年 200 个工作日计算,机组年作业里程可达 600 km。

特殊繁忙干线应采用高效连续式捣固车。机组采用连续式捣固车,其作业能力可提高 30%,将有效地减少线路封锁日数。

二、大修机组

大修机组由下列机械组成:全断面清筛机 2 台,单机效率 650～800 m/h;双枕捣固车 3 台,单机效率 0.8～1.2 km/h(或连续式捣固车);道床稳定车 1 台,单机效率 0～2.5 km/h;配砟整形车 1 台,单机效率 0～10 km/h。

大修机组可完成线路大修的道床全断面清筛、线路纵断面和平面校正改善、道床全面捣固、道床稳定及边坡整形等作业。施工中 2 台清筛机各配备 1 台捣固车平行作业完成清筛和初捣工作,其余 3 台机械采用流水作业,对当日清筛地段完成第二次整细捣固及道床稳定和整形工作。采用 2 台清筛机是为了提高封锁天窗的利用率和确保清筛作业的实施。

大修机组在 3 h 的封锁天窗内,扣除进、出封锁区间时间、辅助作业时间以及机械平行作业对效率的影响,有效作业时间可完成 1 km 的线路大修作业,按全年 200 个工作日计算,机组年作业里程可达 200 km。

本章小结:本章介绍了我国铁路大型养路机械发展历程,主要铁路大型养路机械设备的作

用与工作原理，大型养路机械施工作业，大机机组施工作业，质量控制和施工组织等内容。重点是熟悉和掌握大型养路机械施工作业内容，难点是了解大型养路机械机组施工作业及施工组织内容。

思考题

1. 高速铁路线路常用的养路机械有哪些？
2. 配砟整形车可完成的主要作业有哪些？
3. 影响大型养路机械作业效率和作业质量的因素有哪些？
4. 大型养路机械作业特点是什么？
5. 大型养路机械维修线路的一般作业工序是什么？

第九章

高速铁路线路故障应急处理

本章要点：通过本章学习，要求学生全面了解故障应急预案的基本内容和作用，熟悉高速铁路线路故障应急处理的基本程序，重点掌握高速铁路线路故障应急处理的抢险办法，熟悉故障应急处置流程、处置措施和职责分工，提高学生对应急故障处置的认识。

高速铁路在我国已经进入了高速发展期，越来越多的大中型城市中将出现动车的身影。但与此同时，如果发生突发事件，将给整个路网正常运行带来影响，另一方面，由于高速铁路运营涉及动车组、电力、调度、通信、客运等多个部门，相关人员、设备众多，组织配合过程复杂，在日常运营过程中，由于系统技术设备失效、工作人员操作失误等各种原因，不可避免地会发生一些故障、突发事件等，影响整体性能的正常发挥。再加上不可控制因素（如自然灾害、恐怖袭击、人为破坏等）对整个高速铁路网络造成重大影响，严重威胁着乘客的生命、财产安全，进而对人们的日常出行和城市的正常运行产生不利的影响。

高速铁路线路的安全问题必须从事前预防、事中处理和事后总结三个方面统筹规划。事前预防就是一方面在高速铁路的铺设阶段就要充分考虑到安全需要，为日后的运营管理工作奠定基础，另一方面高速铁路线路管理部门，要针对各种可能的突发事件编制好完善的应急预案，并加强演练，做到有备无患。事中处理就是在发生突发事件时，及时启动正确的应急预案，以应急预案为核心，正确指挥各部门相互协调配合，迅速采取有效的措施，将事件的影响和损失降至最低。事后总结就是根据事件处置的过程和效果，改善应急处置预案的缺陷和暴露出来的安全漏洞，及时修订预案中存在的问题，防止出现同类问题。同时，对于路网中发生的不可预知突发事件或行车事故，则应做到协同配合、迅速反应、高效处置，争取将突发事件造成的不利影响减至最小。

第一节　高速铁路应急管理体系

高速铁路应急管理体系由两个主要部分组成，一是高速铁路应急组织，二是高速铁路应急预案。

一、高速铁路应急管理组织

原铁道部于2006年6月成立了铁道部应急指挥救援指挥中心，应急中心在铁路总公司应急救援领导小组的领导下开展工作，主要承担全国铁路系统突发事件应急救援的组织、协调和指挥工作，同时接受国家安全生产应急救援指挥中心的业务指导，初步形成了铁路总公司、铁路局、站段三级应急救援体系（图9-1）。

1. 铁路总公司应急组织

建立高速铁路应急管理体系系，依照铁路交通事故应急组织体系要求，铁路总公司铁路交通伤亡事故应急组织体系由铁路总公司铁路交通伤亡事故应急领导小组、各应急协调指挥组和应急救援队伍组成。铁路总公司应急领导小组由主管副总经理任组长，办公厅、安全监督管理局、运输局、公安局、宣传部和其他相关司局及事故发生地铁路运输企业负责人为成员组成。

2. 铁路局应急组织

在铁路应急管理过程中，铁路局成立应急管理委员会，下设应急管理办公室、应急指挥中心两个机构，根据突发事件类型成立交通事故、防洪、破坏性地震、火灾、危险化学品等多个应急管理领导小组。

3. 基层应急组织

在各基层单位设立应急委员会，各单位行政主要领导兼任应急委员会主任。下设事故救援、设备保证、后勤保障、医疗救护、治安保卫、宣传报道等专业工作组。同时，成立基层单位应急办公室，作为应急委员会的日常办事机构，负责应急管理、应急救援指挥的日常工作，由办公室、本单位应急值守部门及有关业务部门组成，应急办公室主任由办公室主任担任并负责日常工作。基层单位应急组织机构须报铁路局应急管理办公室备案。

二、高速铁路应急预案

应急预案指面对突发事件（如自然灾害、重特大事故、环境公害及人为破坏）的应急管理、指挥、救援计划等。我国现有的高铁应急预案主要包括由铁路总公司制定的相关高速铁路应急管理的预案：《铁路防洪应急预案》、《铁路破坏性地震应急预案》、《铁路地质灾害应急预案》、《铁路交通伤亡事故应急预案》、《铁路火灾事故应急预案》、《铁路危险化学品运输事故应急预案》、《铁路网络与信息安全事故应急预案》、《铁路突发公共卫生事件应急预案》、《铁路处置群体性事件应急预案》、《动车组突发事件应急预案》等。

三、高速铁路应急管理能力

应急管理是一项复杂的系统工程，包含机构设置、法制建设、预案体系、资源保障、运行程序、评估体系等诸多要素和过程。

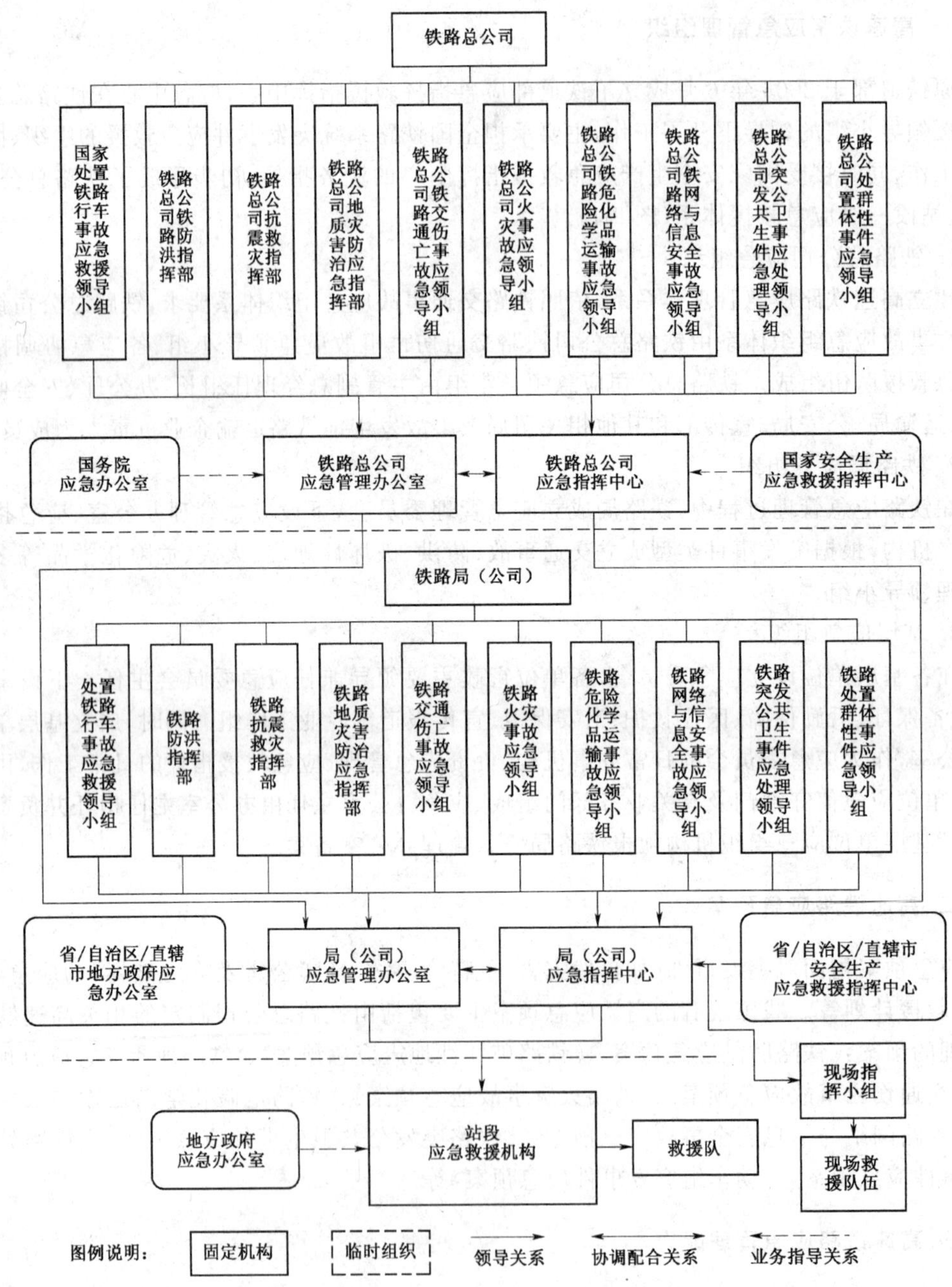

图 9-1　高速铁路应急管理体系框图

从静态的角度讲，可以把铁路局应急管理看作是一个功能完备的有机系统。该系统应是以“统一指挥、分工协作、预防为主、平战结合、及时灵活、科学有效”原则为指导，集预案、组织、资源、信息、评估等要素于一体的全面应急响应和处置系统。预案是应急管理的关键，是为整个应急流程的各个方面预先做出的详细安排，使应急管理走在突发事件的前面；组织是应急管理的主体平时进行应急管理的准备，战时进行应急处置的实施；资源是应急管理的保障，资源的储备和调度，直接影响应急救援的反应速度和最终成效；信息是应急管理的手段，平时信息的积累、管理信息系统的建立健全、战时信息的快速传递，都关系到应急管理的成败；评估是对应急管理的检验，全面评价应急管理系统各构成要素在应急管理过程中的实施效果，指导铁路局的应急管理工作，促进铁路局进一步提升应急管理效率。

从动态的角度讲，应急管理过程包括四个主要环节，即准备、预防、反应、恢复，每个环节又包括诸多要素和过程。准备是应急管理的基础，在平时状态下，采取相应措施提高应急与运作能力；预防是应急管理的前提，对可能发生的灾害进行监测和预警，为应急处置做准备；反应是应急管理的关键，得到事故救援作息，立即进入救援状态，快速反应，采取救援行动，尽快恢复通车，将人员伤亡和财产损失降到最低；恢复是应急管理的完善和提升，救援行动结束后，总结经验，发现不足，提出并落实改进措施。这四个环节相互转换、相互关联，形成完整的应急管理过程。

一般情况下，应急管理是准备阶段→预防阶段→反应阶段→恢复阶段→准备阶段这样一个循环过程，也是平时状态与救援状态相互转化的过程。但是，当突发事件突如其来或难以预测时，应急管理就会跳过预防阶段，直接从准备阶段进入反应阶段，再进入恢复阶段，而且由于突发事件可能造成持续的影响，所以需要从恢复阶段进入预防阶段，时刻监控事态发展，防止灾害造成后续影响，或是由于突发事件比较重大，需要连续地进入反应→恢复→再反应的持续处置过程(图 9-2)。

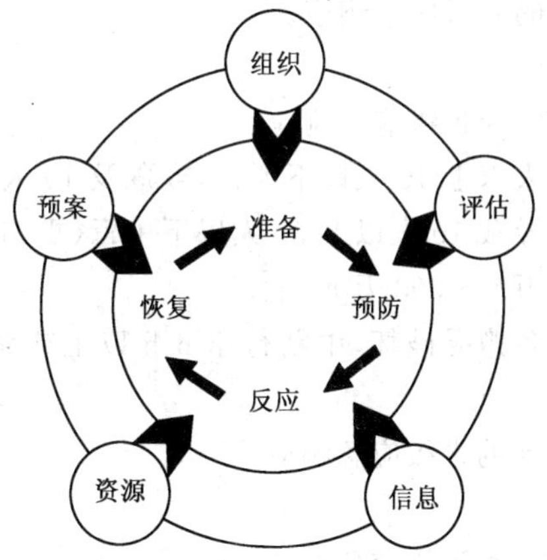

图 9-2 高速铁路应急管理能力分析示意图

第二节　高速铁路线路故障应急标准与处理

一、线路故障事件应急响应级别划分

按照突发事件的可控性、影响程度和影响范围，将高速铁路线路故障事件应急响应分为Ⅰ、Ⅱ、Ⅲ、Ⅳ级，便于在应急处理时选用更有针对性的处理方法。

具体的应急标准划分如下：

1. Ⅰ级标准

事故符合下列情况之一者，为Ⅰ级应急响应：

(1)事故后果已经导致 30 人及其以上死亡，或危及 50 人以上生命安全。

(2)事故后果已经或即将导致 100 人以上中毒(重伤)。

(3)直接经济损失超过 10 000 万元。

(4)铁路繁忙干线运输设备遭受破坏，中断行车，经抢修在 48 h 内无法恢复通车。

(5)国务院决定需要启动的Ⅰ级应急响应。

2. Ⅱ级标准

事故符合下列情况之一者，为Ⅱ级应急响应：

(1)事故后果已经导致 10 人以上 29 人以下死亡，或危及 30 人以上，50 人以下生命安全。

(2)事故后果已经或即将导致 50 人以上 100 人以下中毒(重伤)。

(3)直接经济损失为 500 万～5 000 万元。

(4)铁路繁忙干线运输设备遭受破坏，中断行车，经抢修在 24 h 内无法恢复通车。

(5)国务院决定需要启动的Ⅱ级应急响应。

3. Ⅲ级标准

事故符合下列情况之一者，为Ⅲ级应急响应：

(1)事故后果已经导致 3 人以上 10 人以下死亡，或危及 10 人以上 30 人以下生命安全。

(2)事故后果已经或即将导致 10 人以上 50 人以下中毒(重伤)。

(3)直接经济损失为 500 万～5 000 万元。

(4)铁路繁忙干线运输设备遭受破坏，中断行车 6 h 以上或者中断其他线路铁路行车 10 人以上。

(5)铁路局认为有必要启动的Ⅲ级应急响应。

4. Ⅳ级标准

事故符合下列情况之一者，为Ⅳ级应急响应：

(1)事故后果已经导致 3 以下死亡，或危及 10 人以下生命安全。

(2)事故后果已经或即将导致 30 人以下中毒(重伤)。

(3)直接经济损失为 100 万～500 万元。

(4)铁路繁忙干线运输设备遭受破坏,A 类事故:中断行车在繁忙干线双线之一线或单线行车中断 3 h 以上 6 h 以下,双线行车中断 2 h 以上 6 h 以下;其他线路双线之一线或单线行车中断 6 h 以上 10 h 以下,双线行车中断 3 h 以上 10 h 以下;客运列车耽误本列 4 h 以上。B 类事故:繁忙干线行车中断 1 h 以上,其他线路行车中断 2 h 以上,客运列车耽误本列 1 h 以上。

(5)铁路局认为有必要启动的Ⅳ级应急响应。

二、应急预案的处理程序

1. 响应程序

当发生冲突、脱轨、火灾或爆炸事故时,当班人员应立即向段调度报告,段调度立即向段应急领导小组报告,在向上级机构报告的同时,立即启动相应级别应急预案。

2. 应急响应行动

接到影响列车行车的信息,在尚未确定事件级别、实施分级响应之前,工务段应急领导小组主要领导要立即派安调、技术、高铁科等人员赶赴现场,对事故进行调查,及时向应急小组领导汇报情况,与上级部门沟通,协调相关施工单位要迅速组织人员,全力配合组织指挥有关人员进行先期处置。

发生设备故障信息,安调、高铁科应立即组织人员到现场进行调查,督促相关施工单位进行采取措施,尽快恢复设备正常,在采取先期处置措施的同时,工务段安调科要对事件的性质、类别、危害程度、影响范围等因素进行初步评估,及时向段应急领导小组报告,当影响程度达到《铁路交通事故应急救援预案》规定的应急响应标准和条件时,启动相应级别预案。

第三节　高速铁路线路故障应急处理办法

高速铁路线路故障发生后应根据“先通后固”的原则全力组织抢修。抢修人员到达现场后,应立即设好防护,根据具体情况,迅速组织进行处理。

针对在运营中可能出现的特殊危险情况,制定高速铁路线路故障处理应急预案,建立应急救援组织及配备应急人员,配备必要的应急救援器材、设备,以防突发事件,并定期组织演练,确保施工安全。下面介绍几种线路单项故障应急处理办法。

一、断轨应急处理办法

(1)铁路局工务处调度接到通知后,必须迅速通知铁路局工务处值班人员到行车台在“运统—46”登记封锁,同时通知铁路局工务处负责人。

(2)各段调度接到故障通知后，必须迅速通知设备故障所在线路车间、工区和值班段领导，带齐抢修机具及材料，迅速赶赴现场进行组织检查抢修。段调度室必须有一名段领导负责坐台指挥，督促设备故障全过程处理。

(3)线路车间(工区)接到设备故障通知后，应迅速派驻站联络员到所辖车站办理驻站防护和申请作业人员上道检查登记要点手续。同时组织所在工区作业人员，迅速携带防护备品、检查工具及应急处理相关机具、材料，赶赴就近的作业通道门或应急通道，必要时应联系相关配合单位组织人员(如焊轨、打磨人员)协助抢修。作业人员到达通道口，施工负责人应对作业人员、机具、材料清点、登记、确认工作后，立即通知驻站联络员在“运统—46”上办理本线封锁、邻线限速 160 km/h 及以下和作业人员上道检查登记要点手续。待接至列车调度员下达本线封锁和邻线限速 160 km/h 及以下命令后，立即设置现场防护，进入故障区间进行检查。如为跨越管界区段，在本管界内未发现故障时，必须将查找范围扩大到相邻单位管界范围，直至找出故障地点。

(4)检查人员到达故障区段后，分两班对左右股钢轨进行 1 m 不漏仔细巡查，直至发现断轨点或查明故障原因为止，如确认工务设备无故障，可通知登记“工务设备正常、不影响行车”，但故障原因不明、红光带未消失，检查人员必须继续查找，不得返回工区，直至确认出故障原因，检查人员方可撤回。

(5)检查发现为断轨故障时，立即启动线路钢轨(焊缝)折断应急处置预案，并及时将现场情况通报驻站人员，驻站人员根据现场人员的要求，在“运统—46”登记封锁或放行列车条件，并将断轨情况报设备管理单位调度，通知供电(维管)电务、公安等配合单位。同时，根据钢轨(焊缝)折断情况进行处理。

(6)铁路局工务处值班人员在故障处理完毕后方可在行车台登记开通线路。

(一)钢轨折断处理

发现钢轨折断时应立即封锁线路，并根据现场情况采取紧急处理、临时处理或永久处理。

1. 紧急处理

当断缝不大于 30 mm 时，可在断缝处上夹板或臌包夹板，用急救器加固，拧紧断缝前后各 50 m 范围内的扣件，并派专人看守，按不超过 45 km/h 速度放行列车，且邻线限速不超过160 km/h。

紧急处理后，应在断缝两侧轨头非工作边做出标记(标记间距一般为 26 m)，并准确测量两标记间距离和轨头非工作边一侧断缝值，做好记录。

2. 临时处理

当钢轨折损严重、断缝超过 30 mm 或紧急处理后不能及时进行永久处理时，应切除伤损部分，在两锯口间插入长度不短于 6 m 的同型钢轨，轨端钻孔，安装接头夹板，用 10.9 级螺栓拧紧，拧紧短轨前后各 50 m 范围内的扣件，按不超过 160 km/h 速度放行列车。

临时处理前，应在断缝两侧轨头非工作边做出标记(标记间距一般为 26 m)，并准确测量两标记间距离和轨头非工作边一侧断缝值，做好记录。

3. 永久处理

对紧急处理或临时处理处所，宜于当日天窗内采用原位焊复或插入短轨焊复处理。进行焊复处理时，应保持无缝线路锁定轨温不变。作业轨温宜低于实际锁定轨温 0 ℃～20 ℃。当采用插入短轨焊复时，短轨长度不得小于 20 m。

钢轨焊接应按照《钢轨焊接》(TB/T 1632)执行，并满足下列要求：

(1)焊接宜采用具有拉伸、保压功能的焊接设备。

(2)焊接作业轨温不应低于 5 ℃，且应避免大风和雨雪等不良天气。必须在不良天气进行焊轨作业时，应采取相应措施，并使环境温度高于 5 ℃；推凸后应采用石棉或其他材料覆盖直至轨温降至 300 ℃以下。

(3)钢轨焊接后应对焊缝进行探伤检查。

(4)焊接作业结束后，应测量原标记间距离，计算焊接作业范围内锁定轨温。

(二)道岔尖轨、基本轨、可动心轨、翼轨折断处理

发现道岔尖轨、基本轨、可动心轨、翼轨折断时应立即封锁线路，进行处理。

(三)胶接绝缘接头拉开时的处理

胶接绝缘接头拉开时，应立即复紧两端各 50 m 线路的扣件，限速不超过 160 km/h，并及时进行永久处理。绝缘失效时，应立即于当日天窗时间更换，进行永久处理。

二、防胀应急处理办法

设备管理车间在养护维修作业中，发现轨向或高低不良、扣件离缝、胀轨跑道等现象时；或接到列车乘务员、车站通知线路的方向不良时，应立即通知段调度、驻站防护及有关人员，并根据现场实际情况，采取看守、慢行或封锁防护等各项措施。

一旦发生胀轨迹象、胀轨或跑道，相关人员、设备管理车间必须根据“先通后固”的原则全力组织抢修，立即组织人员赶赴现场，迅速组织按下列方法进行处理。

(一)线路连续出现碎弯并有胀轨迹象

(1)现场人员及时通知驻站防护在车站运转室登记本线 45 km/h 慢行和邻线 160 km/h 慢行；立即在现场设置慢行信号防护。

(2)组织人员进行胀轨迹象范围内及两端各 50 m 复紧扣件，同时加强巡查或派人监视，观测轨温和无缝线路方向的变化，待线路状态稳定后方可逐步提速到 160 km/h、200 km/h、250 km/h、300 km/h，根据次日确认车检查情况确认是否恢复常速。

(3)经采取以上措施，若碎弯继续扩大，应立即登记封锁本线区间，邻线慢行 160 km/h，采取铺设防胀布浇水或喷洒液态二氧化碳等方法降温处理，线路稳定后且轨温呈下降趋势后，本

线可限速 160 km/h 开通线路，并派人看守。

（二）线路发生胀轨跑道

（1）立即通知驻站防护在车站运转室登记本线封锁，邻线限速 160 km/h；采取浇水或喷洒液态二氧化碳进行降温处理，钢轨温度降低后，复紧扣件，具备放行条件时可按不超过 20 km/h的速度放行列车，并派人看守。并不间断地采取降温措施，待轨温降至接近原锁定轨温时，再恢复线路和正常行车速度。

（2）无条件降温或降温无效时，立即利用氧割工具切割钢轨，释放应力，插入短轨，复紧扣件，具备放行条件时可放行列车，首列放行列车速度不得超过 20 km，并派人看守、整修线路，逐步提高行车速度。

（3）经以上方法进行紧急处理后，次日应按照无缝线路锁定轨温不明，由主管科室决定并安排应力放散处理，插入不短于 10 m 长的钢轨进行焊复，并对焊缝按规定打磨到位后恢复常速。无缝线路发生胀轨跑道时，应将胀轨跑道情况按表 9-1（无缝线路胀轨跑道情况登记表）做好记录。

表 9-1　无缝线路胀轨跑道情况登记表

车间：

<table>
<tr><td colspan="5">线，□上　□下行，区间：　　至</td><td rowspan="4">胀轨跑道情况及原因（包括胀轨跑道当天或前几天是否作业、作业量、作业轨温；锁定轨温变化情况；线路方向及设备情况，行车情况等）：</td></tr>
<tr><td colspan="2">里　程</td><td></td><td>铺设日期</td><td>年　月　日</td></tr>
<tr><td colspan="2">轨条长度</td><td>m</td><td>施工锁定轨温</td><td>℃</td></tr>
<tr><td rowspan="6">线路特征</td><td>钢轨类型</td><td colspan="3"></td></tr>
<tr><td>轨枕类型及配置根数</td><td colspan="3"></td><td rowspan="3">处理经过：</td></tr>
<tr><td>扣件类型及拧紧程度</td><td colspan="3"></td></tr>
<tr><td>道床肩宽</td><td colspan="3"></td></tr>
<tr><td>线路平纵断面</td><td colspan="3">□直线　□曲线，R ____ m
□坡度，____‰</td><td rowspan="6">胀轨跑道示意图（注明胀轨跑道后线路弯曲波长、矢度；胀轨跑道地点是否在曲线、桥梁、道口、道岔附近，且应注明相对距离）：</td></tr>
<tr><td>线路状态</td><td colspan="3"></td></tr>
<tr><td colspan="5">发生胀轨跑道里程：
距长轨条始端距离：　　m，或距终端距离　　m</td></tr>
<tr><td colspan="5">发生胀轨跑道日期：　年　月　日，时间：　时　分
气温：　℃，　轨温：　℃</td></tr>
<tr><td colspan="5">有无造成行车事故：
中断行车：　时　分</td></tr>
</table>

站线标准轨地段发生胀轨迹象、胀轨及跑道，处理方案比照正线办理。

三、防洪应急处理办法

1. 发生降雨情况处理程序

(1)在预报有中雨以上的天气时，段、车间要按照排好的添乘计划，进行雨中、雨后添乘检查。

(2)段、车间值班人员或调度在降雨达到出巡值时，立即通知管内工区巡查人员进行网外冒雨巡查。巡查人员要分上、下行，按划分的责任公里，到达岗位巡查，雨停后要延长检查时间，防止雨后发生水害。

(3)当降雨量达到限速值时，段值班领导或调度通知车间，根据规定，办理对相应区间封锁或动车组限速手续。

①当管内降雨量达到限速 160 km/h 警戒雨量值时(即降雨量为 40 mm/h 或日降雨量 135 mm)，巡查人员出巡要穿有“防洪巡查”字样的雨衣，携带必要的通信、防护备品和工具，在路肩及路基边坡上进行雨中、雨后巡查，保持信息畅通。巡查发现小的水害，要进行临时处理；发现可能影响行车的水害，及时报告车间主任；发现直接危及行车安全的水害，或一时不能判断是否能够放行列车时，要果断采取防护措施(如拦停列车，安装短路导线)。

②当管内降雨量达到限速 80 km/h 警戒雨量值时(即降雨量为 50 km/h 或日降雨量 185 mm)，轨道车在相应区间上下行，限速 80 km/h 不间断往返巡视，发现水害立即处置。

③在小时降雨强度低于限速警戒值(即 40 mm/h)或日降雨量虽然达到限速值(即日降雨量 135 mm)，但经检查，无影响行车的水害发生时，及时解除限速警戒，并由车间驻站人员及时办理相关手续。

2. 具体水害处理方法

(1)紧急处理。发生水漫轨枕板，路基、桥涵设备坍塌侵限或造成轨道几何尺寸变化，接触网、信号机、电杆等立柱歪倒侵限等水害时，巡查人员立即通知车间驻站封锁线路，并做好现场防护工作，向车间主任汇报水害现场情况。

(2)临时处理。车间主任接水害汇报后，立即向段调度、值班领导汇报水害范围，确定抢险组织情况，并组织车间抢险队立即赶赴现场临时处理，采取措施，尽快限速开通线路。

①发生水漫轨枕板，疏通排水设施，特别是排水系统的出水口，要保持畅通，尽可能增加临时出水口，尽快降低水位。

②发生路堤边坡垮塌较严重的，要在路堤坡脚打钢轨桩加固，堆片石反压坡脚，再回填片石或河沙恢复路堤断面。

③发生路堑边坡溜坍及山体滑坡，路堑边坡坍塌或滑坡土石侵限时，宜尽快清除侵限物；路堑坡脚挡土墙开裂、倾斜时，为防止其倒塌侵限，要立即对倾斜挡土墙进行支撑加固，必要时在挡土墙靠边坡的位置打钢轨桩加固边坡，避免挡土墙垮塌侵限影响行车。

④发生桥梁护锥垮塌时，要检查桥路结合部线路几何尺寸是否发生变化，并采取相应的防护措施，对垮塌桥梁护锥进行加固处理，确保行车安全。

⑤发生接触网、信号机、电杆等立柱歪倒侵限，要立即封锁区间，进行紧急处置。

⑥抢险的具体技术方案可参照铁路工务技术手册《防洪》等资料。

(3)永久处理。根据水害损毁路基、桥涵设备具体情况，进行卸载、刷坡、加固等措施进行永久性恢复。

四、岔区绝缘设备应急处理办法

一般绝缘都在岔区，区间内都是采用应答器和 C3 进行的列控组织，对于岔区的绝缘要做到发现、查找、处理等三个方面工作。

1. 红光带的发现

(1)岔区出现红光带，车站、段调度、列控中心进行通知，车间接到通知后，首先通知红光带所在的工区，车间立即组织人力工机具待命，携带工具包括手锤、扳手、撬棍、回流线等。

(2)工区立即组织人员到车站调度室，上台登记，本线封闭，邻线限速 160 km/h，并确定好与现场人员联络方式，确保联络通信设置状态良好。

2. 红光带的查找

(1)工区立即组织值班人员会同电务人员赶赴现场，对现场查找原因，向车间报告，汇报是什么原因(断轨、绝缘挤死、还是有其他连接线联电等原因)。

(2)经过现场检查发现是否是工务问题，经检查工务设备无问题时，登记工务设备状态正常、开通线路。

3. 红光带处理

(1)检查现场绝缘是否挤死，如果挤死，进行更换绝缘处理。

(2)检查现场绝缘是否有其他原因，配合电务进行处理。

(3)胶接绝缘接头拉开时，应立即复紧两端各 50 m 线路的扣件，并加强观测。当绝缘失效时，应立即更换，进行永久处理。如暂时不能永久处理，更换为高强绝缘接头进行临时处理并限速(速度不超过 160 km/h)。更换为普通绝缘进行临时处理并限速(速度不超过 120 km/h)。进行永久处理时，应保证修复后无缝线路锁定轨温不变。

(4)工区配合电务工区进行整治，直到电务工区现场整治完毕，确认信号后方可离开现场。

五、动态Ⅳ级超限及人工感觉严重晃车应急处理办法

(1)动态Ⅳ级指轨检车、动检车检测轨道几何尺寸超限达到Ⅳ级、动力学指标超限[脱轨系数：$Q/P \geqslant 0.8$；轮重竖向减载率：$\Delta P/P \geqslant 0.8$(双峰)；轮对横向水平力：$Q \geqslant 48.03$ kN]，立即通知高铁车间和段调度，高铁车间接到通知后，立即到车站调度室登记，并通知驻调度所联络

员在“行车设备检查登记簿”上登记：“××月××日××时××分，动态检测××线××站至××站间(×站)×行线××km××m出现Ⅳ级超限，××km××m至××km××m列车限速××km/h。”限制速度：200～250 km/h线路限速不大于160 km/h，250(不含)～350 km/h线路限速不大于200 km/h，限速地点前后各延伸200 m，高铁车间组织抢险人员立即赶赴现场组织检查处理。

(2)工务添乘人员发现动态Ⅳ级超限，立即通知设备管理车间和段调度，设备管理车间接到通知后，立即到车站调度室登记，登记方法同上，设备管理车间组织抢险人员立即赶赴现场组织处理。

(3)机车乘务员发现线路严重晃车时，及时通知车站，车站人员应立即采取措施，后续列车按不大于160 km/h速度放行。设备管理车间组织抢险人员立即赶赴现场组织处理。

(4)线路车间(工区)接到设备故障通知后，应迅速派驻站联络员到所辖车站办理驻站防护和申请作业人员上道检查登记要点手续。同时组织所在工区作业人员，迅速携带防护备品、检查工具及应急处理相关机具、材料，赶赴就近的作业通道门或应急通道，必要时应联系相关配合单位组织人员(如电务、供电工区等)协助抢修。作业人员到达通道口，施工负责人应对作业人员、机具、材料清点、登记、确认工作后，立即通知驻站联络员在“运统—46”上办理本线封锁、邻线限速160 km/h及以下和作业人员上道检查登记要点手续。待接到列车调度员下达本线封锁和邻线限速160 km/h及以下命令后，立即设置现场防护，进入故障区间进行检查。检查采用“全面看，重点量”的方法，检查范围应不小于晃车点前后各200 m，如此范围无明显病害，应将范围扩大至前后500～1 000 m。确定病害地点后，应分析原因，制定处理方案，报相关部门审查、审批，及时处理。作业中必须严格按审批的方案执行。病害处理完毕后，轨道几何状态达到静态作业验收标准，线形平顺。人员撤离网外，驻站人员方可登记本线200～250 km/h线路限速不大于160 km/h，250(不含)～350 km/h线路限速不大于200 km/h，并根据列车运行反应情况适当地进行提速，邻线恢复常速运行。

(5)Ⅳ级报警当晚天窗点内对线路再次进行检查整治，根据次日确认车检查情况，确定是否恢复常速。

(6)设备管理单位要及时召开设备质量分析会，对线路设备不良原因进行分析，查找问题根源，按照相关规定进行考核。

六、路外安全问题应急处理办法

路外安全问题主要有：防护栅栏被破坏、防护栅栏通道门被破坏、立交限高架被破坏、交通涵积水等设备问题以及因设备问题引起的路外伤。

(1)路外安全问题现场应急小组应分两组进行。

①抢险救援组：由安全副段长负责。安调科、车间、工区协助，负责抢修设施、疏通积水和

救助人员工作。现场电力供给以及抢修机具的使用、检修由综合机修车间负责。

②技术指导组:由技术副段长负责。技术科、桥梁科成员配合,负责技术方案和抢险救援中的技术指导等工作。

(2)区间发现有栅栏网口时,车间、工区应立即派员赶赴现场进行网外看守,严禁无关人员及牲畜靠近并及时向段调度反馈信息,确保在 24 h 内能进行封闭。对因自然灾害成段损坏,又不能及时恢复时,应拉防护绳进行防护,并派足够人员 24 h 网外看守至全部恢复原状止。

(3)栅栏通道门发现有被破坏时,车间、工区应立即派员赶赴现场进行修复,24 h 看守直至通道门恢复原状,同时报公安备案,共同维护路外安全。

(4)交通涵积水时,车间、工区应立即派员赶赴现场进行疏通处理,并及时向段调度反馈信息。连续小到中雨,和短时间大到暴雨时,要保证立交不积水,行人能正常通行。连续大到暴雨,汇水面积大时,雨停后半小时内抽干积水,并清除淤积。汇水面积大、积水严重时要安排人员 24 h 看守直至积水彻底被疏通。

(5)安全防护设施被损坏时:

①立交桥限高防护架、公铁并行防护桩发生被撞损坏时要及时上报公安交管部门备案,并立即修理恢复。如获赔偿时,所需费用在肇事车辆赔偿费中列支;当车辆逃逸未获赔偿时,所需费用在桥梁维修成本中列支。

②限高架、公铁并行防护桩被撞后,线桥车间应对现场立即设置防护,及时清理道路,尽早开通。24 h 派人看守,损害程度比较小的,由线桥车间组织力量修复,损害程度比较严重的,由桥隧车间组织修复。

③在接到限高防护架、公铁并行防护桩被撞损坏的信息后,线桥车间要立即派人赶赴现场,争取抓住肇事司机、车辆,帮助搜集证据、疏通道路,同时通知就近的铁路公安派出所,共同维护交通安全。

④公铁并行防护桩被撞后,车辆侵入限界时,巡线人员应及时通知就近车站封锁线路,扣发列车,并向车间、段汇报,并组织相关有员排除限界,确认无超限情况后,通知车站放行列车。

(6)线路发生路外人员伤亡时:

①车站信号机以内由车站和公安负责调查处理,区间由工务和公安负责调查处理。

②在得知区间发生路外人员伤亡时,车间或指定人员及时赶到现场,配合公安部门调查取证,一般情况由公安部门调查,人员的伤亡救助及善后处理由车站负责,车间或指定人员对现场 1 km 范围内的栅栏情况进行调查,是否存在网口,当日巡网人员的巡查情况进行了解。调查完后现场人员应向段报告事故以下主要内容:事故发生的时间、地点、事故简要概况。

七、自然灾害应急处理办法

主要灾害类型有路堤边坡垮塌、路堑溜坍、桥梁护锥垮塌、山体崩塌落石以及降雪覆盖钢

轨、大风使列车失稳等。

(1)大风预防措施:要在沿线安设雨量、风力监测设备,安装点距离原则上不超过 20 km,雨量监测由工务负责,风力监测由车务负责。

(2)大雪预防措施:根据天气预报得知有大雪时,车间要提早做好准备,在积雪接近轨面时,组织人员利用天窗点及时清扫,消除积雪给行车带来的威胁。

(3)山体崩塌预防措施:客专车间要每月不少于 1 次对路基设备进行检查及雨中、雨后巡视。发现孤石、危石、桥梁护锥垮塌等可能崩塌落石处所,要立即在天窗点内进行清除、支护处理。

发生灾害后的应急处置:

(1)山体崩塌落石:巡视人员发现落石等物侵限时,不能及时清除的,要果断封锁线路,报告上级领导,车间组织人员将大石改小(锤击或爆破),尽快清除至限界外,并更换受损设备、整修线路达放行条件,放行列车。

(2)降雪覆盖钢轨:降雪堆积道床面,特别是夜间过车少、温度低,积雪覆盖钢轨顶面并上冻硬化时,必须封锁区间,进行除雪工作。车间在下雪天,积雪可能覆盖钢轨时,要派人对区间线路、站场设备进行不间断的巡查,在积雪接近钢轨面时,要组织足够人员,进行扫雪除雪工作。车站内的除雪工作由车站组织,工务人员配合。

(3)遇 18 m/s 以上的强对流天气,列车运行发生颠簸或遇 25～30 m/s 的大风时,机车乘务员要限速 160 km/h 以下运行;遇 30 m/s 以上的强对流天气,相关车站或铁路局调度所要封锁相应的区间,待大风过后开通区间,并通知在途中运行的列车,要就近停车避风,车避免停在桥梁及高路堤上,要停在隧道、路堑地段。

(4)倒树侵入限界:因为风雨雪等原因,倒树或折断树枝侵入限界以后,应立即封锁区间,若危树影响接触网供电,还需申请供电单元停电,然后进行危树处理,截断树干转运,清理现场遗留树枝树叶,检查线路情况良好,供电接触网正常后,开通线路。

第四节　高速铁路线路故障应急处理预案

为了较好地应对高速铁路线路非正常下各类突发事件,建立快速响应机制,进一步规范应急处理流程,提高应急处置能力,及时地消除或规避安全风险,高速铁路线路职工要全面掌握安全突发事件应急处置预案和非正常下应急处置流程,实现非正常情况下安全风险卡控到位,实现现场安全有序可控。下面为某段高速铁路线路故障应急处理预案:

一、总　　则

1. 编制目的

为保障高速铁路行车安全,加强线路维修段、车间、工区协调配合,提高突发事件应急处置能力，最大程度地预防和减少突发事件及其造成的损害，保障公众生命财产安全，适应高速铁路行车组织、线路地形条件下的应急需要，增强应急保障能力，制定本预案。

2. 分级分类

本预案所称高速铁路线路突发事件是指由下列事件引发的造成或者可能造成高速铁路线路出现中断的紧急事件等。

(1)自然灾害。主要包括洪水灾害、大雾大风、雨雪冰冻、地震灾害、山体滑坡地质灾害等。

(2)交通事故。主要包括列车脱轨、颠覆、冲突、火灾、爆炸、设备故障影响行车、路外伤亡等交通事故。

(3)社会安全事件。主要包括恐怖袭击事件、群体性拦截列车等突发事件。

各类高速铁路突发事件按照其性质、严重程度、可控性和影响范围等因素，一般分为四级：Ⅰ级(特别重大)、Ⅱ级(重大)、Ⅲ级(较大)和Ⅳ级(一般)。各类突发事件级别的界定，按国家标准予以规定。

3. 适用范围

本预案适用于某区段高速铁路交通事故、设备故障、自然灾害、社会安全事件及其他突发事件的应急处置。

4. 工作原则

(1)以保障人民群众生命财产安全作为首要任务，高度重视高速铁路突发事件应急处置工作，最大限度地减少突发事件造成的人员伤亡、财产损失和社会危害。

(2)提高应急科技水平，增强预警预防和应急处置能力，坚持预防与应急相结合，提高防范意识，做好应对高速铁路突发事件的各项保障工作。

(3)明确应急管理机构职责，建立统一指挥、分工明确、反应灵敏、协调有序、运转高效的应急工作机制和响应程序，实现应急管理工作的制度化、规范化。

5. 应急预案体系

(1)《某区段高速铁路应急预案》是某单位应对某区段铁路突发事件的规范性文件。

(2)高速铁路其他专项应急措施，是以《某区段高速铁路应急预案》为总纲，为应对某一类型或某几种类型突发事件而制定的专项具体的应急措施，由段相关科室制定并公布实施。主要涉及交通事故、防洪、防胀、防断、社会安全事件等方面。

二、应急组织体系

高速铁路应急组织体系由段和高速铁路相关车间两级应急管理机构组成。

段级应急管理机构包括应急领导小组、应急工作组等。高速铁路相关车间可参照本预案，根据各车间实际情况成立应急管理机构，明确相关职责。

1. 应急领导小组

高速铁路应急工作领导小组（简称“应急领导小组”）是处置高速铁路突发事件的指挥机构。

组长：段长、书记。

副组长：主管维修副段长、主管安全副段长。

成员分别由行办、安调科、线路科、质检科、桥梁科、劳人科、财务科、材料科、党办、工会、职教科等部门负责人组成。

应急领导小组下设办公室，办公室设在安调科，公布联系电话。由安调科长任办公室主任，负责协调督促各项工作落实。

2. 应急领导小组主要职责

(1)审定高速铁路相关应急预案，决定启动和终止对Ⅳ级（一般）突发事件预警状态和应急响应行动；Ⅱ级（重大）、Ⅲ级（较大）突发事件预警状态和应急响应行动由段应急领导小组报请铁路局启动和终止；Ⅰ级（特别重大）突发事件预警状态和应急响应行动由铁路局报请总公司启动和终止。

(2)负责统一领导Ⅳ级突发事件的应急处置工作，发布指挥调度命令，并督促检查执行情况。

(3)根据应急处置需要，成立现场工作组，并派往突发事件现场开展应急处置工作。

(4)决定向铁路局报告和请求支援；与地方政府有关部门联系，需要时请求配合和支援。

(5)当突发事件由铁路局统一指挥时，应急领导小组按照铁路局的指令，执行相应的应急行动。

(6)负责职责范围内的其他相关重大事项的处理。

3. 应急领导小组成员科室主要职责

(1)办公室：负责制定《高速铁路突发事件应急措施》，负责火灾爆炸、恐怖袭击及沿线治安、群体事件的处置，负责事发现场治安保卫和调查取证工作。发生突发事件时，协调各应急工作组工作，并根据应急领导小组要求，向铁路局和地方政府报告和请求支援。

(2)安调科：负责制定《高速铁路应急预案》，组织督促其他应急预案（措施）的编制和修订，组织和协调交通事故调查处理工作。负责对突发事件应急处置措施、取得的主要成绩、存在的主要问题等进行总结和评估。

(3)线路科：负责制定《高速铁路工务突发事件应急措施》，制定各类设备故障等非正常情况处理措施，负责事故现场的线路抢修恢复工作。

(4)桥梁科：负责制定《高速铁路防洪应急措施》，负责高速铁路防洪预警、危险地段巡视看守，发生突发事件时，负责线路抢修恢复。

(5)质检科：按应急领导小组要求，负责高速铁路抢修开通前的检查工作。

(6)材料科：按应急领导小组要求，负责高速铁路突发事件的材料保障工作。

(7)党群办:按铁路局统一规定和应急领导小组要求,负责高速铁路对外报道和信息发布工作。

(8)财务科:负责运输高速铁路应急处置有关资金保障工作。

(9)工会:负责组织、协调伤亡人员的善后处置,并做好有关接待和安抚工作。

4. 应急工作组

应急工作组在应急领导小组决定启动高速铁路突发事件预警状态和应急响应行动时自动成立,由相关科室组建,分为五个应急工作小组:

(1)综合协调小组:由办公室主任任组长,安调科科长任副组长,办公室和安调科相关人员组成。负责起草相关报告;根据应急领导小组和其他应急工作组的要求,统一向铁路局报告,并办理应急领导小组交办的其他工作。

(2)线路抢通小组:按突发事件性质,由线路科(桥梁科)科长任组长,质检科科长任副组长,上述科室相关人员组成。负责组织高速铁路事故现场救援,线路抢通工作,根据需要组织、协调社会力量参与抢通工作,拟定现场救援抢险方案,办理应急领导小组交办的其他工作。

(3)运输保障小组:按突发事件性质,由材料科科长任组长,材料科相关人员组成。负责组织、协调人员、物资的应急运输保障工作;负责协调与其他运输方式的联运工作;办理应急领导小组交办的其他工作。

(4)新闻宣传小组:由党群办主任任组长,党群办相关人员组成。负责收集、处理相关新闻报道,按照应急领导小组要求,通报突发事件相关情况;负责与地方新闻媒体联系,及时消除不实报道;办理应急领导小组交办的其他工作。

(5)调查评估小组:由安调科科长任组长,其他应急工作小组等有关人员组成。负责对突发事件情况、应急处置措施、取得的主要成绩、存在的主要问题等进行调查、分析和评估,提出下一步工作建议,并向应急领导小组提交分析评估报告;办理应急领导小组交办的其他工作。

综合协调小组、线路抢通小组、运输保障小组在应急领导小组决定终止高速铁路突发事件预警状态和应急响应行动时自动解散;新闻宣传小组、调查评估小组在相关工作完成后,由应急领导小组宣布解散。

三、运行机制

1. 预测与预警

建立高速铁路突发事件预警机制,各有关科室依据各自职责分工,负责高速铁路有关突发事件预测预警工作。建立健全信息网络,及时采集相关信息,分析突发事件发生的可能性、级别、趋势和危害程度,提出预测预警通知及应对建议。

2. 预警信息

涉及高速铁路突发事件的预警及相关信息包括:

(1)气象监测、预测、预警信息。每日 24 h 高速铁路范围内降水实况图及图示最严重区域降水、温度、湿度等天气监测;72 h 内短时天气预报,重大事件(包括黄金周、小长假、重要大型活动等)天气中期趋势预报,气象灾害集中时期(汛期、冰冻天气等)天气长期态势预报;各类气象灾害预警通知(包括天气类型、预计发生时间、预计持续时间、影响范围、预计强度等)和气象部门已发布的大风、暴雨、雪灾、大雾、冰冻、泥石流等预警信息。

(2)强地震(烈度 5.0 以上)、突发地质灾害监测信息。地震强度、震中位置、预计持续时间、已经和预计影响范围、预计受灾地域范围。突发地质灾害发生时间、地点、强度、预计持续时间、受影响位置及范围。

(3)涉及高速铁路的洪水、堤防决口与库区垮坝信息,洪水的等级、发生流域、发生时间等信息,预计影响高速铁路的地段,预计堤防决口与库区垮坝的发生时间、地点。

3. 预警级别和发布

根据各类突发事件发生时对高速铁路的影响,分为四级预警。分别为Ⅰ级预警(特别严重预警)、Ⅱ级预警(严重预警)、Ⅲ级预警(较重预警)、Ⅳ级预警(一般预警),分别用红色、橙色、黄色和蓝色来表示。

Ⅰ级预警由铁路局根据预测的突发事件严重程度报铁路总公司启动和发布,Ⅱ级、Ⅲ级预警由铁路局负责启动和发布。Ⅳ级预警由段负责启动和发布。

4. 应急处置

(1)信息报告

高速铁路线路发生特别重大或者重大突发公共事件,经核实后,各车间、各科室要按有关规定立即报告应急领导小组,最迟不得超过 30 min,同时通报其他有关单位和部门。信息报告内容包括:事件的类型、发生时间、地点、影响范围和程度、已采取的应急处置措施和成效。

在应急处置过程中,事发车间或科室要及时向应急领导小组办公室续报有关情况。

(2)主要突发事件应急响应行动

①当高速铁路线路发生各类工务突发事件时,启动本预案并按《高速铁路工务突发事件应急措施》要求执行,组织快速抢修抢通线路,尽快恢复线路运行质量。

②当高速铁路线路防洪预警发布后,启动本预案并按《高速铁路防洪应急措施》要求执行,组织加强危险地段巡视看守,快速抢修水害受损线路。

③当高速铁路发生火灾爆炸、恐怖袭击等突发事件时,启动本预案并按《高速铁路突发事件应急措施》要求执行,组织事发现场治安保卫和调查取证工作。

(3)应急结束

当高速铁路突发事件对人员的危害性已消除,伤亡人员已得到救护和安置,设备故障已排除,相关危险因素已消除,恢复正常运营后,按“谁启动、谁结束”的原则,经应急领导小组组长或授权的有关领导批准,由应急办宣布应急工作结束,应急救援队伍撤离现场。

5. 恢复与重建

(1)善后处置

由应急领导小组各有关科室和车间做好善后处置工作。主要工作包括:对现场进行清理,对造成伤亡的人员及时进行医疗救助或给予抚恤,对紧急调集、征用的人力和物资按规定给予补偿等;及时通知保险机构开展对应急处置人员和受灾人员保险的受理、赔付工作。

(2)调查与评估

段按照铁路局相关规定和程序,组织对突发事件的性质、原因、责任和采取的应急处置措施、取得的成效、存在的主要问题、建议等进行调查和评估。各应急管理机构按要求上报总结评估材料,由应急办公室负责整理汇总后上报铁路局相关部门。

(3)恢复重建

事发各科室、各车间根据突发事件影响程度和调查评估报告提出的建议和意见,提出恢复重建计划分别报主管部门审核,实施恢复重建工作。

四、应急保障

段相关科室、车间按照职责分工和相关预案做好应对突发事件的人力、物力、财力、交通运输等保障工作,保证应急救援工作的需要和受灾职工群众的基本生活以及恢复重建工作的顺利进行,同时绘制高速铁路应急救援网络通道示意图,切实保证应急救援需要。

1. 人力保障

相关科室、车间根据近年易发生的各类突发事件,建立健全相应的应急救援专业队伍和预备队伍,建立联动协调机制。需社会力量和武警、部队参与时,由应急领导小组上报路局请求参与应急救援。

2. 财力保障

财务科按照现行事权、财权划分和分级负担原则,安排应急工作预备费和一定数量的日常工作经费,保障应急支出的需要。

3. 物资保障

材料科、动力设备车间、综合机修车间按照职责分工,做好应急物资和生活必需品的储备管理,确保应急所需物资和生活用品的及时供应,并根据新材料、新设备的应用情况,及时调整储备物资品种,相关科室、车间做好应急物资储存、调拨和供应的协调工作。

4. 治安保障

办公室(保卫)要依照有关规定配合铁路公安部门、当地公安参与应急处置和治安、交通秩序维护工作,必须积极主动配合做好治安维护工作。

五、监督管理

1. 预案演练

段应急办要督促指导各科室、各车间制订应急预案演练计划。原则上每个专项预案(措施)每年至少演练1次,由专项预案(措施)牵头科室负责,相关科室、车间配合完成。

2. 宣传和培训

分层次开展应急管理培训工作。职教科要把高速铁路应急管理知识纳入各级干部职工的岗位培训内容,举办应急管理工作人员培训班,做好应急管理、应急救援专业队伍的培训,提高管理水平和实战能力。同时,要指导相关车间对职工进行针对性培训,提高岗位应急处置能力。

3. 责任与奖惩

建立责任追究制度,对突发事件中的相关责任科室、车间和责任人员依法予以处理。对迟报、谎报、瞒报和漏报突发事件重要情况或者应急管理工作中有其他失职、渎职行为的,依法对有关责任人给予行政处分;构成犯罪的,依法追究刑事责任。对突发事件应急管理工作中作出突出贡献的先进集体和个人要给予表彰和奖励。

本章小结:高速铁路线路故障的应急预案管理是运输安全管理的重要内容和基础性工作,为确保应急预案在突发事件预测预警、应急处置和紧急恢复铁路正常运行充分发挥效力。本章着眼于高速铁路工务部门日常安全生产实际,根据有关规章制度、管理文件的规定和要求,对高速铁路线路的各个突发事故及非正常情况下的应急处置程序进行了梳理,从信息传递、处置方法等环节进行了规范,为工务系统各单位、车间、工区在高速铁路线路事故发生时,能及时有效应对,提供一些有益的帮助。

思考题

1. 什么是高速铁路线路故障应急预案?有哪些要求?

2. 各类高速铁路突发事件按照其性质、严重程度、可控性和影响范围等因素,一般分为几级?

3. 高铁线路工区现场检查后,应立即用GSM-R手机或者其他通信设备向高铁线路车间主任、段调度汇报情况,汇报主要内容有哪些?

4. 线路发生胀轨跑道,无条件降温或降温无效时,应怎么处理?

5. 当管内降雨量达到限速160 km/h警戒雨量值时,巡查人员应怎么做?

参考文献

[1] 胡思继．综合运输工程学．北京:清华大学出版社,北京交通大学出版社,2005.
[2] 卢祖文．客运专线铁路轨道．北京:中国铁道出版社,2005.
[3] 赵国堂．高速铁路无砟轨道结构．北京:中国铁道出版社 2006.
[4] 刘建国．铁路运输管理体制改革模式研究．北京:经济科学出版社,2010.
[5] 钱仲侯．高速铁路概论．北京:中国铁道出版社,1994.
[6] 刘建国．高速铁路概论．北京:中国铁道出版社,2009.
[7] 郑州铁路局．高速铁路工务．北京:中国铁道出版社,2012.
[8] 彭其渊,闫海峰,文超．高速铁路运输组织基础．成都:西南交通大学出版社,2009.
[9] 李向国．高速铁路技术．北京:中国铁道出版社,2009.
[10] 铁道科学研究院高速铁路技术研究总体组．高速铁路技术．北京:中国铁道出版社,2005.
[11] 刘建国．高速铁路运输组织．北京:中国铁道出版社,2012.
[12] 王瑷琳．高速铁路路基施工及维护．成都:西南交大出版社,2010.
[13] 铁道部安监司．中国高速铁路安全规章汇编．北京:中国铁道出版社,2011.
[14] 贾利民．高速铁路安全保障技术．北京:中国铁道出版社,2010.
[15] 铁道部．高速铁路桥隧建筑物修理规则．北京:中国铁道出版社,2011.
[16] 铁道部劳动和卫生司,铁道部运输局．高速铁路线路维修岗位．北京:中国铁道出版社,2012.
[17] 铁道部劳动和卫生司,铁道部运输局．高速铁路桥隧维修岗位．北京:中国铁道出版社,2012.
[18]《面向 21 世纪的中国高速铁路》编委会．面向 21 世纪的中国高速铁路．北京:中国铁道出版社,1999.
[19] 铁道部工程设计鉴定中心．高速铁路隧道．北京:中国铁道出版社,2006.
[20] 赵景民．无砟轨道施工测量与检测技术．北京:人民交通出版社,2011.
[21] 铁道部．高速铁路无砟轨道线路维修规则．北京:中国铁道出版社,2012.
[22] 侯卫星．0 号高速综合检测列车．北京:中国铁道出版社,2010.
[23] 铁道部．高速铁路有砟轨道线路维修规则．北京:中国铁道出版社．2012.
[24] 铁道部．高速铁路工程测量规范．北京:中国铁道出版社,2009.
[25] 铁道部．高速铁路工程测量规范条文说明．北京:中国铁道出版社,2009.
[26] 文妮．高速铁路轨道施工与维护．成都:西南交通大学出版社,2010.
[27] 铁道部运输局．高速铁路工务知识读本．北京:中国铁道出版社,2011.
[28] 中铁一局集团有限公司．客运专线铁路隧道工程施工技术指南．北京:中国铁道出版社,2005.

[29] 中铁三局集团有限公司．客运专线铁路隧道工程施工质量验收暂行标准．北京:中国铁道出版社,2005.
[30] 铁道第二勘察设计院．铁路隧道设计规范．北京:中国铁道出版社,2005.
[31] 总参工程兵科研三所．地下工程防水技术规范．北京:中国计划出版社,2008.
[32] 铁路职工岗位培训教材编审委员会．大型线路机械司机．北京:中国铁道出版社,2011.
[33] 铁道部运输局工务部．高速铁路无砟轨道线路维修规则(试行).北京:中国铁道出版社,2012.
[34] 邓经纬．高速铁路养路机械．北京:中国铁道出版社,2012.
[35] 铁道部．铁路客运专线技术管理办法(试行).北京:中国铁道出版社,2009.
[36] 铁道部．铁路营业线施工安全管理办法．北京:中国铁道出版社,2012.
[37] 中国铁路总公司．铁路技术管理规程(高速铁路部分).北京:中国铁道出版社,2014.
[38] 铁道第四勘察设计院．京沪高速铁路工程地质勘察暂行规定．北京:中国铁道出版社,2003.
[39] 铁道部．工务安全规则．北京:中国铁道出版社,2006.
[40] 铁道部．高速铁路无砟轨道线路维修规则．北京:中国铁道出版社,2012.
[41] 刘建国．高速铁路动车组．北京:中国铁道出版社,2013.